普通高等职业教育“十四五”规划教材
21世纪高职高专规划教材

医药市场营销学

（第三版）

唐代芬　张嘉杨　主编

中国石化出版社

内 容 提 要

本书以市场营销理论为主线，以医药市场特点为核心，全面阐述医药市场营销学的基础知识，并以相应的流程形成教学章节，注重实践操作与职业技能的提升。全书共分为八章，分别介绍了市场营销学及医药市场营销学的相关知识点；医药市场营销的环境分析；医药市场购买者行为分析；医药市场营销的战略，即市场细分、目标市场选择和市场定位；医药市场营销策略的选择与制定，即产品策略、价格策略、渠道策略和促销策略。每一章节都对理论知识进行了详细的阐述，并配有相应的知识链接与案例分析。

本书可作为高职高专院校医药市场营销类、医药经营与管理类等相关专业的教材，也可供有志于从事医药营销的人员自学参考之用。

图书在版编目(CIP)数据

医药市场营销学 / 唐代芬，张嘉杨主编. —3 版. —北京：中国石化出版社，2022. 7
ISBN 978-7-5114-6745-4

Ⅰ. ①医… Ⅱ. ①唐… ②张… Ⅲ. ①药品-市场营销学-高等职业教育-教材 Ⅳ. ①F724. 73

中国版本图书馆 CIP 数据核字(2022)第 115074 号

中国石化出版社出版发行
地址：北京市东城区安定门外大街 58 号
邮编：100011　电话：(010)57512500
发行部电话：(010)57512575
http://www. sinopec-press. com
E-mail：press@ sinopec. com
北京富泰印刷有限责任公司印刷
全国各地新华书店经销
*
710×1000 毫米 16 开本 15 印张 278 千字
2022 年 7 月第 3 版　2022 年 7 月第 1 次印刷
定价：46.00 元

《医药市场营销学(第三版)》

编 委 会

主　编：唐代芬　重庆建筑科技职业学院

张嘉杨　重庆能源职业学院

副主编：张海念　重庆建筑科技职业学院

宋思斯　江苏食品药品职业技术学院

李依澜　重庆医科大学

编　委：张金丽　江苏食品药品职业技术学院

韩运生　江苏食品药品职业技术学院

田　晨　江苏食品药品职业技术学院

刘　鹏　重庆市南渝中学校

蒋　艳　重庆能源职业学院

马　颖　重庆能源职业学院

匡一贞　湖南外贸职业学院

前　言

教材是体现教学内容和教学要求的知识载体，是进行教学的基本工具，是提高教学质量的重要保证。《医药市场营销学》是药品经营与管理专业的专业必修课，它是在市场营销理论指导下，对药品市场营销活动经验的总结和概括，通过教学内容的学习与实训，让学生在熟悉营销工作程序和工作内容的基础上，能够对企业碰到的实际营销问题进行处理，具备发现问题、分析问题、解决问题的能力。

本教材本着“必需”“够用”的原则对医药市场营销理论知识进行了提炼和总结，浓缩了重点；将市场营销的理论与医药市场的特点相结合，系统地阐述了医药市场营销中各章节的具体要求。在编写体制上，采用“工学结合”教学模式，突出实践环节。每个学习章节由知识目标、技能目标、基础知识和案例分析等组成，从而构建了一个以案例为主线、教师为引导、学生为主体的教学过程，使学生在学习过程中能主动参与、自助协助、探索创新，充分体现高职高专教学的特点，重点考虑高职高专学生岗位能力培养的要求。

通过对本课程的教学，要求学生能够掌握医药市场营销的基本概念、原理和方法，并指导学生将所学知识和方法应用于企业的营销实践活动中，使学生掌握企业营销岗位所需要的专业技能，并通过各种教学活动的设计操作，提高学生日后走向工作岗位所需的综合性职业素质。全书共分八章，主要内容包括：医药市场营销概述、医药市场营销环境、医药市场购买者行为分析、医药目标市场战略、医药产品策略、医药价格策略、医药渠道策略以及医药促销策略。

在本教材的编写过程中，参考和引用了大量国内外相关文献资料及同类教材，邀请了全国多所高职高专院校的教师共同参与编写工作。本教材由重庆建筑科技职业学院唐代芬、重庆能源职业学院张嘉杨担任主编。重庆建筑科技职业学院张海念、江苏食品药品职业技术学院宋思斯、重庆医科大学李依澜担任副主编。同时也邀请到了江苏食品药品职业技术学院的张金丽、韩运生、田晨，重庆市南渝中学校的刘鹏，重庆能源职业学院的蒋艳、马颖，湖南外贸职业学院的匡一贞担任编委。在此，对参与编写的教师们表示感谢！

限于作者的能力和水平，加之编写时间仓促，书中难免存在疏漏之处，敬请各位同行、专家和广大读者批评指正。

编　者

目　录

第一章　医药市场营销概述 …………………………………………… (1)
　第一节　市场与医药市场 ………………………………………………… (3)
　第二节　市场营销与医药市场营销 …………………………………… (6)
　第三节　市场营销观念的演变 …………………………………………… (11)
第二章　医药市场营销环境 …………………………………………… (23)
　第一节　医药市场营销环境概述 ……………………………………… (24)
　第二节　医药市场微观环境 ……………………………………………… (26)
　第三节　医药市场宏观环境 ……………………………………………… (31)
　第四节　医药市场营销环境分析方法 ………………………………… (46)
第三章　医药市场购买者行为分析 …………………………………… (54)
　第一节　医药消费者市场购买行为分析 ……………………………… (56)
　第二节　医药生产者市场购买行为分析 ……………………………… (65)
　第三节　医药中间商市场购买行为分析 ……………………………… (69)
　第四节　医疗机构市场购买行为分析 ………………………………… (73)
第四章　医药目标市场战略 …………………………………………… (81)
　第一节　医药市场细分 …………………………………………………… (83)
　第二节　医药目标市场选择 ……………………………………………… (94)
　第三节　医药市场定位 …………………………………………………… (101)
第五章　医药产品策略 ………………………………………………… (111)
　第一节　医药产品组合策略 ……………………………………………… (115)
　第二节　医药产品市场周期策略 ………………………………………… (120)
　第三节　医药产品品牌策略 ……………………………………………… (125)
　第四节　医药产品包装策略 ……………………………………………… (134)
第六章　医药定价策略 ………………………………………………… (143)
　第一节　认知价格构成 …………………………………………………… (146)
　第二节　医药企业定价的目标及方法 ………………………………… (152)
　第三节　医药企业定价策略 ……………………………………………… (157)
　第四节　医药价格调整策略 ……………………………………………… (161)

第七章　医药营销渠道策略 …………………………………………………………（168）
第一节　医药营销渠道概述 ……………………………………………………（169）
第二节　医药渠道成员的选择 …………………………………………………（177）
第三节　医药营销渠道的管理 …………………………………………………（185）
第四节　医药营销渠道冲突管理 ………………………………………………（189）
第八章　医药促销策略 ………………………………………………………………（202）
第一节　医药促销组合 …………………………………………………………（203）
第二节　医药人员推销 …………………………………………………………（206）
第三节　医药广告 ………………………………………………………………（212）
第四节　医药销售促进 …………………………………………………………（217）
第五节　医药公共关系 …………………………………………………………（220）
参考文献 ……………………………………………………………………………（230）
《医药市场营销学》同步检测答案 ……………………………………………………（231）

第一章　医药市场营销概述

知识目标

(1) 掌握市场、医药市场的基本概念。

(2) 掌握市场营销、医药市场营销的内涵。

(3) 掌握市场营销的核心概念。

(4) 掌握市场营销观念的演变过程。

(5) 掌握常见的医药营销模式。

能力目标

(1) 能够运用市场及市场营销的理论分析实际问题。

(2) 能够判断传统营销观念与现代营销观念的区别。

(3) 学会运用市场营销观念指导企业进行医药市场营销活动。

(4) 能够运用市场营销理论对医药企业进行市场分析。

引例

同仁堂，同修仁德，济世养生

提起中药，许多人都不约而同会想到三个字——同仁堂。

同仁堂是乐显扬创建于中国清朝康熙八年(1669 年)的一家药店。自 1723 年开始供奉御药。在 300 多年的风雨历程中，历代同仁堂人始终恪守“炮制虽繁必不敢省人工，品味虽贵必不敢减物力”的古训，树立“修合无人见，存心有天知”的自律意识，造就了制药过程中兢兢小心、精益求精的严细精神，其产品以“配方独特、选料上乘、工艺精湛、疗效显著”而享誉海内外，产品行销 40 多个国家和地区。

目前，同仁堂拥有境内、外两家上市公司，连锁门店、各地分店六百余家，海外合资公司、门店 20 家，遍布 21 个国家和地区。在北京大兴、亦庄、刘家窑、通州、昌平，同仁堂建立了 5 个生产基地，拥有 41 条生产线，能够生产 26 个剂型、1000 余种产品。全部生产线通过国家 GMP 认证，10 条生产线通过澳大利亚 TGA 认证。2004 年投资 1.5 亿港元设立的境外生产基地——同仁堂国药有限公司于 2005 年年底通过了 GMP 认证，为实现生产、研发和营销的国际化打下了良好基础。

同仁堂的金字招牌为何可以三百年不倒?

从开业之初，同仁堂就十分重视药品质量，并且以严格的管理作为保证。创始人乐显扬的三子乐凤鸣子承父业，1702 年在同仁堂药室的基础上开设了同仁堂药店，他不惜五易寒暑之功，苦钻医术，刻意精求丸散膏丹及各类型配方，分门汇集成书。乐凤鸣在该书的序言中提出“遵肘后，辨地产，炮制虽繁，必不敢省人工；品味虽贵，必不敢减物力”，为同仁堂制作药品建立起严格的选方、用药、配比及工艺规范，代代相传，培育了同仁堂良好的商誉。三百多年来，同仁堂为了保证药品质量，坚持严把选料关。在过去，北京同仁堂为了供奉御药，也为了取信于顾客，建立了严格选料用药的制作传统，保持了良好的药效和信誉；新中国成立后，同仁堂除严格按照国家明确规定的用药标准外，对特殊药材还采用特殊办法以保证其上乘的品质。例如，制作乌鸡白凤丸的纯种乌鸡由北京市药材公司在无污染的北京郊区专门饲养，饲料、饮水都严格把关，一旦发现乌鸡的羽毛骨肉稍有变种蜕化即予以淘汰。这种精心喂养的纯种乌鸡质地纯正、气味醇鲜，其所含多种氨基酸的质量始终如一，保证了乌鸡白凤丸的质量标准。

中成药是同仁堂的主要产品，为保证质量，除处方独特、选料上乘之外，严格精湛的工艺规程是十分必要的。如果炮制不依工艺规程，不能体现减毒或增效作用，或者由于人为的多种不良因素影响质量，不但会影响药效，甚至会使良药变毒品，危害患者的健康和生命安全。同仁堂生产的中成药，从购进原料到包装出厂，总有上百道工序，加工每种药物的每道工序，都有严格的工艺要求，投料的数量必须精确，各种珍贵细料药物的投料误差控制在微克以下。例如犀角、天然牛黄、珍珠等要研为最细粉，除灭菌外，要符合规定的罗孔数，保证粉剂的细度，此外还要颜色均匀、无花线、无花斑、无杂质。

同仁堂历经沧桑，“金字招牌”长盛不衰，在于同仁堂人注重把崇高的精神、中华民族的传统文化和美德，熔铸于企业的经营管理之中，并化为员工的言行，形成了具有中药行业特色的企业文化系统。“质量”与“服务”是同仁堂金字招牌的两大支柱，“坚持质量第一、一切为了患者”是同仁堂长盛不衰的最根本原因。

在许多老北京人眼里，同仁堂的命脉就在这个“仁”字上。同仁堂不管炮制什么药，都是该炒的必炒，该蒸的必蒸，该炙的必炙，该晒的必晒，该霜冻的必霜冻，绝不偷工减料。像虎骨酒和再造丸炮制后，都不是即刻售卖，而是先存放，使药的燥气减少，以提高疗效。虎骨酒制成后要先在缸里储存两年，再造丸要密封储存一年。

北京人买药，爱进同仁堂；外地人到北京旅游观光，也爱到同仁堂看看这百年老店。如今同仁堂在其落户的九个海外国家和地区，几乎都是当地最大的中药店，而且装潢讲究，体现出中华传统中医药文化的气息。在中国台北新店里，有不少顾客感言："来这买药，能感受到中华文化的魅力，特别是其中这些历史和文化展区，看起来就像一个中药文化博物馆。"作为一个生产中药产品的中华老字号，同仁堂将海外开店、中医药史展示、中医坐诊与售药相结合，通过给消费者一个直接了解中药的环境，增强其对中药的信任和用药习惯。它带给消费者的不只是一种产品，而是一种文化——重义、爱人、厚生的文化。

代顾客煎药是药店的老规矩，冬去春来，尽管煎药岗位上的操作工换了一茬又一茬，但从未间断，也从未发生任何事故。如在1985年，当时每煎一服药就要赔5分钱，但药店为方便群众，把这一服务于民的做法坚持了下来。现在药店每年平均要代顾客煎药近2万服，此举深受患者和顾客欢迎。早在20世纪20、30年代，同仁堂就有了邮购业务的雏形，1949年后成立了邮寄部，对各地患者有信必答、有求必应，深得人心。1954年同仁堂设立了咨询服务台，为患者介绍适应证的药品，解答顾客提出的各种问题，60多年来接待上千万人次。

斗转星移，东兔西乌，但同仁堂"顾客至上，竭诚服务"的观念却始终不变。1984年，一外地顾客来店求购4克天仙藤，一位老售货员收方后说："这药4克值4厘钱，给你10克，收1分钱。"顾客满意地笑了，为了这一分钱的生意，这位老售货员柜前堂后跑了两趟。事后，顾客投书《经济日报》称赞同仁堂可贵的风格，认为像同仁堂这样的大药店，仍能保持做好小生意的精神，确实难能可贵。

（资料来源：http://pay.xidian.edu.cn/info/1026/1595.htm）

第一节　市场与医药市场

一、市场的内涵与类型

（一）市场的内涵

市场起源于古时人类对于固定时段或地点进行交易的场所的称呼，指买卖双方进行交易的场所。发展到现在，市场具备了两种意义，一个意义是交易场所，如传统市场、股票市场、期货市场等，另一个意义为交易行为的总称。即市场一词不仅仅指交易场所，还包括了所有的交易行为。故当谈论到市场大小时，并不仅仅指场所的大小，还包括了消费行为是否活跃。广义上，所有产权发生转移和交换的关系都可以称为市场。

在市场营销学中，市场是指具有现实或潜在需求，有货币支付能力，并且有购买欲望的个人或组织的总和。

市场包含三个主要因素：①有某种需要的人；②为满足这种需要的购买能力；③购买欲望。

所以，从市场营销的角度来看，可以用下列简单公式来表示市场：

市场=人口+购买力+购买欲望

这个公式说明，企业要出售商品，现实的与潜在的顾客的总量、顾客的支付能力以及购买的主观愿望三大要素缺一不可。只有将这三者结合起来才能构成现实的市场，并决定市场的规模和容量。

（二）市场的类型

1. 以商品流通时序为标准来划分市场

按照商品流通时序，可以把市场分为现货市场和期货市场，以及批发市场和零售市场。其中现货市场和期货市场是按照商品流通的时间来划分的，批发市场和零售市场是按照商品流通顺序来划分的。

2. 以商品流通的地域为标准来划分市场

按照商品流通的地域，可以把市场分为城市市场、农村市场、地方市场、全国市场和国际市场。

3. 以商品属性为标准来划分市场

按照市场上流通的商品的属性，可以把市场划分为一般商品市场和特殊商品市场。

（1）一般商品市场包括消费品市场和生产资料市场。

（2）特殊商品市场是由具有特殊性的商品以及不是商品但却采取了商品形式的产品所形成的市场，包括劳动力市场、金融市场、技术与信息市场和房地产市场等。

4. 以购买者购买行为的特点为标准来划分市场

按照消费者购买行为的特点，可以把市场划分为两大类：消费者市场和组织市场。

（1）消费者市场是指为了满足生活需要而购买商品或服务的个人和家庭。它是一切市场的基础，也是起决定性作用的市场。

（2）组织市场是由各种组织机构构成的产品和劳务需求的总和。根据购买目的不同，组织市场又可以分为产业市场、中间商市场和非营利组织等。

产业市场又称为生产者市场或企业市场，是指一切购买产品和服务并将之用于生产其他产品和劳务，以供销售、出租或供应给他人的组织。

中间商市场是指那些通过购买商品和劳务以转售或出租给他人获取利润的组织。

非营利组织市场包括政府市场、社会团体等。其中，政府市场是指那些为执行政府的主要职能而购买或租用商品的各级政府、所属机构和事业团体。

二、医药市场的内涵与特征

(一) 医药市场内涵

从市场营销角度讲，医药市场是指个人和组织对某种医药产品现实和潜在需求的总和。即医药市场是具有购买力、购买欲望的消费者群。每一个医药企业面对的医药产品市场的规模和容量不仅取决于市场三要素，还取决于竞争者的情况。因此，医药企业在衡量市场时，不仅要考察市场需求，还要考察竞争者。

(二) 医药市场的特征

医药行业是一个特殊的行业，关系到人的生命、健康和安全。医药产品与一般的产品相比较是特殊品，其特殊性表现在以下几个方面：第一，专属性。患病要对症治疗，患什么病，用什么药；第二，两重性。医药产品具有防病治疗的一面，也有不良反应的一面；第三，质量的重要性。药品用于治病救人，只有符合法定质量标准的药品才能保证疗效，医药产品只能是合格品，而不能像其他产品一样可以分为一级品、二级品、等外品和次品；第四，限时性。人们只有防病治病时才需用药，但医药产品生产、经营部门平时就应有适当储备，做到药等病，而不是病等药。因此，医药市场具有以下不同于普通市场的特点。

1. 医药市场比较集中

医药产品的需求主要集中在城镇公费医疗和医药。我国药品消费的80%在城镇，20%在农村。城镇消费的药品中一半以上是由公费医疗支付。全国80%以上的药品是通过医院到消费者手中，只有20%是通过零售店卖给消费者。

2. 药品消费的被动性

由于消费者与医生之间医药产品信息的不对称，决定了中国大部分的医药产品的选择权和决定权取决于医生，医生对药品购买有很大的影响力。药品的服用关系到患者的生命、健康和安全，患者在购买药品时，对于医药产品的适应证、性能、副作用、疗效等方面缺乏专业了解，不敢自行决策，对医生存在着很强的依赖性，需要医生给予购药指导和决策，被动消费现象突出。

3. 市场需求波动大

由于突发性、流行性疾病等原因会使相关医药产品的需求量增加，呈现出波动性。比如非典时候对板蓝根的需求。

4. 需求缺乏弹性

消费者对医药产品的价格变动不敏感，整个市场的需求受市场价格变动的影响较小。由于医药产品是用于防病治病的，对一般消费者来说，生命是最重要的，只要能挽救生命，可以不惜一切代价。医药产品价格升高，并不会引起整个消费需求的明显减少，尤其是用于治疗危及生命疾病的医药产品，其需求的价格弹性更小。

5. 需求结构多样化

从医药产品需求者的消费习惯看，由于消费者之间存在民族、居住地区、受教育程度、经济发展水平、用药习惯的明显差异，医药市场的购买差异很大，消费层次多。

6. 营销人员的专业化

医药市场的特殊性，对医药营销人员提出了特殊的要求。要求医药营销人员不仅要懂得营销管理知识，还要了解医药理论知识和医药法规。

第二节　市场营销与医药市场营销

一、市场营销的内涵与核心概念

（一）市场营销内涵

市场营销是从英语中“Marketing”一词翻译过来，基本含义是指在市场中进行商品交换的活动过程。市场营销的内涵在市场营销学发展的不同阶段是不同的。最为权威的是美国著名的市场营销学专家菲利普·科特勒的定义：

市场营销是个人和群体通过创造、提供并同他人交换有价值的产品，以满足各自需要和欲望的一种社会活动的管理过程。

对上述市场营销的概念应当如何理解呢？

（1）市场营销的最终目标是“满足需求和欲望”。

（2）“交换”是市场营销的核心，交换过程是一个主动、积极寻找机会，满足双方需要和欲望的社会过程和管理过程。

（3）交换过程是否顺利进行，取决于市场营销者创造的产品和价值满足顾客需求的程度和交换过程管理的水平。

市场营销的实质是在市场研究的基础上，以消费者的需求为中心，在适当的时间和地点，以适当的价格及方式，把适合消费者需要的产品和服务提供给消费者。

市场营销与销售或推销是有区别的，现代市场营销活动包括市场营销研究、市场需求预测、新产品开发、定价、分销、物流、广告、公共关系、人员推销、营业推广、售后服务等，而销售仅仅是现代企业市场营销活动的一部分，而且不是最重要的部分。市场营销的目的就是让推销成为多余。

讨论：市场营销就是推销、广告等促销活动吗？

（二）市场营销的核心概念

企业营销的目的是了解人们的需要和欲望，满足需求。因此人类的各种需要和欲望是市场营销思想的出发点。

1. 需要、欲望和需求

需要是指人类与生俱来的基本需要，如人类为了生存必然有对吃、穿、住、安全、归属、受人尊重的需要。这些需要存在于人类自身生理和社会中，市场营销者可用不同的方式去满足它，但不能凭空创造。

欲望是指想得到需要的具体满足物的愿望，是个人受不同文化及社会环境影响表现出来的对基本需要的特定追求。如为满足"饥饿"的生理需要，人们可能选择(追求)吃粗茶淡饭或者山珍海味。市场营销者无法创造需要，但可以影响欲望，开发及销售特定产品及服务来满足欲望。

需求是指对人们有能力购买并且愿意购买某种物品的欲望。可见，消费者的欲望在有购买力做后盾时就变成了需求。

营销链接

70 多年以前，心理学家亚伯拉罕·马斯洛注意到，人们在满足自己的某项需求前需要先满足更基本的需求。他确定了五种不同等级的需求类型，其中最基本的需求在底端，最高需求在顶端。根据马斯洛的研究，正常的个体会首先努力满足最基本的需求，继而把自己解放出来，关注更高的需求层次。

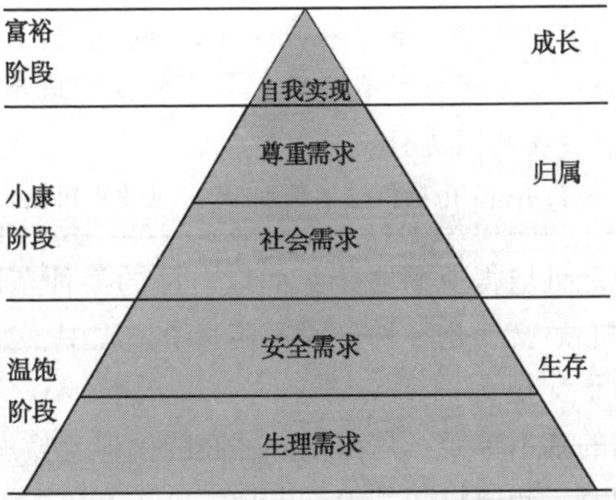

生理需求，也称级别最低、最具优势的需求，如食物、水、空气、睡眠等。

安全需求，同样属于低级别的需求，其中包括人身安全、生活稳定以及免遭痛苦、威胁或疾病等。

社交需求，属于较高层次的需求，如对友谊、爱情以及隶属关系的需求。

尊重需求，属于较高层次的需求，如成就、名声、地位和晋升机会等。尊重需求既包括对成就感自我价值的个人感觉，也包括他人对自己的认可与尊重。

自我实现需求，是最高层次的需求，包括针对真善美和至高人生境界获得的需求，因此前面四项需求都能满足，最高层次的需求方能相继产生，是一种衍生性需求，如自我实现、发挥潜能等。

通俗理解：假如一个人同时缺乏食物、安全、爱和尊重，通常对食物的需求量是最强烈的，其他需要则显得不那么重要。此时人的意识几乎全被饥饿所占据，所有能量都被用来获取食物。在这种极端情况下，人生的全部意义就是吃，其他什么都不重要。只有当人从生理需要的控制下解放出来时，才可能出现更高级的、社会化程度更高的需要，如安全的需要。

（资料来源：百度百科）

2. 交换和交易

人们有了欲望和需求，企业也将产品生产了出来，但是还不能解释为市场营销，产品只有通过交换，才能使市场营销产生。

小链接

一个饿汉可以通过打猎、捕鱼或采集野果来充饥。这个人不必与其他任何人发生联系。在这种情况下，既没有市场，更无所谓市场营销；第二种方式是强制取得，一个饿汉可以从另一个人那里夺取或偷得食物，对另一个人而言，除了可能未被伤害之外，毫无益处；第三种方式是乞讨，一个饿汉可以向别人乞讨食物，除了一声谢谢之外，乞讨者没有拿出任何有形的东西作为回报；第四种方式是交换，一个饿汉可以用自己的钱、其他物品或服务与拥有食物的人进行交换。

（资料来源：佩勒尔特. 市场营销学基础[M]. 北京：机械工业出版社，2002.）

交换是指从他人之处取得所需之物，而以自己的某种东西作为回报的行为。交换是营销理论的中心。交换是一种过程，在这个过程中，如果双方达成一项协议，就可称之为发生了交易。

交易是交换活动的基本单元，是由双方之间的价值交换所构成的。如：患者将货币交付给药店同时，药店将药品给了患者。

3. 产品和服务

产品是能够满足人的需要和欲望的任何东西。产品的价值不在于拥有它，而在于它所带来的对欲望的满足。比如人们去医院看病买药不是为了观赏，而是为了得到它提供的治疗病痛、减轻痛苦的服务。产品实际上只是获得服务的载体。这种载体可以是物，也可以是服务，如人员、地点、活动、组织和观念。当人们心情烦闷时，为了满足解脱的需要，可以去参加音乐会，听歌手演唱(人员)；可以到风景区旅游(地点)；可以参加各种志愿者活动(活动)；可以参加消费者假日俱乐部(组织)；可以参加研讨会，接受一种不同的价值观(观念)。市场营销者必须清楚地认识到，其创造的产品不管形态如何，如果不能满足人们的需要和欲望，就必然会失败。

4. 价值、效用与满意

(1) 价值。从经济学的角度讲，价值就是凝结在商品中无差别的人类劳动。市场营销学研究的价值是顾客的让渡价值，即顾客从购买某种产品中所获得的总价值与所付出的总成本之差。顾客总价值是指顾客购买某一产品与服务所期望获得的利益，由产品价值、服务价值、人员价值和形象价值构成，其中每一项价值的变化均对总价值产生影响。顾客总成本是指顾客为购买某一产品所耗费的时间、精神、体力以及所支付的货币资金等要素，可分为货币成本和非货币成本两类。其中，非货币成本包括时间成本、精神成本和体力成本等。

营销链接

顾客让渡价值

顾客让渡价值是用来衡量顾客满意度的，顾客让渡价值越大，顾客越满意。

顾客让渡价值=顾客总价值-顾客总成本

=(产品+服务+人员+形象)-(货币+时间+体力+精力)

由于顾客在购买产品时，总希望把有关成本包括货币、时间、精神和体力等降到最低限度，同时又希望从中获得更多的实际利益，以使自己的需要得到最大限度的满足。因此，顾客在选购产品时，往往从价值与成本两方面进行比较分析，从中选择出价值最高、成本最低的产品，即“顾客让渡价值”最大的产品作为优先选购的对象。企业为在竞争中战胜对手，吸引更多的潜在顾客，就必须向顾客提供比竞争对手具有更多“顾客让渡价值”的产品。

(2) 效用。效用是指消费者对产品实现其满足程度的整体能力的评价。消费者从产品价值和所支付的成本两方面来综合评价产品的效用，从而做出是否购买的决定。

(3) 满意。满意是指人们的欲望得以实现时，所得到幸福、快乐的感觉，是一种心理状态。这种心理状态无法用客观具体的标准进行衡量，而满足的程度也会因人而异，但是人们获得最大满足的经济学原则是一定的，即以最小的代价，获得最大的满足。有关研究表明，获得一个新顾客支出的费用是留住一个老顾客的五倍，而一个老顾客比一个新顾客可为企业多带来20%～85%的利润。要有效地保留住老顾客，必须使其高度满意。

5. 市场营销者

市场营销是指希望从别人那里取得资源并愿意以某种有价值的东西作为交换的人。也就是说，在交换双方中，如果一方比另一方更主动、更积极地寻求交换，我们就将前者称为市场营销者，将后者称为潜在顾客。市场营销者可以是买方，也可以是卖方。

二、医药市场营销的内涵

医药市场营销是市场营销理论在医药行业的一个特定分支，它指的是个人和医药组织通过创造并同他人交换医药产品和价值，以满足需求和欲望的一种社会管理过程；是医药企业从医疗需求出发，综合运用各种科学的市场经营策略，把药品和服务整体地销售给医疗机构与患者，尽可能地满足他们的需求，并最终实现企业自身的生存与发展目标。

对上述医药市场营销的概念可以理解为：

（1）医药市场营销的主体是个人和医药组织。现代市场营销的主体包括一切面向市场的个人和组织，既包括面向市场的工商企业等营利性组织，也包括学校、医院等非营利组织，还包括一些通过交换获取产品和服务的个人。

（2）医药市场营销的客体是医药产品与价值。在医药市场营销中交换的主要是以医药产品为载体的产品价值，因此，医药市场营销的客体是医药产品及其价值。

（3）医药市场的核心是交换。交换是医药市场营销的核心概念，它是通过提供他人所需、所欲之物的过程，只有通过交换，才能产生营销活动。

（4）医药市场营销的实质是一种社会管理过程。医药市场营销过程是由一系列活动组成，包括医药市场调查、医药市场细分、医药目标市场、医药市场定位、医药产品策略、医药价格策略、医药渠道策略、医药促销策略、计划控制等活动，是一个有计划地实施、控制的社会管理过程，医药企业在营销过程中必须注重自身的安全责任。

（5）医药市场营销的最终目的是有效满足人们的需求。医药企业以多种科学的营销策略更为有效地满足目标市场的各种医疗需求，在治疗疾病和提高生命健康质量的同时，实现企业经营目标。

第三节　市场营销观念的演变

市场营销观念又称为市场营销管理哲学，是企业在开展市场营销的过程中，处理企业、顾客和社会三者利益关系时所持的态度、思想和意识，即企业进行市场营销管理时的指导思想和行为准则。在营销学100余年的发展历程中，企业的营销观念经历了由从“以产定销”的“以企业为中心”的营销观念转变为“以销定产”的“以顾客为中心”的营销观念的演变过程。

一、以企业为中心的传统营销观念

（一）生产观念

生产观念主张“我们会做什么，就生产什么”，产生于20世纪20年代前。那时社会生产力相对落后，市场关系表现为供不应求的卖方市场，产品在市场上成了“皇帝的女儿不愁嫁”，企业的一切生产经营活动以生产为中心。企业经营管理的主要任务是改善生产技术，提高劳动生产率，降低成本，增加销售量。亨利·福特——“我只生产黑色的T型车”是这个时代的生产观念的经典写照。

（二）产品观念

产品观念产生于20世纪30年代，主张“我们会做什么，就努力做好什么”，认为消费者喜欢那些质量高、性能好、功能多的产品，相信“只要产品好，不怕卖不掉”，企业的主要任务就是提高产品质量，生产物美价廉的产品。“酒好不怕巷子深”“一招鲜，吃遍天”等都是这个时期的产品观念的生动写照。

在这种观念的指导下，企业最容易导致“市场营销近视”，即把注意力放在产品上，而不是放在市场需求上，在市场营销管理中缺乏远见，只看到自己的产品质量好，看不到市场需求在变化，很容易导致企业经营陷入困境。

（三）推销观念

推销观念主张“我们卖什么，顾客就买什么”，认为消费者一般不会主动选择和购买商品，企业必须通过强力刺激，采用各种可能的手段和方法，说服和诱导消费者产生购买行为，至于商品是否符合顾客的需要，是否能让顾客满意，顾客是否会重复购买等问题，犹如“嫁出去的女儿泼出去的水”，企业很少会关心。

20世纪30年代和40年代，市场环境由卖方市场逐渐向买方市场过渡，尤其在1929~1933年特大经济危机期间，大量产品销售不出去，因而迫使企业重视采用广告与推销去销售产品。

小案例

1994 年，三株公司创业初期，销售额就到 1.25 亿元，1995 年猛涨到 2.3 亿元，1996 年则达到惊人的 80 亿元。拥有这个销售奇迹，推销手段功不可没，三株公司在全国各大城市注册了 600 个子公司，吸纳了 15 万名推销人员，三株的传单、招贴、标语和横幅满天飞，成为家喻户晓的品牌。但不到几年的时间，三株公司销售业绩开始滑坡，还欠下大笔债务。这里面虽有管理体制方面的原因，但三株公司狭隘的推销观念也不容忽视。他们花了大量人力、物力把生产出来的产品推销出去，而忽视了市场的调查与研究，致使公司产品与消费者日益变化的需求脱节。

二、以顾客为中心的现代营销观念

在卖方市场条件下，以消费者为中心，以销定产，奉行“顾客需要什么，企业就生产什么，销售什么”。这种观念在 20 世纪 50 年代以后开始主导以美国为代表的西方企业经营思想。

（一）市场营销观念

市场营销观念是以消费者为中心的企业经营哲学，主张“顾客需要什么，就生产和销售什么”，奉行“顾客至上”，将管理重心放在善于发现和了解目标顾客的需要，从而比竞争者更有效地提供满足目标市场需要的产品或服务。

按照市场营销观念，市场不是处于生产过程的终点，而是起点，不是供给决定需求，而是需求引起供给，哪里有需要，哪里才有生产和供给。

市场营销观念产生于 20 世纪 50 年代，其原因有两个方面。一方面，二战后生产力的迅速发展，使许多产品供过于求的情况加剧，竞争更加激烈；另一方面，各资本主义国家普遍实行高工资、高福利、高消费的所谓“三高”政策，使消费者的购买力增加，消费欲望不断变化，消费者对商品的购买选择性大大增强，最终使市场格局发生了根本性变化，原来的卖方市场迅速转变为买方市场。许多企业家认识到：在进行生产之前，必须首先分析和研究消费者的需要，在满足消费者需要的基础上，企业才能生存和发展。市场营销观念的出现，与传统的市场观念相比，是一个质的变化，如表 1-1 所示。西方市场学家称之为“企业经营哲学的一次革命”。20 世纪 50 年代也被称为营销革命年代。

表 1-1 传统观念与现代观念的比较

观 念	出发点	中 心	方 法	目 标
推销观念	企业	产品	推销和促销 （着眼于每次交易）	通过扩大消费者 需求获取利润
营销观念	目标市场	顾客满意	整体营销 （着眼于总体市场）	通过满足消费者 需求获取利润

营销延伸

3.15 国际消费者权益日的来历和我国历年 3.15 主题

消费者权益保护运动兴起于第二次世界大战后各发达资本主义国家。1960 年，成立国际消费者联盟组织(简称 CI)成立。1983 年，国际消费者联盟组织确定每年的 3 月 15 日为“国际消费者权益日”。这是基于美国总统约翰·肯尼迪于 1962 年 3 月 15 日在美国国会发表《关于保护消费者利益的总统特别咨文》，首次提出了著名的消费者的“四项权利”，即：有权获得安全保障；有权获得正确资料；有权自由决定选择；有权提出消费意见。肯尼迪提出的这 4 项权利，以后逐渐为世界各国消费者组织所公认，并作为最基本的工作目标。

我国自 1987 年开始，每年的 3 月 15 日，全国各地的消费者组织都联合各有关部门共同举办隆重的纪念活动。中国消费者协会从 1997 年起，通过每年确定一个主题的方式，开展“年主题”活动。

中国消费者协会历年主题如下：

1997 年：讲诚信反欺诈；
1998 年：为了农村消费者；
1999 年：安全健康消费；
2000 年：明明白白消费；
2001 年：绿色消费；
2002 年：科学消费；
2003 年：营造放心消费环境；
2004 年：诚信·维权；
2005 年：健康·维权；
2006 年：消费与环境；
2007 年：消费和谐；
2008 年：消费与责任；
2009 年：消费与发展；
2010 年：消费与服务；
2011 年：为消费者提供公平的消费服务；
2012 年：消费与安全；
2013 年：让消费者更有力量；
2014 年：新消法、新权益、新责任；
2015 年：携手共治，畅想消费；
2016 年：新消费，我做主；
2017 年：网络诚信，消费无忧；
2018 年：品质消费，美好生活；
2019 年：信用让消费更放心；
2020 年：凝聚力量，共筑美好；
2021 年：提振消费，从心开始。

（二）社会营销观念

社会营销观念是对市场营销观念的重要补充和完善。该观念是在市场营销观念的基础上，强调企业在生产和提供任何产品或服务时，要兼顾消费者、企业和社会三方面的利益，尤其强调企业在追求经济利益的同时，应兼顾社会效益，谋求人和社会的共同可持续发展。

随着经济全球化的发展，在我们所处的这样一个现实世界中，环境不断遭到破坏，资源日益短缺，人口爆炸性增长，通货膨胀卷席全球，各国普遍忽视社会服务，再加上变本加厉地损害消费者、环境以及员工权益等各种企业不道德营销行为的频频发生，使当今社会市场营销道德及企业社会责任问题日益凸显，企业必须履行一定的社会责任成为大势所趋。自20世纪90年代以来，企业责任运动在西方方兴未艾，企业社会责任甚至成为新的贸易壁垒，而承担社会责任成为企业有效参与国际市场竞争的又一个必需的通行证。

（三）大市场营销观念

大市场营销观念是指企业为了成功地进入特定的市场，需要综合运用其自身可以施加影响的经济的、政治的、心理的和公共关系等手段，以赢得若干参与者合作的活动过程。

20世纪90年代以来，贸易保护主义回潮，政府干预加强，企业营销中面临的首要问题是如何进入壁垒森严的特定市场。1984年，菲利普·科特勒提出大市场营销观念，主张企业开展市场营销活动，要善于调动政治权力（political power）和公共关系（public relationship）等企业自身可以施加影响的因素，设法取得具有影响力的政府官员、立法部门、企业高层决策者等方面对企业营销活动的合作与支持，启发和引导特定市场的需求，以打开并进入市场。然后，运用传统的市场营销组合去满足该市场的需求，达到占领该目标市场的营销目的。

三、营销观念的新发展

（一）绿色营销观念

低碳时代

在“碳达峰”“碳中和”背景下，讨论绿色营销观念的重要性。

“绿色营销”也称为“生态营销”或“环境营销”，它是指企业在营销活动中，谋求顾客利益、社会利益和企业利益的协调，其特点是既要充分满足顾客需求，实现企业利润目标，又要注意自然生态环境，实现经济与市场的可持续发展。它是对人类、社会和自然之间关系认识深化的产物，也是全球绿色运动浪潮的产物，将成为新世纪企业营销发展的一种战略趋势。

绿色营销强调企业在营销过程中充分体现环境意识和社会意识，从产品的设计、生产、制造、废弃物的处理方式，直至产品消费过程中制订的有利于环境保护的市场营销组合策略，发现、创造并选择市场机会，通过一系列理性化的营销手段来满足消费者以及社会生态环境发展的需要，实现可持续发展的过程。绿色营销的核心是按照环保与生态原则来选择和确定营销组合的策略，是建立在绿色技术、绿色市场和绿色经济基础上的、对人类的生态关注给予回应的一种经营方式。当然，绿色营销从更宽泛的角度来看，它又可称为伦理营销，是指企业在营销活动过程中广泛遵从目标群体所在国家和地区的社会文化、价值观、生活方式、伦理道德、风俗习惯，充分考虑社会效益。

小案例

同仁堂的绿色营销

在国际竞争的要求和绿色浪潮的冲击下，同仁堂进一步加快了中药GAP（药用植物生产管理规范）研究，围绕消费者的绿色需求制定生产研发计划，严格实施药品国际质量认证标准。据悉，同仁堂已计划专门建立10个品种的绿色药材种植基地，在环境、土壤、施肥等一系列环节实施深度控制，从原料药入手解决中药材的农药残留、重金属、有效成分含量等问题。企业拟以源头上的“绿色原料”为基础，确保产品的“绿色属性”，最大限度地保证药材内在质量的可行性和稳定性，全面提升中药的“绿色指数”，从而使中华医药瑰宝在国际市场大放异彩。

（二）全球营销观念

进入21世纪，经济全球化进程加快，全球经济一体化、市场全球化的崭新格局已经形成，任何企业都可以借助现代信息技术手段，直接地面对全球的顾客，企业竞争从区域竞争转向全球竞争。

全球营销观念要求企业必须彻底打破以世界、区界划分国际市场与国际市场的传统认识，强化竞争全球化、资源全球化、顾客全球化的全新经营理念，善于借助网络等现代化的信息技术手段了解和掌握国际市场发展动态，以全球市场的观点来制定和实施市场营销战略战术。美国众多企业正是利用全球化发展的契机，形成了新世纪的跨国集团及运营模式，比如研究中心在硅谷、广告策划在纽约麦迪逊大街、制造基地在东南亚、财务公司在中国香港等。

（三）整合营销

整合营销是指医药企业在开展营销活动过程中把各种营销手段和营销策略进行系统化的整合，并根据医药市场营销环境的变化及时进行内容的调整，以实现医药企业营销目标的营销策略。

目前，市场的竞争不仅反映在产品实体上，而且体现在企业形象与服务等方面，是医药企业整体实力的竞争。企业在开展营销活动时，必须根据目标市场和竞争对手以及特定的消费者的实际情况，将企业资源及各种促销手段进行适当的整合，综合发挥作用来提高企业的竞争实力。

（四）事件营销

事件营销是近年来开始流行起来的一个营销概念，日益受到企业界的重视。目前，无论是从参与企业的数量上来看还是从企业运作事件营销的水准上看，事件营销策略都得到了不同程度的发展与完善。

事件营销是指企业通过策划、组织和利用具有名人效应、新闻价值以及社会影响的人物和事件，吸引媒体、社会团体和消费者的关注，以求提高企业或产品的知名度、美誉度，树立企业良好的品牌形象，最终促成产品或服务营销目的的营销策略。

事件营销在实务中的运用可以分为借势和造势两种策略。所谓借势，是指企业要及时抓住广受社会关注的新闻、事件以及人物的明星效应，结合企业或产品在传播上欲达到的目的而展开一系列相关活动；所谓造势，是指企业通过策划、组织和制造有新闻价值的事件，吸引媒体、社会团体和消费者的兴趣与关注。具体而言，事件营销策略可以概括为三类，即概念炒作策略、新闻舆论策略、宣传活动策略。

小案例

2005年7月18日，天津市政府领导和天津天士力集团副总裁专程赶赴青海，将现代中药复方丹参滴丸和相关健康指导书籍捐赠给青海省红十字会，拉开了“关注高原缺氧，复方丹参滴丸献爱心健康捐赠”活动的序幕。

唐古拉山终年风雪交加，号称“风雪仓库”，是青海和西藏的分界线。唐古拉山口是整个青藏高原铁路建设中任务最艰巨、环境最恶劣，也是最高、最险的一段。在生命禁区施工的建设者们不仅要面临恶劣环境的严峻考验，还要面对繁重的体力劳动和随之而来的严重高原反应。该集团发放的药品，受益人群多达10余万人。

天津天力士集团1999年以来先后十余次捐赠西部人民，将复方丹参滴丸赠予高原人民及解放军部队，深受西藏人民和驻藏部队的欢迎，复方丹参滴丸现已经成为西藏人民家中的常备药品和驻藏解放军部队的常规装备用药。

（资料来源：http：//health. sohu. com/20050719/n226360201. shtml）

（五）关系营销

关系营销又称为顾问式营销，1985 年，著名的营销学家巴巴拉·本德·杰克逊指出：企业在盈利的基础上，要建立、维持和促进与顾客和其他伙伴之间的关系，以实现参与各方的目标，从而形成一种兼顾各方利益的长期关系。关系营销把营销活动看成是一个企业与消费者、供应商、分销商、竞争者、政府机构、社区、金融、工商、卫生、环境、企业内部员工及其他公众发生互动作用的过程。

传统营销是为了满足顾客的需要，但容易忽视在公众中树立公司形象。而关系营销非常注意营销的各关系方利益，在营销活动中重视公共关系、政治权力，忠诚地履行自己对各关系方的诺言，把大批忠诚的顾客吸引到本公司周围，长期购买本公司产品和服务，即使本公司产品和服务比竞争对手同类产品和服务的价格高，他们也愿意购买。

现代的制药企业的医药代表可以对从业人员进行拜访、慰问、关心、聊天、交友，让从业人员乐于推荐企业的产品。例如，制药企业可以向医药零售场所从业者提供各种力所能及的服务，如产品信息、市场动态、销售技巧、经营知识、产品知识咨询解释等。国际著名的制药企业也同样如此。例如，拜耳公司与清华大学国际新闻与传媒学院合作开展了“公共健康和艾滋病毒/艾滋病传媒研究计划”，培养熟知“艾滋”知识的媒体人才。这些记者将可能成为“媒体抗艾”的主力人员，通过媒体让公众更加深入地了解本企业，实现企业与公众的良性互动，从而与公众建立起良好的合作伙伴关系。

案例

白云山巧借关系营销提升品牌美誉度

板蓝根作为一个具有抗病毒功效的大众产品，全国生产板蓝根的中药企业不下上百家，为什么唯独只有白云山是一枝独秀呢？它是依靠企业产品的高新技术吗？其实，白云山中药厂不仅仅只依赖企业产品质量，还注重企业的营销策略，特别是在 SARS 期间通过有效的关系营销与诚信营销，提升品牌知名度与美誉度，获得良好市场份额。

首先，企业产品技术含量高。尽管国内板蓝根生产企业众多，但是白云山中药厂的板蓝根生产基地获得全国首家板蓝根 GAP 认证。2003 年 11 月 19 日，白云山板蓝根基地就得到了首家正式认证。企业还与中国药科大学合作，制订了指纹图谱的质量控制标准，有效地控制和提高了板蓝根的质量。国家食品药品监督管理总局委托该厂进行 2005 年版的板蓝根等 6 个品种的药典标准编写工作，这意味着白云山中药厂板蓝根生产标准将作为国内的行业生产标准。

其次，企业积极采取关系营销与诚信营销。2003 年年初，SARS 苗头刚现，白云山中药厂立马实行三班生产，以保持板蓝根生产供应畅通；在SARS疫情暴发中期，白云山中药厂不但没有涨价，反而通过免费派送板蓝根等营销活动，同时辅以“防治病毒感染良药，白云山板蓝根献爱心”为主题的广告；在SARS后期，白云山大力推广“板蓝根指纹图谱”研究成果，无形之中使自身产品技术含量方面上了个台阶，在药品研发技术上超过其他企业。除了技术营销以外，白云山的市场营销在SARS盛行期间秉行“诚信”原则。SARS期间，白云山板蓝根执行国家规定的价格体系，不提价。不仅如此，企业还进行大量捐助关心急需帮助的人群以及弱势群体，包括交警支队、广州火车站工作人员以及部分过往旅客等。另外，在生产上，企业也加班加点赶制板蓝根冲剂，以满足市场的需求。不仅如此，白云山中药厂还试图通过“捐赠”形式，将以20万小包板蓝根帮助台湾同胞。

由于企业积极开展关系营销与诚信营销，白云山中药厂也得到社会的广泛赞誉，相关部门、研究机构及新闻媒体甚至还组织专门的学术研讨会，反思社会危机中的企业的作用；思考企业如何在像SARS这种突发事件中找到商机并适当地掌握商机，如何在群众利益、社会责任与企业效益之间作出均衡决策。在这方面，白云山中药厂作出了好的榜样。目前，白云山中药厂已是全国最大的板蓝根生产基地，其产品白云山板蓝根连续2年年销售额超过1亿元人民币，占据了全国60%的市场，成为名副其实的板蓝根大王，企业取得良好社会效益的同时，也取得了很好的经济效益。

（资料来源：百度文库）

四、网络营销

网络营销是通过互联网络、电脑通信和数字交换式媒体的作用来实现组织营销目标的一种新型营销方式。它开始于20世纪90年代，与互联网的广泛运用、消费者个性化的需求以及商业竞争日趋激烈等因素密切相关。随着网民数量的上升和各类企业组织的积极上网，因此使得企业的网络营销活动得到了蓬勃的发展。

由于科技的进步和全球经济联系更加紧密，使得社会产品极大丰富，消费者有机会进行选择，需求变得日益个性化。他们不再满足于得到千篇一律的产品，乐于追求个性化产品。在互联网的日益普及、消费者需求的个性化以及商业竞争日趋激烈等因素推动下，越来越多的企业开始关注网络营销方式。信息的传播革命促使买卖活动双方改变交易方式，网络营销作为一种新型营销方式也在网络时代应时而生。在世界的任何一个地方，人们能进入互联网就能查看报价单和订购商品。这就是说，企业经营正从营销网络向网络营销发展，从实物贸易走向电子商务。

营销链接

常见的电子商务模式

B2B 模式(Business to Business)是企业对企业的电子商务模式，B2B 电子商务模式是应用最多和最受企业重视的形式，企业可以使用网络对每笔交易寻找最佳合作伙伴，完成从订购到结算的全部交易行为。代表网站：阿里巴巴、慧聪网、中国制造网。

B2C 模式(Business to Consumer)就是我们经常看到的供应商直接把商品卖给用户，即“商对客”模式，也就是通常说的商业零售，直接面向消费者销售产品和服务。代表网站：天猫、京东、凡客。

C2B 模式(Customer to Business)即消费者到企业，是互联网经济时代新的商业模式。这一模式改变了原有生产者(企业和机构)和消费者的关系，消费者贡献价值(Create Value)，企业和机构消费价值(Customer Value)。C2B 的核心是以消费者为中心，消费者当家做主。

C2C(Customer to Consumer)指客户自己把东西放上网去卖，是个人与个人之间的电子商务。代表网站：淘宝、拍拍、易趣。

O2O 模式(Online to Offline)指将线下商务的机会与互联网结合在一起，让互联网成为线下交易的前台。这样线下服务就可以在线上来揽客，消费者可以在线上来筛选服务，还有成交可以在线结算，很快达到规模。该模式最重要的特点是推广效果可查，每笔交易可跟踪。代表网站：美团。

O2M(Offline to Mobile)指互联网+分享经济新模式，通过线上线下的互动营销，目前以 Offline to Mobile 渠道营销为主，线下实体店负责顾客体验，移动手机端做好顾客服务。

案例

强生公司网站就是网络营销策略成功的典范

在网络环境下，企业营销策略的传播模式发生了明显的变化，网站已成为展示营销策略的主要渠道，以及与消费者及客户沟通的全新桥梁。建设一个出色的网站根本目的就是为了造就高访问率。强生公司网站就是网络营销策略成功的典范。

作为拥有百年历史，占据《财富》杂志 500 强一席之地的大型跨国企业，强生公司拥有 180 多个子公司，生产婴儿护理、医疗用品、家庭保健产品、皮肤护理用品、隐形眼镜和妇女卫生等系列产品，著名的“邦迪”牌创可贴更是市场占有率极高的生活必备品。面对旗下众多的企业、品牌和产品，强生网站避开了检索型网站之流俗格局，选择了婴儿护理品为其网站的形象产品，整个站点就成了一部“宝宝成长日记”，所有的营销流程自然沿着这本日记而展开。强生网站选择“强生宝宝”为站点主题，精心构思出“学习园地”，力求从各个层面全方位关心顾客痛痒，深入挖掘顾客需求，实时跟踪服务。在提供服务的同时，客户输入的数据也进入其网站服务器。上述这些客户登记及回答信息到了公司营销专家、心理学家、市场分析家等手中，不久就会形成一份份产品促销专案，对企业与顾客保持长久联系起到相当重要的作用。由于这些方案具有极强的家庭服务需求针对性，故促销成功率相当高。企业网络品牌的宣传效果和网站是相对永久的，而网站上所展示的产品和营销策略又是动态多变的。企业网站要想成功，就必须对千百万网民的实际需求加以关注与满足，而且这种满足必须是与互联网媒体特性、企业现有产品相结合，同时在网上还要具有特色的、别人难以模仿的服务项目。这种服务对于消费者和企业都必须是可持续性的、能不断交流的、可增进双方亲和力与品牌感召力的项目。因此，强生的站点在设计上做了大胆的取舍，只以婴儿护理用品为营销主轴线，而为旗下其他每家公司注册了独立域名，并能从站点目录中方便地查到。

（资料来源：百度文库）

总之，随着人类营销实践的不断发展，还将会有新的营销理念和方法越来越多地展现在我们的面前。

同步检测

一、单项选择题

1. 构成容量很大的现实市场，必须是(　　)。

A. 人口众多而购买力高　　B. 购买力高而购买欲望大

C. 人口众多而购买欲望大　　D. 人口众多、购买力高而购买欲望大

2. 顾客让渡价值是指整体顾客价值与整体顾客成本之间的差额部分。其中顾客在购买商品和服务过程中所耗费的货币、时间、精力和精神成本被称为(　　)。

A. 顾客让渡价值　B. 整体顾客价值　C. 整体顾客成本　D. 以上都不对

3. 人们有能力购买并愿意购买某个具体产品的欲望，称为(　　)。

A. 需要　B. 欲望　C. 效用　D. 需求

4. 最容易导致企业出现市场营销近视的营销观念是(　　)。

A. 生产观念　B. 产品观念　C. 推销观念　D. 市场营销观念

5. 要求市场营销者在制定市场营销政策时，要统筹兼顾三方面的利益，即企业利润、消费者需要的满足和社会利益的营销管理哲学是(　　)。

A. 推销观念　　B. 社会市场营销观念

C. 生产观念　　D. 市场营销观念

6. 运用政治力量和公共关系打破国际或国内市场上的贸易壁垒，为企业的市场营销开辟道路。这种新的战略思想被称为(　　)。

A. 大量市场营销　　B. 产品差异市场营销
C. 目标市场营销　　D. 大市场营销

二、多项选择题

1. 传统市场营销观念包括(　　)。

A. 推销观念　　B. 社会营销观念　　C. 产品观念　　D. 生产观念

2. 顾客购买的整体价值包括(　　)。

A. 形象价值　　B. 人员价值　　C. 服务价值　　D. 产品价值

3. 医药市场的特点(　　)。

A. 医药市场比较集中　　B. 需求缺乏弹性
C. 需求结构多样化　　D. 营销人员的专业化

三、案例分析

中国医药营销的变迁

在20世纪80年代，医药企业把药品生产出来，供应给药品经销商，最后收款，简称简单的卖药阶段。

到了90年代，大多数医药企业都进入了依靠技术的卖药阶段，他们从实践中摸索出一些窍门，总结出许多医院营销技巧。比如，广告技巧、医院推广技巧、OTC促销技巧、价格管理技巧、产品包装技巧等，往往是最先发现和使用这种技巧的企业都获得了巨大的成功，但随后因缺乏新的技巧而停滞不前。另一些模仿其他企业营销技巧的企业有的小有成绩，而有的则一败涂地。比如三株发明了农村宣传技巧而获得辉煌业绩，后来的飞龙在第二次创业中模仿这种技巧开发农村市场时却以失败告终，但是红桃K、汇仁肾宝在模仿中又有创新，取得较好业绩。

新世纪里，能取得大成就的医药企业必须进行艺术的医药销售。艺术与技术的不同是技术源于经验可以复制，而艺术需要思维难以复制，他是建立在技术基础上的飞跃。艺术的医药销售注重销售的技巧，但不会盲目地模仿，而是创新发明为己所用。到目前为止，进入艺术销售阶段的企业和产品不多见，如脑白金和曲美、排毒养颜胶囊、太太口服液、柔依、黄金搭档、血尔、成长快乐等产品勉强可以称得上艺术销售。

艺术的医药销售阶段是依靠营销技术进行医药销售阶段的质的飞跃，它要求企业必须走出依靠经验销售药品的阶段，这对于医药企业和医药销售人员都提出了更高的要求。

(资料来源：高环成. 药品市场营销原理与实务[M]. 西安：第四军医大学出版社，2015.)

思考：我国医药企业不同发展阶段各持什么营销观念？

四、实训

“十四五”期间市场营销观念的新发展

1. 实训目的

了解营销理念的新发展及应用情况。

2. 实训内容

我国以五年一个时间段制订国家的中短期规划。第一个“五年计划”是1953~1957年，简称为“一五”，第三个五年计划是1966年重新启动，为1966~1970年，以后的五年计划为每一个年代十年中的前五年和后五年。其中，“一五”至“十五”称“计划”，“十一五”起改称“规划”。“十四五”规划的起止时间为2021~2025年。“十四五”规划的全称是中华人民共和国国民经济和社会发展第十四个五年规划纲要，十四五时期经济社会发展六大“新”目标是：经济发展取得新成效、改革开放迈出新步伐、社会文明程度得到新提高、生态文明建设实现新进步、民生福祉达到新水平、国家治理效能得到新提升。

在“十四五”期间，受新冠疫情影响，市场营销环境发生了很大的变化，营销观念也在原有的基础上不断推陈出新，随着企业竞争的加剧，市场营销在企业发展中的作用日益重要，许多企业都把市场营销工作上升到企业生死存亡的战略高度。

请同学们结合自己的所见所闻，通过终端市场的实际走访，以及资料的查询，进行归纳和总结。

3. 实训步骤

(1) 教师安排实训任务，提出实训目标和实训要求；每个班级分成若干小组，在充分讨论的基础上，形成理论+案例的文字资料。

(2) 学生以小组为单位，对收集到的案例和资料进行整理和归纳，教师指导并监控整个过程。

(3) 以实训小组为单位分析“十三五”期间市场营销观念的新发展，形成分析报告。

4. 实训体会

通过实训，了解随着营销环境的变化，营销观念也在变化。

5. 实训作业

以每个小组为单位分别提交所收集到的理论和案例，撰写分析报告，以PPT的形式呈现。

实训考核内容和标准

每个小组提交的理论与案例	撰写分析报考	PPT呈现
30	30	40

第二章　医药市场营销环境

知识目标

（1）理解市场营销环境的含义和基本特征。

（2）掌握医药市场营销微观环境的内容。

（3）掌握医药市场营销宏观环境的内容。

（4）了解医药市场营销环境对企业市场营销活动的影响。

（5）掌握市场营销环境的分析方法。

能力目标

（1）提高对医药市场营销环境的分析能力。

（2）学会 SWOT 分析法的分析思路与方法。

（3）学会在面对营销环境的机会和威胁时，能灵活制订和修改营销决策。

引例

中外新冠疫苗商业化

近来在"德尔塔"突变株肆虐全球引发新一轮疫情大流行之际，中外新冠疫苗上市企业陆续交出了这半年来的商业化成绩单，靠着新冠疫苗快速上市大规模放量销售，不少企业赚得盆满钵满。眼看新冠疫情短期终结无望，不少新冠疫苗企业纷纷调高了全年的销售预期，并同时把后续重点放在了加强针和疫苗对突变株防护研究上。

新冠肺炎疫情在全球的大流行重塑了医药行业，而创新能力突出的生物制药企业则试图在大流行中扮演终结者的角色。从疫情初期寻找抗病毒药物的如火如荼，到后期多种技术路线下疫苗研发的百家争鸣，都少不了生物制药企业的身影。

国家卫生健康委员会科教司副司长在 2021 年全国医药工业信息年会上表示，新冠肺炎疫苗作为全球公共产品，对构建人类命运共同体意义重大。如果没有疫苗，全球每年与新冠疫情有关的费用及其对经济的影响可能达到 3.4 万亿美元。如果只有有疫苗研制能力的国家(欧盟、美国、中国、英国、印度和俄罗斯)接种疫苗，其他国家每年与新冠疫情有关的费用及其对经济的影响可能达1.23万亿美元。

疫情暴发后我国选择了5条技术路线加快推进新冠病毒疫苗研发，分别是灭活疫苗、基因工程重组亚单位疫苗、腺病毒载体疫苗、减毒流感病毒载体疫苗和核酸疫苗。采取的5条技术路线覆盖了全球在研新冠病毒疫苗的主要类型。

据博鳌亚洲论坛2021年7月29日发布的《全球新冠疫苗应用图景报告》显示，截至7月16日，全球共有候选疫苗135款，共391款在临床试验中的疫苗，共有20款新冠疫苗获批应用。其中我国有7款新冠疫苗获批紧急使用或上市，22个新冠疫苗进入临床试验。中国始终处于全球新冠疫苗研发第一方阵。这7款获批疫苗中有5款是灭活疫苗(中国生物北京所、中国生物武汉所、科兴生物、康泰生物、中国医学科学院医学生物学研究所)，1款重组腺病毒载体疫苗(康希诺生物)，1款重组蛋白疫苗(智飞生物)。

（资料来源：21世纪经济报道）

思考：

1. 疫情期间市场营销环境有哪些变化?
2. 疫情给医药企业带来了哪些机会和威胁?

第一节　医药市场营销环境概述

在企业活动中，营销行为既要受自身条件的制约，也要受外部条件的制约。识别环境变动带来的机会和威胁，根据环境的特点与发展态势，制定并不断调整营销策略是营销工作的重要内容之一。市场营销环境是企业生存的空间和企业营销活动的重要依据，是鱼与水的关系。

一、医药市场营销环境的含义

菲利普·科特勒指出：“市场营销环境就是影响企业的市场和营销活动的不可控制的参与者和影响力”。具体地说，医药市场营销环境就是：在营销活动之外，对医药营销活动产生影响和冲击的不可控制的各种因素和社会力量的总和，它是影响医药企业生存和发展的各种外部条件。

二、医药市场营销环境的分类

企业市场营销环境的内容既广泛又复杂。不同的因素对营销活动各个方面的影响和制约也不尽相同，根据医药企业的营销活动受制于营销环境的紧密程度来划分，医药市场营销环境可分为微观环境和宏观环境。图2-1表明，医药企业运营中相互作用的市场营销环境，里层表示微观环境，最外层表示宏观环境。

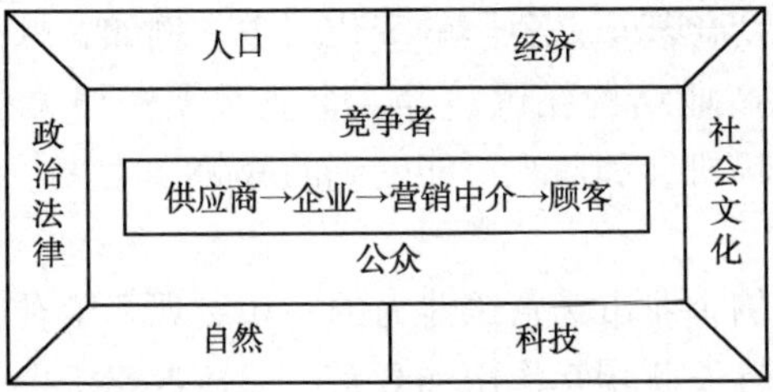

图 2-1　企业市场营销环境

（一）医药市场营销微观环境

所谓的微观环境是指与医药组织关系密切，直接影响企业为目标市场顾客服务的各种因素。它一般包括两个方面：

（1）组织内部因素。如自身综合实力、其他部门与营销部门的关系、营销部门在组织中的地位等。

（2）组织外部因素，主要包括以下几方面：供应商、营销中介、顾客、竞争者与公众压力集团。

（二）医药市场营销宏观环境

所谓医药市场营销宏观环境是指那些影响企业微观环境中所有行动者的大范围的社会力量，主要包括人口环境、经济环境、自然环境、科学技术环境、政治法律环境和社会文化环境，如图 2-2 所示。

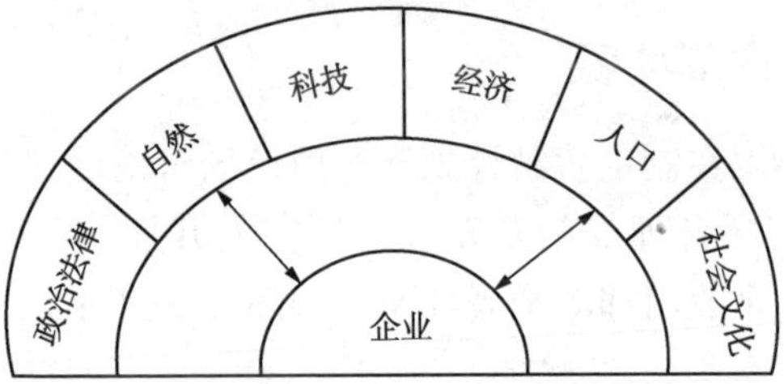

图 2-2　宏观营销环境

三、医药市场营销环境的特征

（一）客观性

客观性是营销环境的首要特征。营销环境的存在不以营销者的意志为转移。主观地臆断某些环境因素及其发展趋势，往往造成企业盲目决策，进而导致在市场竞争中的惨败。因此，医药企业的决策者必须清醒地认识到这一点，要做好充分的思想准备，随时应付企业面临的各种环境的挑战，主动适应和利用客观环境。

（二）动态性

动态性是营销环境的基本特征。任何环境因素都不是静止的、一成不变的；

相反，它们始终处于变化甚至是急剧的变化之中。例如，顾客的消费需求偏好和行为特点在变，宏观产业结构在调整等。企业必须密切关注营销环境的变化趋势，以便随时发现市场机会和监视可能受到的威胁。

（三）复杂性

营销环境包括影响企业市场营销能力的一切宏观和微观因素，这些因素涉及多方面、多层次，而且彼此相互作用和联系，即蕴含着机会，也潜伏着威胁，共同作用于企业的营销决策。

（四）不可控性

相对于企业内部管理机能，如企业对自身的人、财、物等资源的分配使用来说，营销环境是企业无法控制的外部影响力量。例如，无论是直接营销环境中的消费者需求特点，还是间接环境中的人口数量，都不可能由企业来决定。

第二节　医药市场微观环境

一般而言，企业都是在赢利的前提下为目标顾客服务，满足目标市场的需求。为了完成既定的营销目标，营销部门必须通过整合公司微观环境中的其他因素，包括本企业的其他部门、供应商、营销中介、顾客、竞争者和各种公众因素，这些因素共同构成了医药企业的微观营销环境。

一、医药企业内部环境

企业市场营销部门在制定营销计划和开展市场营销活动时，会受到企业内部其他部门如企业的高层管理部门及财务、研究与开发、采购、生产等部门的影响，这些部门构成了企业内部的微观环境，如图 2-3 所示。

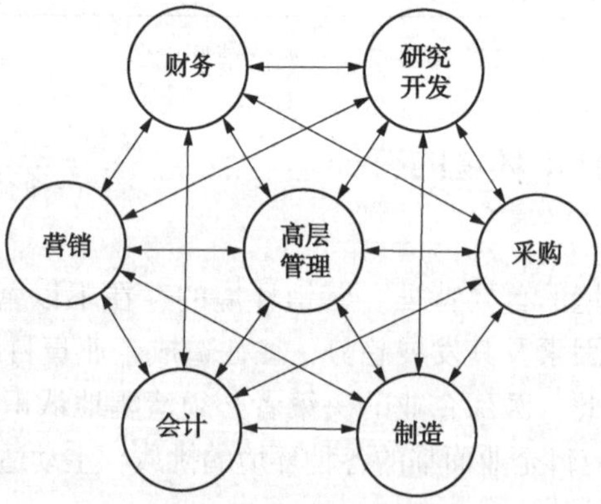

图 2-3　企业的内部环境

所以，医药企业在制订营销计划、开展营销活动时，必须协调和处理好各部门之间的矛盾和关系，营造良好的企业环境，使各部门之间能进行有效沟通，更好地实现营销目标。

二、供应商

供应商是指对医药企业进行生产所需而提供特定的原材料、辅助材料、设备、能源、劳务、资金等资源的企业或个人。供应商是整个顾客价值传递系统中重要的一环。供应商所提供的资源的变化直接影响到医药企业产品的产量、质量以及利润，从而影响企业营销计划和营销目标的完成。

供应商对企业营销活动的影响主要表现在：

（一）供货的稳定性与及时性

医药企业必须保证原材料供应的及时性和稳定性。因为原材料、零部件、能源及机器设备等货源的保证供应，是医药企业营销活动顺利进行的前提。如一家制药企业不仅需要原材料来进行加工，还需要能源、设备作为生产手段与要素，任何一个环节在供应上出现了问题，都会导致企业的生产活动无法正常开展。

（二）供货的价格变动

医药企业还必须随时掌握主要原料的价格变化趋势，因为供应的原料价格变动会直接影响医药企业产品的成本。如果供应商提高原材料价格，必然会带来企业产品成本的上升，如果生产企业提高产品价格，可能会影响市场销量；如果价格不变，则会影响企业利润。

（三）供货的质量水平

供应商能否供应质量有保证的生产资料直接影响企业产品的质量，进一步影响到销售量、利润及企业信誉。尤其作为医药企业，原料的质量直接决定了药品的质量，供应商变化对营销有重大影响。因此，企业必须了解供应商的产品，分析其产品的质量标准，从而来保证自己产品的质量。

三、营销中介

营销中介是指为医药企业营销活动提供各种服务的企业或部门的总称。营销中介是医药市场营销活动中不可缺少的环节，大多数企业的营销活动，都必须通过营销中介所提供的服务，这样企业才能把产品顺利地送到目标消费者手中。

常见的营销中介包括四种：中间商、物流公司(运输企业、仓储企业)、营销服务机构(广告公司、营销调研企业、营销咨询企业等)和金融中介(银行、信托公司、保险公司等)。企业要达到实现潜在交换、满足顾客需要的目标，离不开这些营销中介的共同配合，所以说营销中介都是医药市场营销活动不可缺少的环节。

（一）中间商

中间商是指协助医药企业寻找顾客或把产品卖给顾客的公司、企业、个人，包括拥有商品所有权的商人中间商和不拥有商品所有权的代理中间商。中间商一般可分为批发商和零售商两类。中间商能帮助医药企业找到顾客，他们处在企业和消费者之间，参与商品流通，促进分销及买卖行为的发生，是连接医药企业和消费者之间的纽带。

（二）物流公司

物流公司就是帮助企业在从原产地到目的地的过程中存储和移送货物。现代物流是经济全球化的产物，也是推动经济全球化的重要服务业，世界现代物流业呈稳步增长态势，欧洲、美国、日本成为当前全球范围内的重要物流基地。我国物流行业起步较晚，随着国民经济的飞速发展，物流业的市场需求持续扩大，在国家继续加强和改善宏观调控政策的影响下，物流行业保持较快增长速度，物流体系不断完善，行业运行日益成熟和规范。

（三）营销服务机构

营销服务机构指协助企业寻找正确的目标市场并为其促销产品的机构，因此它们会对企业的营销活动产生直接影响，所以企业在选择这些服务机构时，需要对他们进行评估，谨慎选择。营销服务机构包括营销调查公司、广告公司、传媒机构和营销咨询公司等。

（四）金融中介

在现代经济生活中，医药企业与金融机构有着不可分割的联系。企业的信贷来源、银行的贷款利率和保险公司的保费变动无一不对企业市场营销活动产生直接的影响。金融中介包括银行、信贷公司、保险公司和其他协助产品交易融资及降低风险的公司。

四、顾客

顾客是指使用进入消费领域的最终产品或劳务的消费者和生产者，也是企业营销活动的最终目标市场。顾客对企业营销的影响程度远远超过前述的环境因素。顾客是市场主体，任何企业的产品和服务，只有得到了顾客的认可，才能赢得这个市场，现代营销强调把满足顾客需求作为企业营销活动的核心。

医药企业的一切营销活动都是以满足顾客的需要为中心的，因此，顾客是医药企业营销最重要的环境因素。顾客是医药企业服务的对象，也就是医药企业的目标市场。顾客市场一般可以分为五种，如图 2-4 所示。

（一）消费者市场

消费者市场是指为满足个人或家庭需要而购买商品和服务的市场。由于药品

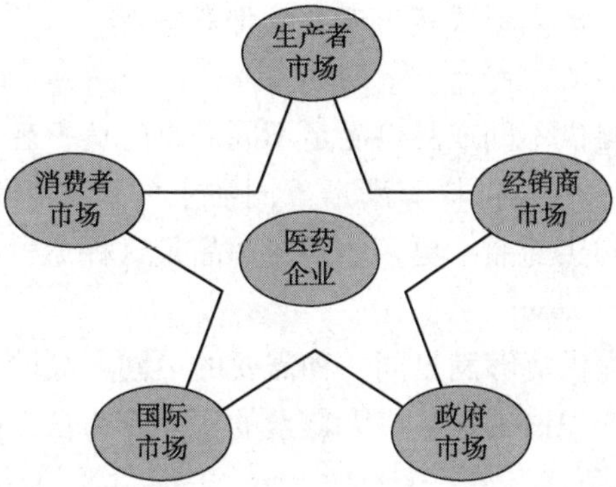

图 2-4　医药企业顾客市场

的特殊性，导致消费者在购药时利益聚焦在产品对其健康的益处，因而更注重功效和品牌，并且需求弹性比较小。它是市场营销学研究的主要对象，是所有商品的最终市场。它具有购买人数多、供应范围广，交易数量少、交易次数多，消费差异大、消费变化快，购买流动快，消费需求具有可诱导性，属于非专家购买等特点。

（二）生产者市场

生产者市场是指为赚取利润或达到其他目的而购买商品和服务来生产其他产品和服务的市场。

（三）中间商市场

中间商市场是指为利润而购买商品和服务以转售的市场。由于医药的特殊性，各国对医药经销商的运作、资格等往往都有比较多的限制条件。

（四）政府市场

政府市场是指为提供公共服务或将商品与服务转给需要的人而购买商品和服务的政府和非营利机构。

（五）国际市场

国际市场是指国外买主，包括国外的消费者、生产者、中间商和政府等。

上述五类市场的顾客需求各不相同，要求医药企业以不同的方式提供产品或服务。要注重对顾客进行研究，分析顾客的需求规模、需求结构、需求心理以及购买特点，这是医药企业营销活动的起点和前提。

五、竞争者

竞争是商品经济的必然产物。在商品经济条件下，任何医药企业在目标市场进行营销活动时，不可避免地会遇到竞争对手的挑战。从顾客角度出发，菲利普·科特勒将企业的竞争环境分为四个层次，按照竞争程度由弱到强，它们分别是愿望竞争者、普通竞争者、产品形式竞争者和品牌竞争者。

（一）愿望竞争者

愿望竞争者是指提供不同产品以满足不同需求的竞争者，如生产药品的厂商可以将生产医疗器械、卫生材料等满足不同需求的厂商作为自己的竞争者，因此，如何使顾客首先购买药品、更多地消费药品是这种竞争的实质所在。

（二）普通竞争者

普通竞争者是指提供能够满足同一种需要的不同产品的竞争者。例如生产青霉素的厂商可以将生产先锋霉素、庆大霉素的厂商作为自己的竞争对手。

（三）产品形式竞争

产品形式竞争是指生产同种产品但不同规格、型号、式样的竞争者，例如生产小儿止咳药的公司可能认为所有小儿止咳药生产者都是自己的竞争者。

（四）品牌竞争者

品牌竞争者是指生产相同产品，并且规格、型号、样式也相同，但品牌不相同的制造企业。例如目前藿香正气液就有太极、同仁堂、云南白药、江西民济、泰华堂等品牌，分别由不同的制药企业生产。

讨论：俗话说，知己知彼百战不殆，请问医药企业在营销过程中，应了解竞争对手哪些方面的信息？

六、公众

公众是指对企业实现市场营销目标构成实际或潜在影响的任何团体或个人。公众可能增强企业实现其目标的能力，也可能妨碍企业实现其目标的能力。所以，企业必须采取积极适当的措施，主动处理好同公众的关系，树立企业的良好形象，促进市场营销活动的顺利开展。一般来说，企业所面临的公众主要有以下几种：

(1) 政府，是指负责管理企业营销活动的有关政府机构及医药企业主管部门。企业在制定营销计划时，应充分考虑政府的政策，研究政府颁布的有关法规和条例。

(2) 媒介公众，是指报纸、杂志社、广播电台、电视台等大众传播媒介，它们对企业的形象及声誉的建立具有举足轻重的作用。

(3) 融资公众，是指影响企业融资能力的金融机构，如银行、投资公司、证券经纪公司、保险公司等。

(4) 社团公众，是指保护消费者权益的组织、环保组织及其他群众团体等。企业营销活动关系到社会各方面的切身利益，必须密切注意并及时处理来自社团公众的批评和意见。

(5) 社区公众，是指企业所在地附近的居民和社区组织等。社区是企业的邻里，企业保持与社区的良好关系，为社区的发展作出一定的贡献，能帮助企业在社会上树立良好的形象。

（6）一般公众，是指在企业经营活动中，能深刻影响消费者对企业及其产品的看法的其他团体和个人，一般公众对企业形象影响较大，如产品代言人、明显、慈善团体等。一般公众虽然不会有组织地对企业采取行动，但企业形象会影响他们的惠顾。

（7）内部公众，是指企业全体的员工，企业内部公众的积极性、有效性等积极态度会对企业营销活动产生直接或间接的营销，企业的营销活动离不开内部公众的支持。

所有这些公众，均对企业的营销活动有着直接或间接的影响，处理好与广大公众的关系，是企业营销管理的一项极其重要的任务。

第三节　医药市场宏观环境

医药市场的宏观环境指整个国家的政治、经济、社会文化及其发展变化的状况，是大范围的社会约束力量。医药市场的宏观环境随时随地影响和制约着微观环境，它主要包括以下六个方面。

一、人口环境

人口环境是指人口的规模、密度、地理分布、年龄、性别、家庭、民族类别、职业以及其他有关情况。医药市场是由具有购买欲望与购买能力的人所构成的，人口环境的变化，将对市场规模产生直接的影响。

小链接

第七次全国人口普查主要数据

第七次全国人口普查

2021年5月11日，第七次全国人口普查结果公布，全国人口共141178万人，与2010年的133972万人相比，增加了7206万人，增长5.38%；年平均增长率为0.53%，比2000年到2010年的年平均增长率0.57%下降0.04个百分点。数据表明，我国人口10年来继续保持低速增长态势。

居住在31个省份并接受普查登记的香港特别行政区居民371380人、澳门特别行政区居民55732人、台湾地区居民157886人，外籍人员845697人，合计1430695人。

（资料来源：第七次全国人口普查公报）

（一）人口规模

人口数量在发病率和收入一定的条件下，人口数量的多少，决定了医药市场容量的大小。一个医药企业判断一个地区或国家市场规模的时候，首先应从该地区或国家的人口数量入手进行分析，在发病率一定的条件下，人口越多，则患某种疾病的人数就越多，该市场的规模就越大；反之人口越少，则医药市场的规模就越小。

（二）人口构成

人口构成包括自然构成和社会构成。前者如性别结构、年龄结构，后者如民族构成、职业构成、受教育程度等，在这些因素方面存在差异的消费者势必会产生不同的消费需求和方式，形成各具特色的消费群体，从而给企业营销带来或多或少的影响。

1. 年龄结构

年龄层次不同的人，对医药市场的需求有着很大的不同。如少年儿童市场，对药品的需求，主要集中在上呼吸道感染(伤风感冒)、退热(清热解毒)以及消化不良(化积)、腹泻等，对保健食品的需求则集中在增进食欲、增强体质、促进身体的生长发育(特别是促进身高)以及改善智力等方面，如化积消食、补钙、补铁、补各种微量元素等。而中老年市场对药品的需求主要集中在心脑血管系统的疾病，对保健食品的需求集中在抗衰老、益寿延年等方面。据联合国预测，到2030年，全世界60岁以上的老人比1990年增加两倍，占世界人口的比例也由1990年的9%上升到16%，同时由于女性的平均寿命普遍高于男性，因此，未来的老年人中女性要占多数。

小链接

第七次全国人口普查结果显示，0~14岁人口为25338万人，占17.95%；15~59岁人口为89438万人，占63.35%；60岁及以上人口为26402万人，占18.70%(其中，65岁及以上人口为19064万人，占13.50%)。与2010年相比，0~14岁、15~59岁、60岁及以上人口的比重分别上升1.35个百分点、下降6.79个百分点、上升5.44个百分点。我国少儿人口比重回升，生育政策调整取得了积极成效。同时，人口老龄化程度进一步加深，未来一段时期将持续面临人口长期均衡发展的压力。

（资料来源：第七次全国人口普查公报）

案例

多部门发布利好政策，儿童药企业迎来机遇

一直以来，国内儿童药市场存在专用品种少、适宜剂型少、生产企业少的现状，其背后主要与儿童药品研发具有高难度、投入大、利润却较少等特点有关。如何提高生产企业研发积极性，从而改变现有局面，推动儿童用药市场的发展，更好地保障儿童用药安全，是当今国内面临的一大课题。

为了提高儿童药企业研发生产的积极性，近期以来，多部门发布利好政策。例如，2021年5月31日，药审中心开通"儿童用药专栏"。栏目汇集儿童用药领域的政策法规、技术指南等信息，未来将成为企业、医生、公众了解国家儿童用药政策法规、把握研发技术要求、与药监部门互动沟通的重要窗口。2021年4月和5月，药审中心先后就《儿童用化学药品改良型新药临床试验技术指导原则(征求意见稿)》《化学药品和治疗用生物制品说明书中儿童用药相关信息撰写的技术指导原则(征求意见稿)》两大指导原则公开征求意见，进一步加强儿童用药技术指导。

中商产业研究院数据显示，目前我国儿童用药市场规模约占5%，而我国儿童人口占比约为16.8%，儿童用药市场远未饱和且需求巨大，未来市场空间广阔。据预测，随着国家利好政策的不断落地推进，未来我国儿童药市场规模预计保持两位数以上的复合增速。另外有人士也表示，随着政策的倾斜，进入儿童用药市场的企业也将会进一步增多，企业之间竞争会逐渐激烈，相应的研发积极性也会提升，未来将有更多的儿童药剂型、儿童药产品涌现在市场上，这对于国内儿童患者而言将是一大好消息。

(资料来源：https://www.zyzhan.com/news/detail/81247.html)

2. 性别结构

不同的性别对医药市场的需求也有着明显的差别。不同的性别有着不同的生理特点，也就产生了某种性别所特有的疾病及需求，如在保健食品市场，男性需要壮阳类的保健食品，而女性则更需要减肥、美容类的保健食品。

小链接

第七次全国人口普查结果显示，男性人口为72334万人，占51.24%；女性人口为68844万人，占48.76%。总人口性别比(以女性为100，男性对女性的比例)为105.07，与2010年基本持平，略有降低。出生人口性别比为111.3，较2010年下降6.8。我国人口的性别结构持续改善。

(资料来源：第七次全国人口普查公报)

3. 教育与职业结构

人口的教育程度和职业不同，对市场的需求表现出不同的倾向。随着高等教育规模的扩大，人口的受教育程度普遍提高，受教育程度高的消费者一般获得信息的渠道宽、知识面广，对一些新药接受能力强；相反，受教育程度越低，对新鲜事物的接受能力越慢，企业应关注人口的不同教育程度与职业背景，采取不同的营销策略。

小链接

第七次全国人口普查结果显示，具有大学文化程度的人口为21836万人。与2010年相比，每10万人中具有大学文化程度的由8930人上升为15467人，15岁及以上人口的平均受教育年限由9.08年提高至9.91年，文盲率由4.08%下降为2.67%。受教育状况的持续改善反映了10年来我国大力发展高等教育以及扫除青壮年文盲等措施取得了积极成效，人口素质不断提高。

（资料来源：第七次全国人口普查公报）

4. 家庭结构

家庭是商品购买和消费的基本单位，一个国家或地区家庭单位的多少、家庭平均人员的多少，可以直接影响到某些消费品的需求数量。同时，不同类型的家庭往往有不同的消费需求。目前，世界上普遍存在着家庭规模缩小的趋势，越是经济发达的地区，家庭规模就越小。在中国，随着三孩政策的出台，部分家庭从三口之家转换为四口乃至五口之家。另外随着经济发展，职业女性增多，单亲家庭、丁克家庭和独身者大量涌现，这些不同类型的家庭往往有着不同的消费需求。

小链接

第七次全国人口普查结果显示，全国共有家庭户49416万户，家庭户人口为129281万人；集体户2853万户，集体户人口为11897万人。平均每个家庭户的人口为2.62人，比2010年的3.10人减少0.48人。家庭户规模继续缩小，主要是受我国人口流动日趋频繁和住房条件改善年轻人婚后独立居住等因素的影响。

（资料来源：第七次全国人口普查公报）

5. 城乡结构

我国是一个农业大国，第七次全国人口普查结果显示，居住在城镇的人口为90199万人，占63.89%；居住在乡村的人口为50979万人，占36.11%。与2010年相比，城镇人口增加23642万人，乡村人口减少16436万人，城镇人口比重上升 14.21 个百分点。随着我国新型工业化、信息化和农业现代化的深入发展和农业转移人口市民化政策落实落地，10 年来我国新型城镇化进程稳步推进，城镇化建设取得了历史性成就。这样的社会结构要求企业营销不仅要考虑城镇市场，还应考虑农村这个大市场。

6. 民族结构

我国是一个多民族国家。民族不同，其文化传统、生活习惯也不相同。具体表现在饮食、居住、服饰和礼仪等方面的消费需求都有自己的风俗习惯。企业营销要重视民族市场的特点，开发适合民族特性、受其欢迎的商品。

小链接

第七次全国人口普查结果显示，汉族人口为 128631 万人，占 91.11%；各少数民族人口为 12547 万人，占 8.89%。与 2010 年相比，汉族人口增长 4.93%，各少数民族人口增长 10.26%，少数民族人口比重上升 0.40 个百分点。民族人口稳步增长，充分体现了在中国共产党领导下，我国各民族全面发展进步的面貌。

（资料来源：第七次全国人口普查公报）

（三）人口分布

人口分布是指人口在不同地区的密集程度，由于自然地理条件以及经济发展程度等多方面的影响，人口有地理分布上的差别。各地人口的密度不同，则市场大小不同、消费需求特性不同。当前，我国农村人口大量涌向城市，人口流动必然引起购买力的转移，企业在拓展各地区市场时，不仅要分析常住人口的多少，还要分析流动人口的数量，以便制订有针对性的营销策略。

小链接

第七次全国人口普查结果显示，东部地区人口占 39.93%，中部地区人口占 25.83%，西部地区人口占 27.12%，东北地区人口占 6.98%。与 2010 年相比，东部地区人口所占比重上升 2.15 个百分点，中部地区下降 0.79 个百分点，西部地区上升 0.22 个百分点，东北地区下降 1.20 个百分点。人口向经济发达区域、城市群进一步集聚。人户分离人口为 49276 万人，其中，市辖区内人户分离人口为 11694 万人，流动人口为 37582 万人，其中，跨省流动人口为 12484 万人。与 2010 年相比，人户分离人口增长 88.52%，市辖区内人户分离人口增长 192.66%，流动人口增长 69.73%。我国经济社会持续发展，为人口的迁移流动创造了条件，人口流动趋势更加明显，流动人口规模进一步扩大。

（资料来源：第七次全国人口普查公报）

二、经济环境

经济环境是影响企业市场营销活动的主要因素，它主要包括经济发展阶段、地区发展状况、货币流通状况、收入因素及消费结构。医药企业经济环境主要是指社会购买力。影响社会购买力水平的因素主要有消费者的收入、消费者支出等因素，消费者的收入水平是影响医药企业市场营销的最重要的因素。

（一）消费者收入

消费者收入主要指消费者个人从各种来源所得到的货币收入，通常包括个人的工资、奖金，其他劳动收入、退休金、红利、馈赠、出租收入等。消费者收入的多少不仅决定消费者市场购买力水平的高低，而且直接影响消费者的支出行为模式。消费者收入可分为个人可支配收入和可任意支配收入。其中，可任意支配收入的多少是消费者需求变化的最活跃因素，这部分收入越多，消费者购买力就越强，医药企业营销的机会也就越多。

由于受通货膨胀、产品价格变化等因素的影响，消费者个人的货币收入并不能完全反映出社会购买力水平。通货膨胀意味着货币贬值，物价上涨，货币的购买能力下降，这就会恶化企业的营销环境；而通货紧缩是与通货膨胀相反的一种经济现象，表现为商品和劳务价格的普遍持续下跌，同样对经济具有负面作用。因此，医药企业开展营销活动时，对消费者收入还要区别为货币收入和实际收入。在消费者的货币收入不变时，如果物价下跌，则表明实际收入上升，反之，则表明实际收入下降。医药企业的营销人员应重视实际收入的变动趋势，同时还应注意人均收入和收入的分配。

小链接

消费者收入，即消费者从各种来源所得到的全部收入。

可支配的收入，即从总收入中扣除个人直接负担的支出部分(如个人所得税、工会会费、各种保险等)，即个人能够用于消费和储蓄的部分，它构成了实际购买力。

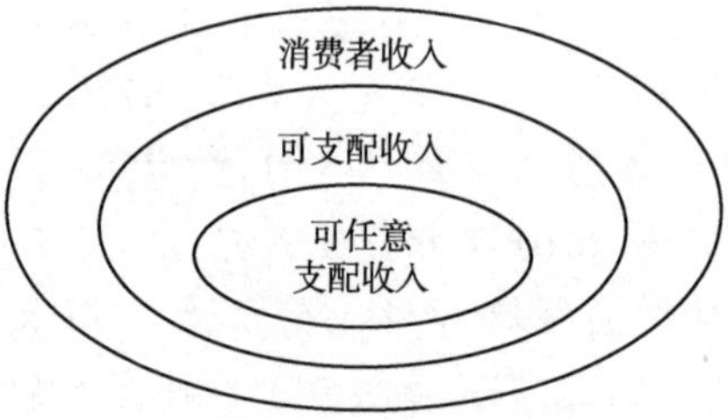

可任意支配收入，即从可支配收入中再减去维持生活所必需的支出(如食品、衣服、住房)和其他固定支出(如分期付款、学费)所剩下的那部分个人收入。这部分收入是消费者可以任意投向的收入，因而是影响消费者需求构成最活跃的经济因素。这部分收入越多，人们的消费水平就越高，对于高档和非必需的营销的机会也就越多。

（二）消费者支出

消费者支出主要指消费者支出结构模式的变化对医药市场营销的影响。居民个人收入与消费之间存在着函数关系，对此，德国统计学家恩斯特·恩格尔提出了著名的"恩格尔定律"。这个定律的主要内容是：一个家庭收入越少，其总支出中用来购买食物的比例就越大；随着家庭收入的增加，用于购买食物的支出占总支出的比例下降，用于其他方面的开支(如通讯、娱乐、保健、教育等)和储蓄所占的比重将上升。消费支出与总支出的比例关系被称为"恩格尔系数"。恩格尔系数越小，食物支出所占比重越小，表明生活质量越高；反之，生活质量越低。应当指出，恩格尔系数受诸多因素的影响，因此，各个国家的恩格尔系数并无可比性。

近年来，中国消费者的支出中，有越来越多的资金投向了固定资产(特别是房屋)、金融理财等方面，其目的可能是投资或者为子女今后上学做准备。在消费者收入一定时，这种支出会使得一定时期内的社会购买力下降，从而在一定程度上影响了医药企业的销售量。因此，医药企业的市场营销人员要对某一地区消费者的收入与支出有一个较为全面的了解，才有可能正确指导企业的市场活动。

小链接

恩格尔系数=食物支出金额÷总支出金额×100%

一个国家平均家庭恩格尔系数大于60%为贫穷；50%~60%为温饱；40%~50%为小康；30%~40%属于相对富裕；20%~30%为富足；20%以下为极其富裕。

中国关键年份的恩格尔系数数据变化：

1978年，平均值为60%(农村68%，城镇59%)，属于贫穷级别；

2003年，平均值为40%(农村46%，城镇37%)，属于小康级别；

2015年，平均值为30.6%，属于相对富裕级别；

2016年，平均值为30.1%，属于相对富裕级别，距离上升到富足级别只相差0.1个百分点。

（三）消费者储蓄和信贷

消费者的储蓄行为直接制约着市场消费量购买的大小。当收入一定时，如果储蓄增多，现实购买量就减少；反之，如果用于储蓄的收入减少，现实购买量就增加。居民储蓄倾向会受到利率、物价等因素变化影响。人们储蓄的目的是不同的，有的是为了养老，有的是为未来的购买而积累，当然储蓄的最终目的主要也是为了消费。企业应关注居民储蓄的增减变化，了解居民储蓄的不同动机，制定相应的营销策略，获取更多的商机。

消费者信贷，也称信用消费，指消费者凭信用先取得商品的使用权，然后按期归还贷款，完成商品购买的一种方式，比如银行按揭购房或银行按揭购车。信用消费允许人们购买超过自己现实购买力的商品，创造了更多的消费需求。随着我国商品经济的日益发达，人们的消费观念大为改变，信贷消费方式在我国也逐步开展起来。值得注意的是过度消费信贷也会带来风险，美国次贷风波就是由信贷危机导致的。

三、政治法律环境

政治法律环境主要是指国家的政治变动引起经济势态的变化及政府通过法律手段和各种经济政策来干预社会的经济生活。它往往是企业市场活动必须遵循的准则。医药企业的营销活动是整个社会经济活动的组成部分，不可避免地受到政治法律环境的影响和制约。从国内看，主要指国家的方针、政策、法令、法规及其调整变化对医药行业和医药市场的影响。从国际看，主要是指国际惯例、国际法以及政治因素对医药企业营销活动的影响。

（一）政治因素

小链接

两票制

“两票制”是指药品从药厂卖到一级经销商开一次发票，经销商卖到医院再开一次发票，以“两票”替代之前常见的七票、八票，减少流通环节的层层盘剥，并且每个品种的一级经销商不得超过2个。

2017年1月，国务院医改办会同国家卫生计生委等8部门联合下发的一份通知明确，综合医改试点省（区、市）和公立医院改革试点城市的公立医疗机构要率先推行药品采购“两票制”，鼓励其他地区执行“两票制”，以期进一步降低药品虚高价格，减轻群众用药负担。

1. 政治体制

从宏观角度来看，与医药企业密切相关的突出问题在于政府机构是否精简，政府行为是否规范，是否能够切实为企业发展保驾护航，是否能够实现政、企分开。随着中国经济体制、政治体制改革的逐步深入，中国医药企业将在一个更为开放、民主、法制化的政治环境中运行。

2. 方针政策

国家的方针、政策可引导市场的需求，改变资源的供应，影响生产条件、产品质量，如公费医疗制度的改革，就会鼓励或限制某些医药企业的生产和销售。就我国当前医药市场的总体情况来看，政府的政策突出体现在进一步整顿市场、建立合理公平的竞争机制、规范企业经营行为、打击药品商业贿赂等方面。值得注意的是：方针政策具有可变性，会随着世界政治经济形势的变化而不断作出调整，企业只有密切关注方针政策变动的趋势，才能够不断迎合市场环境变化，获得成功发展。

（二）法律因素

法律是任何一个国家政治力量强制性的一种表现。对医药企业营销活动产生影响的法律法规主要有三方面：一是有关经济方面的法律，如《合同法》《公司法》《商标法》《专利法》《广告法》《反不正当竞争法》《证券法》《票据法》《进出口商品检验法》《消费者权益保护法》等；二是有关药品生产、销售的法律法规，如已出台的《药品管理法》《药品零售连锁企业有关规定》《药品经营质量管理规范》《医疗广告管理办法》《进口药品管理办法》等和即将出台的《精神卫生法》《医疗事故处理法》《中医药法》《国境卫生检疫法》《初级卫生保健法》等；三是有关对患者利益进行保护的法律法规，如《产品质量法》《药品不良反应监测管理办法（试行）》等。

我国现在的法律环境正在日趋完善和健全，每一项新的法律、法规的颁布与实施，或者原有法律、法规的修改，都将对医药企业的营销活动带来影响。医药企业应该严格遵守相关的法律法规，密切关注法律环境的变化，根据变化及时调整自己的营销战略和策略。

营销链接

新广告法关于医药八大看点

2015 年 4 月 24 日，十二届全国人大常委会第十四次会议表决通过了新修订的《中华人民共和国广告法》（以下简称“新广告法”），并于 2015 年 9 月 1 日正式实施。新广告法则对药品、医疗器械、保健食品、医疗、农药、兽药、饲料、酒类、招商、教育培训等多种重要商品和服务的广告内容做出了具体规范要求。

1. 药品广告需显著标明不良反应

药品广告的内容不得与国务院药品监督管理部门批准的说明书不一致，并应当显著标明禁忌、不良反应。

2. 保健食品非药品广告不得涉及疾病防治

保健食品广告不得涉及疾病预防、治疗功能，不得声称或者暗示广告商品为保障健康所必须，并应当显著标明“本品不能代替药物”。

3. 养生栏目禁发药品、保健食品广告

广播电台、电视台、报刊音像出版单位、互联网信息服务提供者不得以介绍健康、养生知识等形式变相发布医疗、药品、医疗器械及保健食品广告。

4. 母乳代用品广告不能“登”上公共场所

禁止在大众传播媒介或者公共场所发布声称全部或者部分替代母乳的婴儿乳制品、饮料和其他食品广告。

5. 代言过虚假广告者或将有三年“禁期”

对在虚假广告中做推荐、证明受到行政处罚未满三年的自然人、法人或者其他组织，不得利用其作为广告代言人。

6. 违法发布广告，医疗机构执业许可证或被吊销

医疗机构违法发布广告情节严重的，除由工商行政管理部门依照本法处罚外，卫生行政部门可以吊销诊疗科目或者吊销医疗机构执业许可证。

7. 部门合力治理违法广告

新闻出版广电部门以及其他有关部门对有广告违法行为的广播电台、电视台、报刊音像出版单位，不依法予以处理的，对负有责任的主管人员和直接责任人员，依法给予处分。

8. 互联网广告不能“一键关闭”将受罚

任何单位或者个人未经当事人同意或者请求，不得向其住宅、交通工具等发送广告，也不得以电子信息方式向其发送广告。在互联网页面以弹出等形式发布的广告，应显著标明关闭标志，确保一键关闭。违者将被处五千元以上三万元以下罚款。

（资料来源：中国制药网 http：//www. zyzhan. com/news/detail/46472. html）

四、科学技术环境

小链接

2021 年东京奥运会上，中国游泳运动员像火箭一样冲出，克服“泳池阻力”斩金夺银。除了个人的努力和天赋，中国航天科技集团近日透露，中国运动员的成功部分原因要归功于运用了与洲际导弹相关的尖端技术。

中国航天科技集团有限公司 2021 年 7 月 30 日在其官方微信公号中刊登题为《夺金！夺金！航天科技助力，健儿如虎添翼》的文章。文章提到，中国航天科技集团的项目团队利用在惯性测量与导航、无线通信、视频辅助导航等领域的技术优势，针对游泳运动研制了智能测量与数字训练系统，其中直接穿戴的姿态测量装置重量仅为 16 克。该系统可获得运动员在训练时的姿态、速度、位置、角速度、加速度等运动信息，通过视频采集与同步显示功能，为教练团队确定训练方案、优化技术动作、减小阻力，进而提高运动成绩提供科学依据，在聚焦专项技术能力测试及科学化训练的“精、准、快”上取得突破，为提高运动员竞技水平提供帮助。

据悉，其他国家早前已在使用太空技术，以提高游泳运动员的表现。例如2008年北京奥运会之前，美国国家航空航天局就利用其风洞帮助美国游泳队寻找阻力最小的泳衣材料，但是因为并非所有的游泳运动员都能用上该成果，这种覆盖全身的游泳衣后来被禁止。此外，利用风洞进行针对性训练已被英国、瑞典、德国、美国、加拿大等国广泛采用，成为提高运动员竞技成绩的重要手段之一。例如英国运动员就利用自行车风洞设备进行训练，在伦敦奥运会上大显身手。日本利用风洞对速度滑冰团队追逐赛进行专门训练后，在2018年平昌冬奥会打破世界纪录，夺得金牌。

（资料来源：环球网）

科学技术是企业将自然资源转化为符合人们需要的物品的基本手段，是第一生产力。作为营销环境的一部分，科学技术环境不仅直接影响医药企业内部的生产和经营，还同时与其他环境因素互相依赖，相互作用。新技术革命，既给医药企业的市场营销不断造就机会，又带来新的威胁。如果企业不及时跟上科学技术的发展，就有可能被淘汰。医药企业必须注意了解新技术，学习和掌握对医药行业直接产生影响的新技术，用好新技术这种“加速的推动力”，生产出更多疗效更好的药品来满足消费者的需求。

（一）新技术引起的医药企业经营管理的变化

新技术革命为医药企业的高效率管理提供了物质基础，并迫使企业转变传统的管理观念。目前，许多医药企业在企业内部都使用ERP等信息管理系统，这些信息系统将帮助企业更好地提升竞争力、降低企业运营成本、提高企业的管理水平，使企业在同行业竞争中取得更大的竞争优势。

在医药物流方面，由于先进技术的引进，比如电子分销、计算机全程控制配送中心、条形码自动识别系统、客户管理数据库、利用电子数据交换系统进行订单处理和公路运输的卫星追踪等，使得不少医药企业物流工作的效率大大提高，销售范围不断扩大，不仅节省了大量的人力，而且费用也有了明显下降。

（二）新技术引起的医药企业市场营销策略的变化

1. 产品策略的变化

科学技术的迅速发展，对医药新产品的研制起了极大的推动作用。如药品资源从野生、栽培发展到组织培养，使得药品生产资源更加丰富，质量更加稳定。药品粉针剂、喷雾剂、微囊的开发，使得中成药起效更快，刺激性更小。因此，医药企业营销人员必须不断寻求新市场，预测新技术，从而开发出更加有效、更加安全、更加方便、价格低廉、质量可控的新药。

2. 价格策略的变化

由于新技术的采用，一方面使医药企业降低产品成本，给价格下调带来了空间；另一方面又使医药企业能够通过信息技术及时了解市场价格走势，从而充分发挥价值规律、供求规律、竞争规律的作用，来制定和修改价格策略。

3. 渠道策略的变化

由于科学技术的迅速发展，人们的消费观念有了很大的变化。随着全球互联网络的普及，网络购物的兴盛，将部分改变人们现行的到医院诊治疾病，并在医院或药店购药的习惯做法。人们如果想治病，可以在家通过网络，请自己选定的专家进行远程诊断、治疗，通过网络将医生开的处方转到药店，再进行移动支付，很快就能收到药店送来的药品。因此，医药营销应随之对营销渠道的策略加以研究及改变。

4. 促销策略的变化

科学技术对促销策略的最主要影响是广告媒体的多样化，尤其是互联网络的建立和多媒体技术的运用，使得广告宣传有可能克服传统广告只能单向传递的弊端，促销成本有可能降得更低，而信息沟通的效率则会进一步提高。

小案例

智能手机和平板电脑的普及应用催生了二维码的应用，企业竞相投入大量资源进行技术研发。二维码是移动互联网入口，它的应用，似乎一夜之间渗透到我们生活的方方面面，地铁广告、报纸、火车票、飞机票、快餐店、电影院、团购网站以及各类商品外包装上，甚至在医院看病，都可以事先通过扫描二维码进行挂号。在移动互联业务模式下，人们的经营活动范围更加宽泛，也因此更需要适时地进行信息的交互和分享。

讨论：二维码的发展对医药营销有何影响？

五、自然环境

医药营销的自然环境，是指影响医药企业生产和经营的物质因素。自然环境的发展变化会给医药企业造成一些“环境威胁”，或创造一些“市场机会”，所以医药企业要不断分析和认识自然环境变化的趋势，来避免由自然环境带来的威胁，尽可能地抓住自然环境变化所带来的机会。

（一）资源紧缺

近年来，随着人民生活水平的提高，“回归自然”的趋势日渐明显，在许多产品方面都追求天然、健康。在医药领域，由于人口迅速增长及许多消费者更加偏爱副作用较小的中成药，对中成药需求有逐渐增长的趋势，中药资源也除了用于医药生产外，还被广泛用于食品、化妆品、杀虫剂、香精等行业，使得某些中药资源紧缺，特别是一些野生动物药材，更为突出。自然界野生中药材的产量远远不能满足人类对中药材的需求，而且，由于各种自然灾害(如旱灾、水灾、病虫害等)对中药材的产量和价格产生了巨大的影响，从而对许多制药企业生存和发展构成了严重的威胁。

小链接

以甘草为例，甘草系半干旱、耐盐碱野生植物，生长于沙漠戈壁与绿洲之间，有补脾益气、清热解毒、祛痰止咳、缓急止痛、调和诸药之功效，在医药、工业、印染业中用途广泛。20 世纪 50 年代，中国甘草产区分布面积约为 320 万 ~350 万公顷，蕴藏量 400 万 ~450 万吨。但由于近几十年的滥采乱挖、大面积垦荒和自然因素的风蚀沙化，现在甘草较集中的分布面积仅为 110 万公顷，减少了 2/3，总储量只有 20 世纪 50 年代的 1/5 左右。目前，中国野生甘草资源匮乏已成为制约出口创汇的瓶颈，供求矛盾日益突出。

制药企业面对药材资源的紧缺或涨价，可采取两种对策：一是寻找替代品，如用水牛角代替犀牛角等，或是用人工栽培、饲养、组织培养等方式来代替或弥补野生资源的不足；二是积极开发新药资源以及原有药材的新用途，如海洋药物资源就有极大的开发前景，以满足消费者日益增长的需求。

（二）环境污染日益严重

随着工业化、城镇化的进程，中国的环境污染日趋严重。环境污染不仅严重影响到人们的身体健康、自然生态的平衡，而且严重地影响了药品品质。环境污染问题的严重性，引起了公众和政府对环境保护的关心，政府的干预措施也在逐步加强。这样，使得一些污染较为严重的化学合成药品生产厂家停产、减产或增加治理污染的费用，企业的生存发展遇到危机，但同时，带给了那些拥有环保技术和产品的企业新的市场机会。由于生态平衡被破坏，国家有关部门和社会组织提出“保护大自然”的口号，营销学界也提出了“绿色营销”观念，企业营销活动应该增强自身的社会责任感和使命感，考虑生态平衡的要求，以此确定营销策略。

六、社会文化环境

社会文化是人类在创造物质财富过程中所积累精神财富的总和，它集中体现了一个国家的文明程度，是人类创造社会历史的发展水平、程度和质量的状态。作为一个社会历史范畴，社会文化的涵盖面很广，主要指一个国家、地区或民族的传统文化，如风俗习惯、道德规范、审美观念、价值观念等。在宏观环境诸多因素中，社会文化环境是较为特殊的一个因素，它不像其他因素那样显而易见，但它却无时不在地影响着医药企业的营销活动。无数事例说明，忽略社会文化环境的医药企业经营活动必然会陷于被动或归于失败。

（一）亚文化

亚文化又称集体文化或副文化，指与主文化相对应的那些非主流的、局部的文化现象。它是在主文化或综合文化的背景下，属于某一区域或某个集体所特有的观念和生活方式。一种亚文化不仅包含着与主文化相通的价值与观念，也有属于自己的独特的价值与观念。亚文化有各种分类方法，罗伯逊将亚文化分为人种的亚文化、年龄的亚文化、生态学的亚文化等。如年龄亚文化可分为青年文化、老年文化；生态学亚文化可分为城市文化、郊区文化和乡村文化等。由于亚文化是直接作用或影响人们生存的社会心理环境，其影响力往往比主文化更大，它能赋予人一种可以辨别的身份和属于某一群体或集体的特殊精神风貌和气质。

（二）宗教信仰

宗教是构成社会文化的重要因素，也是影响人们消费行为的重要因素之一。不同宗教在思想观念、生活方式、宗教活动、禁忌等方面各有其特殊的传统，某些宗教组织甚至在教徒购买决策中有决定性的影响，这将直接影响着宗教人群的消费习惯和消费需求。企业在营销活动中要注意不同的宗教信仰，尊重宗教信仰，以避免由于矛盾和冲突给企业营销活动带来的损失。

（三）价值观念

价值观念是指人们对社会生活中各种事物的态度和看法。不同文化背景下，人们的价值观念往往有着很大的差异，消费者对商品的色彩、标识、式样以及促销方式都有自己褒贬不同的意见和态度。企业营销必须根据消费者不同的价值观念来设计产品、提供服务。

（四）消费习俗

消费习俗是指人们在长期的经济与社会活动中所形成的一种消费方式与习惯。不同的国家、不同的民族有着不同的社会习俗和道德观念，从而会影响人们的消费方式和购买偏好，进而影响企业的经营方式。如西方国家的人们以超前性、享受性消费为主流，而我国人民长期以来形成积蓄习惯，注重商品的实用性。另外，每个国家或地区都有自己的禁忌，营销管理者应做到入国问禁、入乡随俗。比如，美国人讲究准时；墨西哥人视黄花为死亡，红花为晦气，白花可以驱邪；匈牙利人忌讳数字“13”；日本人忌讳数字“14”，忌荷花、梅花的图案，也忌用绿色；我国在肉食方面，壮族忌食牛肉，土家族忌食狗肉，回族禁食猪肉，羌族(产妇)禁食马肉，蒙古族忌食虾、蟹、鱼、海产品等。因此，企业营销者应考虑不同国家、不同民族人们的传统习俗与禁忌，做出有针对性的营销决策。

社会文化作为人们一种适合本民族、本地区的是非观念，影响并制约着人们的思想和行为，包括对疾病的看法和治疗行为，这一点在医药市场体现尤为突出，其中比较典型的就是中国传统的中医药。中医药是中华民族传统文化中一颗璀璨的明珠，千百年来为中华民族的繁衍生息做出了不可磨灭的贡献，它与中华民族传统文化观念是一致的。但在国际市场上，对其认识可分为三个层次：一是海外华人，他们既有中华民族传统文化的烙印，又不可避免地受到所在国法律的制约；二是受儒家文化影响较大的亚洲部分国家，他们相对较易接受中药，从而形成一定规模的中药市场；三是欧美国家以及其他一些与中华民族文化有着巨大差异的国家，在接受中药时有相当大的障碍。对于这点，医药企业的营销管理者应有清醒的认识，中药走向世界的任务还相当艰巨。要使中药真正走向欧美等发达国家，必须伴有中医走向世界，没有这个前提，中药走向世界就只能是局部的、个别的。

案例

中医药走向世界，正当其时

2014年5月24日世界卫生大会通过了16项决议，其中的《传统医学决议》在全球关注甲型流感的背景下，似乎没有引来世人太多的目光。但其意义却不寻常：这不仅是世界卫生组织历史上第一个有关传统医学的专门决议，也是第一个由中国倡导发起并通过的决议案，显示了中国传统医学在世界传统医学中的引领地位。此次《传统医学决议》依旧围绕实现全球初级卫生保健目标，以专门决议的形式敦促会员国将传统医学纳入国家卫生系统，全面发展传统医学。决议确认传统医学为初级卫生保健服务的一项资源，看重的就是传统医学立足各国国情的易获得、低成本、保公平、可持续等特征和优势。

百余年来，现代医学迅猛发展、席卷全球，传统医学备受冲击，在许多国家落得被压制甚至取缔的命运。在中国，中医药也是几度起落，但新中国成立以来，党中央、国务院始终坚持中西医并重，中医药事业获得长足发展，中国成为世界上一贯重视发展传统医学的少数国家之一。20世纪60、70年代，席卷中华大地"一根针、一把草"的中草药运动，最大程度上保障了亿万农民的生命健康，被世界卫生组织誉为"以最少投入获得最大健康收益"的中国经验。

进入21世纪，不健康生活方式的蔓延、人口老龄化等趋势，带来了全球性健康问题，一些老传染病尚未有效遏制，艾滋病、非典、甲型流感等新传染病却不断出现，心脑血管病、癌症、糖尿病等慢性非传染病日益增多，导致发展中国家缺医少药，发达国家医疗成本迅速上升。而拥有13亿人口的中国坚持中西医并重应对上述挑战，取得的一系列成就和经验，让世人瞩目，也确立了我国在世界传统医学中的引领地位。

一组数字足以说明问题：中医药已传播到160多个国家和地区，国外中医医疗机构有8万多家，针灸师超过20万人，中医师超过2万人。我国政府与70多个国家和地区签订有关中医药的合作协议130多个。2008年，世界卫生组织选择在中国举办传统医学大会，对中国发展传统医学的经验高度赞赏和认可。在东西方文化迥异的背景下，中医药与西医药优势互补，实现两种方法和力量的汇聚，是推进世界医学境界提升和卫生事业发展的必然趋势。从这个意义上说，中医药不仅是中国的，也是世界的。此次传统医学决议的顺利通过，某种意义上蕴含着世界对中国作为传统医学大国推进世界传统医学发展的高度期许。

当前，《国务院关于扶持和促进中医药事业发展的若干意见》为中医药发展指明了方向，我们要努力发展好中医药，也要积极推动中医药走向世界。此时，走向世界的中医药不仅仅为了宣传中国，更承担起了为人类健康谋福祉的使命和责任。中医药走向世界，正当其时。

（资料来源：中国制药网 http://www.zyzhan.com/news/detail/9671.html）

第四节　医药市场营销环境分析方法

按系统论和生态学的观点，企业与外部环境共同形成一个大系统。医药企业的生存与发展既与其生存的市场营销环境密切相关，又取决于企业对环境因素及其影响所持的对策。由于市场营销环境的客观性、多变性、复杂性，决定了企业不可能去创造、改变营销环境，而只能主动地适应环境、利用环境。为此医药企业应该运用科学的分析方法，加强对营销环境的监测与分析，随时掌握其发展趋势，从中发现市场机会和威胁，有针对性地制定和调整自己的战略与策略，不失时机地利用营销机会，尽可能减少威胁带来的损失。

一、环境威胁与市场机会分析

市场营销环境变化给企业营销带来的影响，集中地表现为威胁和机遇两种。威胁是指对医药企业组织营销活动不利或限制医药企业组织营销活动发展的因素，对于威胁的分析，一般着眼于两个方面：一是分析威胁的严重性，即影响程度；二是分析威胁出现的可能性，即出现概率，如图 2-5 所示。机会的实质是指市场上存在着“未满足的需求”，它既可能来源于宏观环境又可能来源于微观环境。对于机会的分析主要考虑其潜在的吸引力和成功的可能性的大小，如图 2-6 所示。

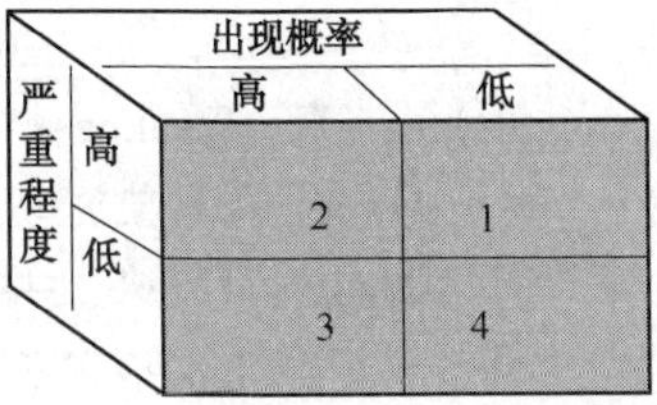

图 2-5　环境威胁分析图

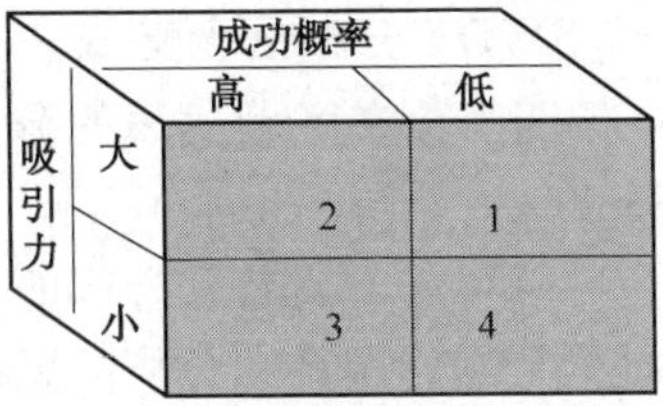

图 2-6　环境机会分析图

营销环境带来的对企业的威胁和机会是并存的，威胁中有机会，机会中也有挑战。在一定条件下，两者可相互转化，从而增加了环境分析的复杂性。将以上两图联系到一起进行分析，就得到环境威胁与机会分析图，如图 2-7 所示，企业运用该图综合分析和评价，能更清楚地认识企业在环境中的营销状况。

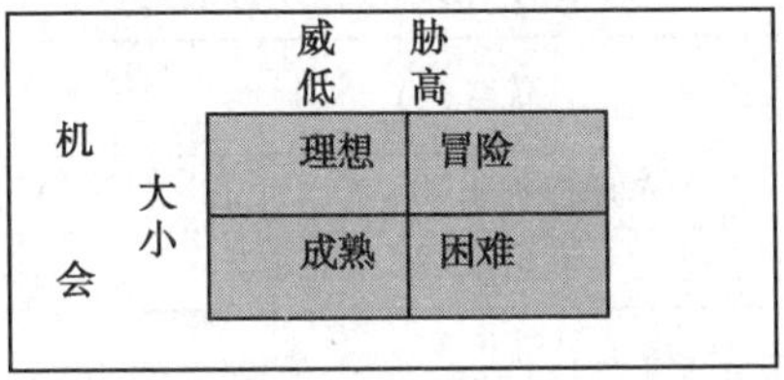

图 2-7　环境威胁与市场机会分析

图 2-7 中出现的四种不同营销方式，它们分别是：

（1）理想营销，营销机会大，营销威胁低，说明企业有非常好的发展前景，理想营销对企业最为有利，但这样的情况是很少的。

（2）冒险营销，营销机会大和营销威胁高。也就是说在环境中机会与挑战并存，成功与风险同在。冒险营销对企业有较大的吸引力，企业应抓住机会充分利用，同时制定避免风险的对策。

（3）成熟营销，营销机会小和营销威胁低，说明企业发展的机会已很少，自身发展潜力也很低，成熟营销能够维持企业的运营，但企业应研究环境营造的新机会，进一步开拓，否则将影响企业的生存。

（4）困难营销，营销面临较大的环境威胁，而营销机会也很少，这种营销如果不能减少环境威胁，企业将陷入经营困难的境地。

二、SWOT 分析法

对市场营销环境进行分析的方法很多，SWOT 分析法是常用的一种，它是由美国旧金山大学的管理学教授韦里克于 20 世纪 80 年代初提出，SWOT 分析法可以帮助营销策划者综合考虑企业的优势、劣势、机会和威胁，使环境分析不再是一堆杂乱无章的事实和数据，便于确认企业内部条件与外部环境相适应的状态。

（一）SWOT 分析法含义

SWOT 四个英文字母代表的分别是优势（Strength）、劣势（Weakness）、机会（Opportunity）、威胁（Threat）。所谓 SWOT 分析，就是将与研究对象密切相关的各种主要内部优势、劣势和外部的机会和威胁等，通过调查列举出来，并依照矩阵形式排列，然后用系统分析的思想，把各种因素相互匹配起来加以分析，从中得出相应的结论。SWOT 可以分为两部分：第一部分为 S、W，主要用来分析内部条件；第二部分为 O、T，主要用来分析外部条件。利用这种方法可以从中找出对自己有利的、值得发扬的因素，以及对自己不利的、要避开的东西，发现存在的问题，找出解决的办法，并明确以后的发展方向，为领导者和管理者做决策和规划提供依据。SWOT 分析模型见表 2-1。

表 2-1　SWOT 分析模型

内部条件 / 外部条件	优势（S）	劣势（W）
机会（O）	SO 战略发挥优势，利用机会	WO 战略利用机会，克服劣势
威胁（T）	ST 战略利用优势，规避威胁	WT 战略减少劣势，规避威胁

（二）SWOT 分析法步骤

SWOT 分析法常常被用于制定集团发展战略和分析竞争对手情况，在战略分析中，它是最常用的方法之一。进行 SWOT 分析，主要有以下几个步骤。

1. 分析环境因素

运用各种调查研究方法，分析出公司所处的各种环境因素，即外部环境因素和内部环境因素。外部环境因素包括机会因素和威胁因素，它们是外部环境对公司的发展直接有影响的有利和不利因素，属于客观因素；内部环境因素包括优势因素和劣势因素，它们是公司在其发展中自身存在的积极和消极因素，属主动因素。

（1）优势，是公司内部因素，具体包括：有利的竞争态势、充足的财政来源、良好的企业形象、技术力量、规模经济、产品质量、市场份额、成本优势、广告攻势等。

（2）劣势，也是公司内部因素，具体包括：设备老化、管理混乱、缺少关键技术、研究开发落后、资金短缺、经营不善、产品积压、竞争力差等。

（3）机会，是公司外部因素，具体包括：新产品、新市场、新需求、外国市场壁垒解除、竞争对手失误等。

（4）威胁，也是公司外部因素，具体包括：新的竞争对手、替代产品增多、市场紧缩、行业政策变化、经济衰退、客户偏好改变、突发事件等。

2. 构造 SWOT 矩阵

将调查得出的各种因素根据轻重缓急或影响程度等排序方式，构造 SWOT 矩阵，如表 2-2 所示。在此过程中，将那些对公司发展有直接的、重要的、大量的、迫切的、久远的影响因素优先排列出来，而将那些间接的、次要的、少许的、不急的、短暂的影响因素排列在后面。

表 2-2 SWOT 矩阵

外部机会与威胁	内部优势(S) 1. 企业具有规模经济 2. 现代管理模式 3. 产品品牌优良 4. 利润率高于平均水平 5. 企业员工素质高 ……	内部劣势(W) 1. 营销网络服务不健全 2. 科研技术力量薄弱 3. 筹资能力不强 4. 员工培训投入少 5. 储运能力弱 ……
外部机会(O) 1. 行业优势好 2. 市场容量大 3. 需求差异化大 4. 市场尚未有领袖品牌	SO 战略 发挥优势，利用机会 1. 扩大市场占有率 2. 增加产品生产产量 3. 创建优质品牌 4. 营销管理创新 ……	WO 战略 利用机会，克服劣势 1. 完善营销网络建设 2. 引进科研人员 3. 加强员工培训 4. 增加物流设备的投入 ……
外部威胁(T) 1. 其他公司抢走市场份额 2. 消费者价格敏感性增加 3. 品牌竞争开始加急 4. 替代品销售上升	ST 战略 利用优势，规避威胁 1. 加速产品更新换代的研发 2. 增加产品的差异化 3. 适当降价 ……	WT 战略 减少劣势，规避威胁 1. 多渠道筹集资金 2. 加强售后客户维护 3. 降低生产成本、节约资金 ……

3. 编写 SWOT 分析报告

在完成环境因素分析和 SWOT 矩阵的构造后，就可以识别出企业的优势与劣势、机会与威胁，从而形成四种战略，对以上四种战略进行选择判断，明确企业最终应采取什么样的市场营销战略，得出结论，结论最终以报告的形式表现，具体如表 2-3 所示。

表 2-3 SWOT 分析报告

题　目	主　题
正文	前言
	企业现状
	企业内外环境因素及其发展趋势
	进行 SWOT 分析
结论	选择企业发展战略和营销策略

同步检测

一、单项选择题

1. 市场营销学认为，企业市场营销环境包括(　　)。

A. 人口环境和经济环境　　B. 自然环境和文化环境
C. 微观环境和宏观环境　　D. 政治环境和法律环境

2. 与企业紧密相联，直接影响企业营销能力的各种参与者，被称为(　　)。

A. 营销环境　　B. 宏观营销环境　　C. 微观营销环境　　D. 营销组合

3. 保健业、休闲运动业、图书出版业以及文化娱乐业争夺消费者一年内的支出而相互竞争，它们彼此之间是(　　)。

A. 愿望竞争者　　B. 一般竞争者
C. 产品形式竞争者　　D. 品牌竞争者

二、多项选择题

1. 属于医药市场营销环境的特征是(　　)。

A. 不可控性　　B. 复杂性　　C. 动态性　　D. 客观性

2. SWOT 分析法，包括哪些要素(　　)。

A. 机会　　B. 威胁　　C. 优势　　D. 劣势

三、案例分析

当人工智能可以看病，你会选择 AI 来当你的医生吗？

我们深处最伟大的变革时代，每一天我们都在拥抱变化，有些时候，我们会觉得未来是那么触手可及，科幻电影的场景正在成为现实。经过去年对于人工智能(AI)的追捧，现在 AI 已经成为日常生活中谈论的话题。但是我们远不像自己预想的那么容易拥抱变化。对于 AI，大多数人总是带着深深的怀疑。在某些领域，更是理所当然地认为 AI 不可能做到。

然而，AI 正以我们始料未及的速度飞速发展，而且成果显著。有些结果，对我们来说可能显得突兀，但是，也许我们必须接受。最近，AI 在医疗领域涌现出很多优秀的研究成果，从诊断到精细手术无所不有。这让我们不得不思考，AI 还有多久可以作为医生来给我们看病呢？

牛津大学开发了一种人工智能诊断系统，比医生诊断心脏病的准确率更高。哈佛大学发明了一种“智能”显微镜，可以检测出潜在的致命的血液感染，准确率达到 95%。日本横滨昭和大学研究了一种新的计算机辅助内镜系统可以显示结肠癌的潜在癌症生长迹象，灵敏度为94%，特异性为79%，准确性为86%。在2017年12月发表在《美国医学会杂志》(Journal of the American Medical Association)上的一项研究表明，深度学习算法比人类放射学家在"时间紧迫"时更能诊断出转移性乳腺癌。

除了对于疾病的诊断，AI还可以通过长期的数据检测和分析，对个人的健康管理作出建议，能够有效地帮助人类预防疾病。更重要的是，AI机器人能够承担目前人类医疗领域最为重要的医疗手段——手术。麻省理工学院对过去十几年的机器人手术数据进行了回顾性分析，以评估机器人手术的安全性。在研究期间，报告了144例患者死亡和1391例患者受伤，这些主要是由于技术困难或设备故障所致。报告指出，"尽管死亡和受伤数量相对较多，但绝大多数程序都是成功的，没有任何异常。"但是，在更复杂的外科手术领域(如心胸外科)中发生的患者死亡和受伤的事件数量要比妇科和普通外科等领域要高得多。

尽管目前，医疗领域AI的发展距离商用还有一些距离。但按照目前的发展速度来看，这个时间并不会太远，对于大多数人来说，这也许就是有生之年会经历的事情。不过，我们需要思考的是，我们真的做好迎接AI时代的准备了吗？当AI可以看病的时候，你会选择和接受人工智能来当你的医生吗？

(资料来源：http：//k. sina. com. cn/article_ 6432213610_ 17f63ca6a001003nyr. html)

问题：请根据上述资料，结合自己的所见所闻，分析人工智能时代，医药企业在市场营销环境中所处的机遇与威胁？

四、实训

九州通医药物流集团简介

九州通医药物流集团总部位于湖北省武汉市。水陆交通方便，素有"九省通衢"之称。武汉是中国内陆物流中心的理想场所。公司目前与4200多家上游供货商保持着良好的合作关系，医药经营品种达14000多个，拥有下游客户60000多家，取得了国内230多种药品的全国或区域总经销或总代理资格。早在2001年，九州通就开始进行现代医药物流流程以及相关物流技术的研究，并与国内外先进的物流集成商进行技术交流，探索将国内外先进的物流技术与中国医药物流的具体情况相结合的物流模式。在近9年时间里，九州共计规划投资了34座医药物流配送中心，自主研发出仓储管理系统(WMS)、运输管理系统(TMS)等，并取得多项独立知识产权。目前九州通的物流、信息技术处于国内、国际领先的地位。

现代物流业是一个资金高度密集的产业，要发展成为现代物流企业，对各项基础设施和装备要求极高。作为民营企业，九州通不得不谋求上市，寻求新的资金出路。同时由于资金相对短缺的问题，在并购资金的投入上，九州通无法与实力雄厚的国企抗衡。在国企巨头大肆跑马圈地的背景下，九州通则鲜有并购的消息传出。由于国内居民的就医习惯以及医疗保险的发展速度，导致了国内药品消费80%以上由医院处方销出，其余20%则归属药店等渠道。而在医药处方药品的销售中，公立医院占据了绝对重头。在激励竞争面前，九州通不具备国资背景的地位倍显尴尬，这使得九州通在一些公立医院面前至今仍然无法取得话语权。

我国医药工业发展速度快于全球平均水平，也高于全国工业平均增长指数4.4个百分点。据行业内预测，2020年将达到1500亿美元，从而超过美国成为世界第一大医药市场。随着我国经济的快速发展，人民生活水平的提高，以及基本医疗保险制度的实行，使得人们对医药的需求将不断增加。2011年商务部公布了《全国药品流通行业发展规划纲要(2011~2015年)》。内容显示，2015年前，全国要"形成1~3家年销售额过千亿元的全国性大型医药商业集团"。此项政策出台说明，医药流通企业迎来"千亿元"级别时代。目前国药集团、上药集团、九州通三大巨头的市场占有率相加，刚刚超出20%。可以预见未来5年我国的医药流通行业的竞争格局将发生深刻的变革，国药集团、上海医药和九州通作为最大的全国性医药流通企业，将在行业结构调整和集中度提升中受益。

随着基本药物制度的推进，药物配送权的争取使得地方医药商业企业投重金建物流中心保障供应，将淘汰一批资金短缺的企业。同时，由于"大鱼吃小鱼""强强联合"式的并购在医药流通领域内比较普遍。其中以国药、新上药、新华润为代表的国企，在全国范围的"圈地"式并购直接促进了流通行业集中度在国有企业中的提升。和国药、上药"挥金如土"的并购相比，作为医药流通十强的唯一的民营企业，九州通多少有些底气不足。当前很多第三方物流企业都已瞄准医药物流这块蛋糕，进入这一领域。如中远物流集团公司已经试水医药物流。另外随着电子商务的快速兴起，许多B2B商务网站也开始将目光瞄准医药批发这块市场。这将使传统医药物流公司面临更大的威胁。

(资料来源：http://blog.sina.com.cn/s/blog_afe6eb890102vhnx.html)

1. 实训目的

掌握SWOT分析法的实际应用。

2. 实训内容

根据九州通医药物流集团简介，分析该企业的营销机会与环境威胁，结合该企业的优势和劣势，提出企业面对营销机会和环境威胁时可采取的对策。

3. 实训步骤

(1) 教师安排实训任务，提出实训目标和实训要求；每个班级分成若干小组，在充分讨论的基础上，找出该集团的优势和劣势，营销机会与环境威胁。

(2) 学生以小组为单位，对收集到的资料进行整理和归纳，教师指导并监控整个过程。

(3) 以实训小组为单位，分析该集团面对营销机会和环境威胁时可采取的对策，形成分析报告。

4. 实训体会

通过实训，让我们了解到营销环境的客观性、多变性、复杂性，决定了企业不太可能去改变环境，但是可以结合自身的实际情况，去积极、主动地适应环境、利用环境。

5. 实训作业

以每个小组为单位分别提交所收集到的资料，并撰写分析报告，以 PPT 的形式呈现。

实训考核内容和标准

每个小组提交的资料	撰写分析报告	PPT 呈现
30	30	40

第三章　医药市场购买者行为分析

知识目标

（1）掌握医药消费者市场的概念和特点。

（2）了解医药组织市场的概念和特点。

（3）掌握影响消费的各种因素。

（4）了解医药消费者的购买动机。

（5）了解影响医药消费者购买行为的因素。

能力目标

（1）能够分析购买行为模式的类型。

（2）能够判断医药消费者的购买决策过程。

引例

给顾客创造购买产品的理由

伴随着医药市场的激烈竞争，消费者的消费心理从稚嫩逐渐走向了成熟，消费行为也从盲动变得越来越理性。这里的“理性”并不是说消费者像医生一样能正确认识自己的身体和需要，而是要让他购买药品就必须以理服人。对于医药企业而言，意味着除了要有知名度宣传外，还要有功效宣传，要从概念上说服他，告诉消费者这些方面很重要，不能像以前那样忽视，这样消费者才会去购买。

医药市场的消费者主要有三大类：生病用药、预防用药和保健，因此消费者购买的是对他的身体有帮助的产品，比如糖尿病患者肯定就会对降糖方面的药品感兴趣，他不可能对减肥药感兴趣，即使减肥药效果非常好，他也不会买。

医药产品利益点的挖掘是患者购买的首要理由，只有对患者有良好作用的产品，才会有长久的生命力，靠短时间的炒作只能适得其反。

送礼也成为消费者购买医药产品的一大理由，不是给自己买，是给亲戚朋友买，送保健品就是送健康的理念已深入人心，成为节假日医药保健品市场的一大亮点。

很多医药产品的消费者与产品宣传受众不一定相同，比如针对孩子的产品，消费者是孩子，而宣传受众是父母；针对老年痴呆疾病的产品，消费者是老年痴呆患者，而宣传受众只能是儿女。所以，情感也是顾客为亲人购买医药产品的理由。

此外，医药产品不仅仅是卖给顾客就结束了，后期的跟踪服务也非常重要，是顾客持续购买和介绍新顾客的理由。可以说，谁的服务做得好，谁就能最终取得成功。

医药企业销售产品，不是采用某一项购买理由就能让产品销售红火，需要有效的整合，将顾客的所有购买理由灵活机动的运用，不同时期采用不同的策略，才会使购买理由的效用发挥最大。

（资料来源：百度文库 http://wenku.baidu.com/）

市场营销的任务是积极地开发对消费者有价值的产品，并运用有效的策略和方法将其呈现给消费者。面对竞争激烈的医药市场和理性的消费者，研究医药市场购买行为的因素和决策过程，对有针对性地开展医药营销活动具有重要的意义。

医药市场指有购买力，有购买愿望的顾客群体。按照顾客购买目的或用途不同，医药市场可以分为消费者市场和组织市场两大类。医药消费者市场是指个人或家庭为了满足其防病、治病、强身健体等生活需要而购买药品和接受服务所形成的市场，其购买的目的是为了最终消费。医药组织市场是指医药企业和单位为了生产、销售医药商品或提供医疗服务，购买医药商品和劳务而形成的市场。医药组织市场包括医药生产者市场、医药中间商市场、医疗机构市场和政府机构市场。图 3-1 给出了医药市场的类型图。

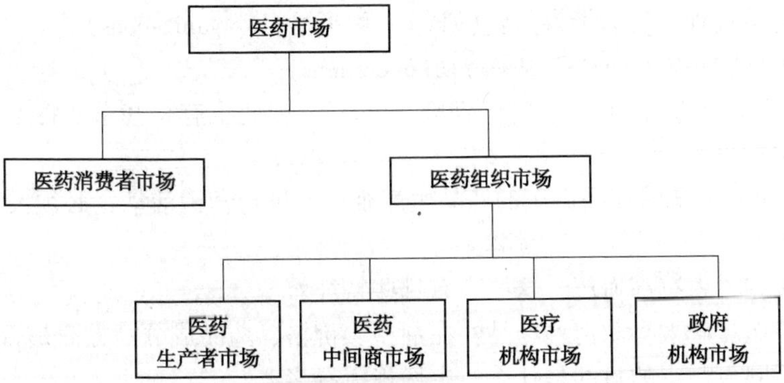

图 3-1　医药市场类型

医药消费者市场是医药组织市场的起点，医药组织市场的发育水平和完善程度则反过来影响和制约着医药消费者市场的发展。医药企业在掌握医药消费者市场的特征和规律的同时，也应该掌握医药组织市场的特征和规律。各市场之间是相互联系、相互依赖、相互作用的，如图 3-2 所示。

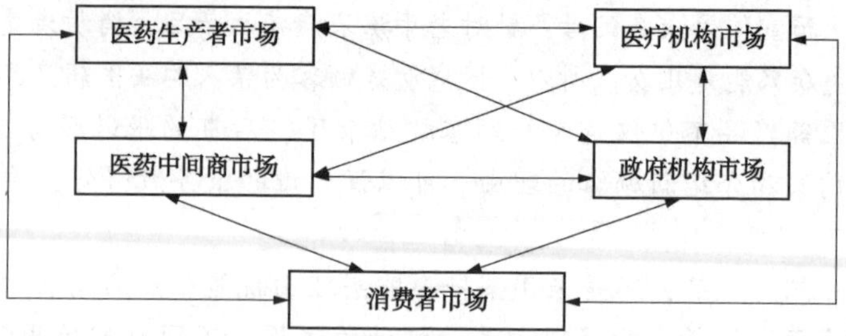

图 3-2 医药市场关系图

第一节 医药消费者市场购买行为分析

一、医药消费者市场分析的内容

企业营销部门对市场进行研究，通常要围绕“6W+1H”展开消费者市场的分析工作。即我们通常所说的“6W+1H”模式。

① 市场由谁构成？(who)—购买者(occupants)

② 市场消费什么？(what)—购买对象(objects)

③ 市场为何购买？(why)—购买目的(objectives)

④ 市场何时购买？(when)—购买时间(occasions)

⑤ 市场何地购买？(where)—购买地点(outlets)

⑥ 购买过程中还有谁参与？(who)—购买组织(organizations)

⑦ 怎样购买？(how)—购买行动(operations)

又由于这 7 个方面的英文首字母均有“O”，因此也有一些学者将上述 7 个问题缩写为“7OS”。

举例说明：某治疗高血压的药品生产企业要进行营销活动，必须要了解以下几个问题。

① 哪些人患有高血压？这些人有哪些特征？

② 高血压病人喜欢何种药品？在剂型、价格、药品成分等方面是否有差异？

③ 不同人购买的目的是什么？市场规模有多大？

④ 这些人群何时购买？

⑤ 他们在哪里购买？

⑥ 还有哪些人会影响购买者的购买决策？这些人的影响力有多大？

⑦ 他们采取何种方式购买？

当然，若对这几个问题能够正确、透彻地分析，那么就能够准确地了解高血压患者的购买行为，可以制订合适的市场营销组合策略，从而提高营销的效率。

二、医药消费者购买行为模式

医药消费者的消费行为是由内外因素影响过程和消费者心理活动影响过程的双重影响构成的。内外因素共同作用，首先影响人的生活方式和基本价值观，如果这时出现生理上的异常，就产生医药服务与产品的需要，这种需要通过决策过程而最终变成需求。

在研究消费者购买行为的理论中，有一种比较有代表性的刺激-反应模式理论，如图 3-3 所示，此理论认为，消费者之所以产生购买行为，首先是受到某些因素的刺激，或者是来自企业的营销刺激，或者是来自外部环境的刺激，消费者根据个人的特征，对这些刺激作出相应的反应，并收集信息、比较评价后，才作出最后的购买决策，这是一个购买决策黑箱，最后消费者对本次购买行为进行评估，以决定是否下次继续购买。

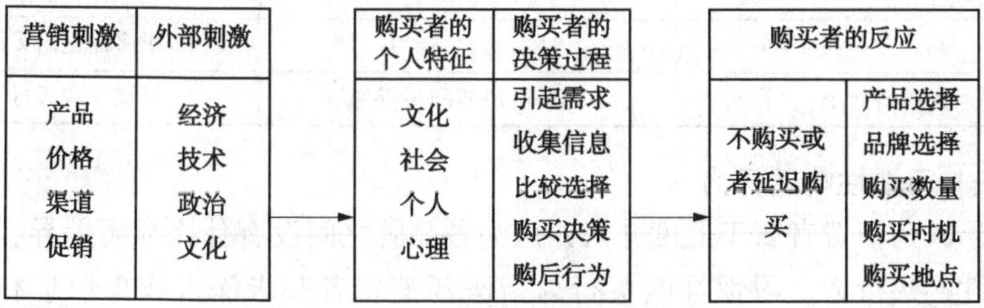

图 3-3 消费者购买行为模式

1. 刺激

消费者的购买行为由刺激引起，对药品消费者的刺激来自两个方面——外部刺激和营销刺激。

外部刺激包括经济、技术、政治、文化等四个方面。经济方面的刺激主要表现为人均可支配收入增加、人民生活水平提高，会提高用药质量和数量。如建国初期，多数早期癌症缺少药品治疗，现在多数癌症均能得到良好的控制。技术方面的刺激主要表现为人们会优先购买创新型药品，因为这些药品在疗效和毒副作用方面均有较大的优势，如最初人们服用钙片来补钙，现在可以服用口服液等其他药品来补钙。政治方面的刺激是指政府的提倡和号召也能够促进药品购买行为。文化方面的刺激是指生活文化及风俗习惯对药品购买习惯的影响，如我国人民对中药的喜爱。

营销刺激包括产品、价格、渠道和促销等方面的刺激。如新剂型的药品会吸引消费者的购买，当治疗脚气的药品多是膏剂时，喷剂就比较受欢迎；同样的药品，价格低的药品或许更能够吸引消费者购买，如药店在会员日药品的销量往往比平时更大；同理，渠道广泛，购买方便的药品销量更大；经常做促销的药品销量较大，药店有赠品的药品销量更高。

总而言之，消费者受到刺激是产生购买行为的原因之一。

2. 反应

当消费者受到刺激之后会产生一系列的反应，如分析评价、购买决策。比如说，当药店进行低价促销时，很多消费者会分析评价此药的价格是否低廉，家中是否缺乏此类药品，若是缺少此药品而且此药店价格是最低的，便做出购买决策，否则，没有反应。

三、医药消费者购买行为类型

根据购买者的时间、精力等介入程度和所购产品品牌间差异程度，可以将消费者购买行为分为四种类型，见表3-1。

表3-1 消费者购买行为类型

介入程度 / 品牌差异	高度介入	低度介入
品牌差异大	复杂购买行为	寻求多样化购买行为
品牌差异小	化解不协调购买行为	习惯性购买行为

（一）习惯性购买行为

如果医药消费者属于低度介入并认为各品牌之间没有什么显著差异，就会产生习惯性购买行为。习惯性购买行为指医药消费者并未深入收集信息和评估品牌，没有经过信念—态度—行为的过程，只是习惯于购买自己熟悉的品牌，在购买后可能评价也可能不评价产品。

对习惯性购买行为的主要营销策略是，可以利用价格与销售促进吸引医生试用，开展大量重复性广告加深医药消费者印象，增加购买介入程度和品牌差异。在习惯性购买行为中，医药消费者只购买自己熟悉的品牌而较少考虑品牌转换，但如果竞争者通过技术进步和产品更新将低度介入的产品转换为高度介入并扩大与同类药品的差距，将促使消费者改变原先的习惯性购买行为，寻求新的品牌。

小案例

从感冒药的购买行为本身而言，应归于习惯性购买。如果仅仅定位于治疗感冒的作用，则属于低度介入产品，只能以低价展开竞争，若增加功效，预防感冒，则介入程度提高，即使提高价格也能吸引购买，扩大销售。如启东盖天力的白加黑，其“白天服白片不瞌睡、晚上服黑片睡得香”的功效宣传，大大提高了介入程度和品牌差异，为该产品的成功市场运作立下了汗马功劳。

（资料来源：符华平．医药市场营销与实务[M]．北京：人民卫生出版社，2010.）

（二）寻求多样化购买行为

如果医药消费者属于低度介入并了解现有各医药产品品牌和品种之间具有显著差异，则会产生多样性的购买行为。它是指消费者购买产品有很大的随意性，并不深入收集信息和评估比较就决定购买，但是在下一次购买时又转换其他品牌。转换的原因并不是他们不满意，而是为了寻求多样化的产品。

对于这类购买行为，不同的企业营销策略有所不同，挑战者企业可以采用价格优惠和免费试用来鼓励消费者改变原有的消费习惯；而市场领导者企业则可以通过占据有利货架、销售促进来鼓励消费者形成习惯性的购买行为。

（三）化解不协调购买行为

如果医药消费者属于高度介入，但是并不认为各品牌之间有显著差异，则会产生化解不协调购买行为。它是指消费者并不广泛收集产品信息，并不精心挑选品牌，购买过程迅速而简单，但是在购买以后会认为自己所买药品具有某些缺陷或其他同类药品有更好的效果而产生不协调感，怀疑原先购买决策的正确性。某些药品价格不高，不常购买，但是消费者看不出或不认为某一价格范围内的不同品牌有什么差别，无须在不同品牌之间精心比较和选择，购买过程迅速，可能会受到与药品质量和功能无关的其他因素的影响，如因价格便宜、销售地点近而决定购买。购买之后会因在使用过程中发现产品的缺陷或听到其他同类药品的优点而产生不协调感。

对于这类购买行为，营销者要提供完善的售后服务，通过各种途径经常提供有利于本企业和产品的信息，使顾客相信自己的购买决定是正确的，形成相应的客户忠诚度。

（四）复杂的购买行为

如果医药消费者属于高度介入，并且了解现有各医药产品的品牌、质量、品种和规格之间具有显著差异，则会产生复杂的购买行为。复杂的购买行为指医药消费者购买过程完整，要经历大量的信息收集、全面的药品评估、慎重的购买决策和认真的购后评价等各个阶段。比如，感冒药，不同品牌之间差异大，某人想购买则对于不同品牌之间的功效、质量、价格等无法判断，贸然购买有极大的风险。他要广泛收集资料，弄清很多问题，解决很多难题，逐步建立对此药品的信念，然后转变成态度，最后才会做出谨慎的购买决定。

对于复杂的购买行为，营销者应制定策略帮助购买者掌握医药产品知识，运用各种资源进行品牌的推广宣传，影响最终购买决定，简化购买过程。

四、医药消费者购买决策过程

消费者的购买决策过程可以分为五个阶段，如图 3-4 所示。这五个阶段环环相扣，循序渐进。研究消费者决策过程，目的是使营销者针对购买行为的不同阶级采取相应的促销措施。此过程模式按照“复杂购买行为”建立，与传统观念不同的是，顾客的购买在交钱购物之前就已经开始了，且这个过程会延伸到购物之后。

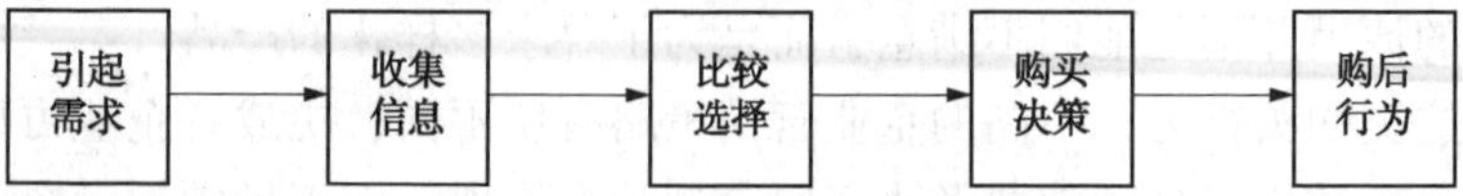

图 3-4　消费者购买决策过程

（一）引起需求

当医药消费者认识到自身的健康状态与某种期望或理想的健康状态之间存在显著差异时，就会产生需求。有些需求很容易发现，如消费者疾病发作、身体产生不适的症状；有些需求是通过别人帮助或提示才能发现的，如消费者体检前并不知道自己患病。这个阶段，营销者应该了解消费者有什么样的需求和问题，针对医药消费者的不同需求采取不同的营销策略。

（二）收集信息

如果医药消费者的需求很强烈，而周围又有现成让他们满意的产品，消费者无须进行收集，可以直接购买。若无法马上发现满足需要的产品，他就需要开始信息收集的工作。有的信息仅仅提高注意力就可以获得，有的信息则需要积极寻找。

消费者获取信息量的多少取决于动机的强烈程度、获得信息的难易程度、对更多信息的重视程度、在信息寻找过程中的满足程度等。在寻找信息的过程中，消费者信息的来源主要有个人来源、经验来源、公共来源和商业来源四个方面。个人来源是指来自亲朋好友的信息；经验来源是从使用检查产品中获得的信息；公共来源是从网络、电视等大众传播媒体、社会组织中获取的信息；商业来源是指从企业营销中获取的信息，如从广告、推销员、展览会等获得的信息。个人来源和经验来源信息对消费者购买行为影响最直接，公共来源和商业来源的影响比较间接，但诱导性强。医生在医药消费者用药方面有绝对的权威和指挥权，零售药店和广告宣传对非处方药市场影响较大。医药企业要根据药品品种并结合医药消费者的行为特点，灵活选择各种信息来源组合，向医药消费者有效传递信息。

（三）比较选择

消费者在获取足够的信息之后，要对备选的方案进行评估。消费者在做出购买决策前，不仅要考虑医药产品的疗效、价格、适宜性、公司的信誉度、品牌的知名度等，还要比较同类医药产品的不同属性，并结合实际情况从中确定自己的选择，最大限度满足治疗疾病的期望。所以，营销人员必须了解消费者对资料是如何处理的，以便掌握消费者的购买意向，同时应注意增加可选方案，供消费者选择。

（四）购买决策

前几个阶段都是购买行为的准备阶段，正是在这些活动的基础上，做出购买的决策。消费者的购买意向是否转化为购买行动受他人态度和意外因素的影响，也受可觉察风险的影响。如家庭成员、医生护士、药店销售人员等，如果他们的态度越强烈，并与该消费者的关系越密切，那么消费者的购买意向就越低甚至改变初衷，取消购买决定。所以对营销人员来讲，一方面应向消费者提供更多更详细的有关产品的信息，消除消费者的风险感；另一方面，要通过各种销售服务形成方便顾客的条件，引导消费者坚定地实施购买意向。

（五）购后行为

购后行为是购买决策的“反馈”阶段。它是本次购买的结束，也是下次购买或者不购买的开始。一般而言，消费者购后感受一般有满意和不满意。满意感能强化消费者对所购药品的信心，增加其重复购买的频率，且还有可能为产品做义务宣传；反之，如果不满意则可能使消费者对该药品永久性的放弃，甚至做反的宣传。对企业而言，其消费者群有两个：新顾客和老顾客。吸引新顾客往往比留住老顾客要难，而挽留老顾客的最佳方式就是要让他们满意。满意的顾客平均向3个人讲述，而不满意的顾客会平均向11个人抱怨。因此，满意了的顾客就是最好的广告。

五、影响医药消费者购买行为的因素

与普通商品有很大的不同，由于疾病的客观性，医药消费者的影响因素更多是客观的，其购买行为受到内因和外因的相互促进、相互影响。

（一）社会环境因素

1. 社会文化因素的影响

文化是一个社会的特征，它影响到人们的行为和思想，规定了大多数人的行为举止的范围，是人们思考和行为的指南，在消费者决策中起至关重要的作用。

2. 消费价值观的影响

人的价值观是一种多维度、多层次的心理倾向系统。消费价值观是指人们对消费行为、消费方式的价值取向。不同的消费者对同一种消费品的价值评价是不一样的，由此会影响到他们的消费行为。每个消费者的消费价值观都会有差异，具体有：节俭价值观，崇尚节俭消费，不骄奢浪费，消费以能满足个人基本需求为标准；功能主义价值观，注重产品的核心价值，不注重外形包装等产品的形式价值，讲究消费的效率；骄奢价值观，崇尚过度消费，铺张浪费，追求高等级的品牌，注重排场，关注产品的形式多于关心其实际价值，以金钱的挥霍为满足；

时尚消费价值观。追求时髦，紧跟消费潮流，以不落后于、甚至超前于时尚为满足。

3. 消费习俗的影响

消费习俗则是人们在日常生活消费中，由于自然环境、物质生活条件、经济发展水平和民族发展历史等原因，形成了各个国家、各个民族独具特色、约定俗成的消费习惯。

4. 宗教信仰的影响

中医中药是我国医药产业的国粹，而我国中药企业在中药国际化初期面临巨大挑战。市场营销者在把产品推向市场时，一定要考虑各国的宗教信仰，如果某医药品的价格定价在 13 美元，那么对于销往欧美国家而言，13 这个数字就显得不吉利。

营销延伸

世界各地聚居着各种不同的宗教信仰者。“物以类聚，人以群分”，宗教信仰对社会体系及营销方式的影响不可低估，它决定着教徒的人生观、生活方式、风俗、购买目的和方式以及价值观念。

佛教、基督教和伊斯兰教为世界三大宗教，其分支教派很多，但以上述三大宗教影响最广，教徒分布地域最广。每一宗教的教徒均有其最喜爱和厌恶的色彩，这有其宗教的渊源。佛教徒崇尚的是黄色，因为黄色是代表太阳的颜色，表示华丽和光辉。信仰佛教的地区，居民多以红色为吉庆色，以白色为丧事用色。绿色是伊斯兰教徒喜爱的色彩，因为绿色为沙漠中肥沃的绿洲之色，象征吉祥和相爱。与佛教不同，伊斯兰教视黄色为死亡的象征，因而黄色特别不受欢迎。基督教把蓝色看作是象征天国的颜色，也视为海洋之色，欧洲人历史上把蓝色视为高贵身份的表示。所以蓝色被选为欧共体的代表色，许多公司的标志、产品目录、包装设计都以蓝色为主色。每一宗教又都有重要节日活动，例如基督教有圣诞节、复活节、万圣节和感恩节四大节日。每一宗教又有许多清规戒律，例如印度教徒的等级观念、家庭观念以及因循守旧的观念根深蒂固；佛教的核心思想与追求富贵和成就的思想相对立；伊斯兰教徒禁食猪肉，禁止饮酒等。伊斯兰教国家均禁用女性人体作商品广告和包装图案。伊斯兰教国家禁止下国际象棋，他们认为玩国际象棋是训练人们篡夺王位。

（资料来源：http://www.yy21.net/news/sh/3739923431.html）

5. 不同民族的影响

我国有 56 个民族，都有各自独特的民族传统医药学。目前，30 多个民族的传统医药得到了系统的发展，其中藏族医药、蒙古族医药、维吾尔族医药、傣族医药以及壮族、苗族、瑶族、彝族、朝鲜族、土家族等医药都得到了较好的继承和发扬。

（二）家庭因素

家庭与消费活动有着极为密切的关系。据统计，大约80%的消费行为是由家庭控制和实施的。因此，有必要分析家庭对消费行为的影响。影响家庭消费行为的主要因素是家庭决策类型、家庭生命周期、家庭收入水平等。

1. 不同决策类型家庭的分析。

家庭是消费活动的基本单元，不同的家庭由于决策类型不同，其购买行为也会有所不同，研究谁是产品购买的决策者，并熟悉不同的决策类型，可以改善医药企业的服务方式和态度，使医药企业的产品在市场上占有更多的份额。常见的家庭决策类型有四种：各自做主型、丈夫支配型、妻子支配型以及共同支配型。

2. 家庭生命周期分析

家庭生命周期是大多数家庭所必经的历程，是指家庭从建立到结束全过程所经历的时间。从家庭整体角度出发，生命周期是根据年龄、婚姻状况、子女及其成长状况来进行的。处在不同阶段的家庭，对产品的需求和构成有极大的差别。如新婚夫妇更多关注的是小孩的健康，而老年家庭需要增加营养保健品。对医药企业而言，应对家庭生命周期不同阶段进行具体分析、区别对待，从而做出有效的销售决策。

小链接

家庭生命周期一般分为六个阶段：一是新婚阶段，指年轻夫妇，刚刚组成家庭，尚未有小孩；二是满巢期，指年轻夫妇，有一个6岁以下的小孩；三是满巢期二，指年纪稍大的夫妇，有6岁以上的小孩；四是指满巢期三，指年纪较大的夫妇，有能自立的子女；五是空巢期，指年纪大的夫妇，身边无子女；六是鳏寡期，指老年单身独居。

3. 家庭收入的分析

家庭收入是家庭支出的源头，是家庭消费的经济基础。它在很大程度上决定家庭的消费行为。有了收入才有可能产生消费支出，收入水平的高低也直接影响着消费状况。根据恩格尔定律，家庭的食物支出占家庭收入的比例，反映着该家庭的消费水平。一个收入水平高的家庭，在满足了食物支出之后，剩余的可任意支配的收入较高，故而它就有较高的消费水平，现实的购买力很强。

（三）社会阶层因素

社会生活中，每个消费者都归属于一定的社会阶层，他们的消费观念、生活方式必然要受到所属阶层的制约与影响。同一社会阶层的消费者在消费心理与行为表现上会有许多相似之处，而不同社会阶层的消费者则表现出明显的差异。

在经常用于划分社会等级的变量中，家庭收入决定居民的经济承受能力，医药支付方式和制度；职业身份可能会涉及居民的基本生活方式、各种相关职业病的患病等；而受教育程度则会影响居民对于医药知识的掌握程度。这些都会在医药消费者行为上造成重要的影响，影响他们对信息的利用和依赖程度等。

（四）相关群体因素

相关群体指能够影响医药消费者购买行为的个人或集体。总言之，只要某一群人在消费行为上存在相互影响，就构成了一个相关群体，不论他们是否相识或有无组织。某种相关群体的有影响力的人物称为“意见领袖”或“意见领导者”，他们的行为会引起群体内追随者、崇拜者的仿效。日常生活中影响消费者的常见相关群体包括：家庭、同学、同事、邻居、亲戚朋友、社会团体、名人专家等。

（五）企业和产品因素

药品质量是药品的生命，在相同市场和相同医药产品结构条件下，药品质量的好坏也是影响医药消费者购买的重要因素。医药消费者使用药品的最终目的是获得身体的康复，所以衡量一种药品是否具有生命力和市场竞争力的标准之一就是其疗效。影响医药疗效的主要因素有以下四方面。

1. 药物的疗效

患者用药的目的只有一个，那就是获得康复，所以疗效确切、毒副作用小的药品有利于消费者的下次购买，进而有利于药品的销售。

2. 药物的剂型

药物的剂型可影响药物的吸收程度和服用的方便性，因而不同剂型的药物可影响药物的疗效和销售情况。例如同一药品的缓控释制剂，由于可延长作用的时间，减少服用次数，从而提高患者的依从性，因此受到老年患者、儿童患者以及健忘患者的青睐。

3. 药物的包装

新产品更容易被消费者接受的一个原则就是小包装，考虑到药品的有效性和储存的方便性，同一品种的不同包装中，小剂量、小包装的产品比大包装更受消费者的欢迎。

除了上述影响消费者市场购买行为的因素外，个人的经济承受能力和疾病的严重程度以及对疾病的认知水平也会对购买行为产生影响。

第二节 医药生产者市场购买行为分析

一、医药生产者市场的含义

所谓医药生产者市场是指医药产品生产企业购买医药原材料或半制成品、制成品，生产医药产品以供销售获取利润而形成的市场。医药产品生产企业既可以向医药原材料供应企业购买医药原材料或半制成品又可以向其他医药产品生产企业购买医药制成品进行生产。

二、医药生产者市场的特点

医药组织市场与医药消费者市场相比具有如下一些不同的特点。

1. 购买的目的不同

消费者市场的消费者购买医药商品是为了满足个人或家庭的消费，而医药组织市场的购买目的是为了生产或销售。

2. 购买的规模不同

医药组织市场购买目的是为了生产和销售，生产的规模效应和销售所面对的广大市场范围决定了医药组织市场的购买规模较大。而且为了保证生产和销售的稳定性，购买也比较稳定。

3. 购买者数量不同

医药组织市场的购买者是法人，法人组织通常都具有一定的规模，它的成立需要通过合法的程序，有具体的登记记录，所以购买者数量相对较少而且能够具体明确。

4. 购买者的集中度不同

医药组织市场的分布和规模，因各地区的自然资源、经济发展水平和投资环境不同而具有较大的差异。一般经济发达的地区、医药自然资源丰富的地区、投资环境良好的地区，都是医药组织市场集中地区。

5. 购买需求不同

医药组织市场的需求具有派生性，需求弹性小，医药组织市场的购买动力最终取决于医药消费者市场的需求水平。

6. 购买过程不同

由于医药组织市场购买的规模大、技术性强、质量要求高，而且需要控制购买的成本，所以医药组织市场的在购买过程中需要成立专门的采购中心，配备专业的采购人员，规定各部门在采购工作中的职责，制定严格的采购程序。因此，医药组织市场的在购买行为专业性强，程序复杂。

小案例

河北省安国县的庙会，是全国有名的药材集散市场。每年冬、春两季，各地药农、药商云集于此。北京同仁堂的药材采购员在采购中使用了一连串的技巧，并善于积极反馈信息，所购的药材比别的店家便宜很多。他们一到安国，并不急于透露自己需要采购什么，而是先注意收集有关信息。他们往往开始只是购进一点比较短缺的药材，以“套出”一些“信息”。例如，本来需要购进一万斤黄连，他们往往只买进一百斤上等货，而且故意付高价。然而“价高招商客”，外地的药商药农闻讯后，纷纷将黄连运到安国。这时，同仁堂的采购员却不再问津黄连，而是抓住市场上其他滞销的且又必须购买的药材大量买进。等其他生意做得差不多时，再突然转向采购黄连。此时，他们已得到信息反馈：黄连由于大量涌进市场，形成滞销之势。各地来的药商，为了避免徒劳往返，多耗运输费用，或者怕卖不出去亏本，都愿意低价出售。经过这一涨一落，同仁堂就大量收购市场上各种滞销的药材。药商们吃了亏，影响到第二年药农的积极性，自然就会减少产量。同仁堂的采购员们又能够预测到明年的情况。这样一来，这些减产的药材第二年又会因大幅度减产而价格暴涨，而此时同仁堂的库存早已备足。

（资料来源：清华大学经济管理学院工商管理案例研究组．MBA 工商管理 800 案例[M]．世界图书出版公司，1998.）

三、医药生产者市场购买行为模式

医药生产者、医药中间商、医疗机构和政府机构市场的购买模式基本相同，一般都要经历如下三个阶段。

第一阶段是信息刺激阶段，包括宏观环境信息和微观环境信息刺激。医药组织市场的购买主体，通过分析宏观环境形势，了解供应商所提供的产品、价格、渠道、促销等信息以及市场竞争态势，为采购决策做准备。

第二阶段是组织决策过程阶段，医药组织市场的购买主体和各相关部门，依据外界环境信息，按照购买决策程序，决定是否购买。

第三阶段是组织反应阶段，如果决定购买，则确定什么时间采购、向谁采购、采购什么、采购多少、按什么价格采购、采购交易的条件是什么等。

但医药生产者、医药中间商、医疗机构和政府机构在购买医药产品的过程中，有谁参与决策，如何进行决策，决策过程是什么，却各有不同。

四、医药生产者市场购买者行为的类型

依据医药生产者购买活动的稳定性来分，医药生产者的购买行为分为以下三种类型：

1. 直接重购

直接重购是指医药企业的采购部门从现有的供应商名单中选择供货企业，直接重新购买过去采购过的同类物品。此时，组织购买者的购买行为是惯例化，购买者要做出的购买决策最少。在这种情况下，原有的医药供应商应尽力保持产品质量和服务质量，并采取其他有效措施来提高采购者的满意程度。新供应商也不是一点机会都没有，应试图提供新产品或开展令人满意的服务，以便使采购者考虑从他们那里购买产品，同时设法取得一部分订货。

2. 修正重购

修正重购是指医药企业的采购部门适当改变要采购商品的规格、价格等条件或供应商来进行采购。原有的供货企业要设法巩固其现有顾客，保护其既得市场，新的供应商要抓住难得的市场机会。

3. 新型购买

新型购买即医药企业第一次采购某种医药产品或服务。在新型购买情况下，购买者要作出的购买决策最多，通常要作出以下主要决策，即决定医药产品的规格、价格幅度、交货条件和时间、服务条件、支付条件、订购数量、可接受的供应商和挑选出来的供应商等。新型购买的成本费用越高、风险越大，需要参与购买决策过程的人就越多，需要掌握的市场信息量就越大。这种购买行为类型最复杂。因此，供货企业要珍惜市场机会，实行全方位营销，以获取客户订单。

五、医药生产者市场购买的参与者

为了保证产品的质量，降低产品成本，医药生产企业一般都要设立专门的采购部门，配备专业的采购人员。由于医药生产企业购买的产品涉及金额大，技术含量高，所以采购并不是都由采购部进行，可能还会涉及生产部、技术部、质检部、财务部及企业高层管理人的参与。因此，医药生产者市场购买的参与者主要包括提出购买者、影响者、决策者、控制者、采购者。

1. 提出购买者

医药生产企业中的生产部门是采购产品的直接使用者，他们对采购产品的数量和质量的认知最为直观。通常由他们根据医药企业销售部门反馈的信息，结合生产计划提出采购需求。

2. 影响者

影响者是指对决策结果具有影响作用的相关人员，医药企业的技术部、质检

部和财务部等负责采购评价的相关人员，在购买决策过程中，对采购产品质量和价格等进行评价，为决策者提出决策依据。

3. 决策者

决策者是指有权决定采购医药商品的价格、规格、数量、质量、品种及供货商的人员。拥有决策权的人员，通常是医药生产企业的各部门领导或者是高层管理人员。

4. 控制者

控制者是指对采购决策拥有最终控制权的人员，他们综合考虑各部门报送来的信息后，最终审批是否采购，拥有控制权的人员，通常是医药生产企业主管采购的领导或者是高层管理人员。

5. 采购者

采购者是指直接完成采购任务的人员。医药生产企业的采购部门是医药产品采购活动的直接执行部门，他在供应商和本企业之间起着桥梁作用。采购者通常负责寻找供应商信息，与供应商进行业务谈判，并完成采购任务。

六、影响医药生产者市场购买的因素分析

影响医药生产者购买决策的基础性因素是经济因素，即药品的质量、价格和服务，当不同供应商提供产品的质量、价格和服务差异较大的情况下，生产者的采购人员会高度重视这些因素，仔细收集和分析资料，进行理性的选择。但是在不同供应商药品的质量、价格和服务基本没有差异的情况下，组织者的采购人员几乎无须进行理性的选择，因此，医药生产者的购买行为与医药消费者购买行为是截然不同的。例如，个人消费者经常会因受到众多非技术性的干扰和影响而改变需要，但医药生产者则不然。医药生产者购买行为的动机比较单纯，目的是为了生产或者经营的连续，降低生产经营成本，提高企业的盈利能力。影响组织市场购买决策的因素有环境因素、组织因素、人际因素和个人因素。

1. 环境因素

环境因素是指影响医药生产者生产经营的外部环境因素，它包括政治、法律、医药科技、市场竞争、经济、人口、社会文化等。在正常情况下，这些外部因素既可以为医药生产者提供市场机会，也可能制造生存障碍，同时也直接制约着医药生产者的经营内容、市场规模，规范着他们的业务经营行为，并用经济、行政、法律、舆论等手段对他们的市场行为做出公平的评判与选择，只有适者才能生存。由于药品的特殊性，国家的监督管理非常严格，如药事法规对医院进药环节制定了明确而具体的要求。而医药经营者与生产者因存在着一荣俱荣、一损俱损的依存关系，所以营销人员必须密切注意这些环境因素的发展、变化，对这

些影响因素可能对医药生产者作用的方向和力度做出正确的判断，并及时采取营销策略，力求将问题转变成机会。

2. 组织因素

组织因素是指医药生产者内部状况对购买行为的影响，包括经营目标、战略、政策、采购程序、组织结构、制度等。医药招商企业营销人员必须对这些方面进行充分的了解，如医院的进药程序、药事委员会构成、参与采购的相关人员以及对供货时间、产品质量、付款时限的具体规定等，以便规范自我营销行为，并尽量与这些具体的要求相吻合。

3. 人际因素

人际因素是指参与购买过程的各种角色的地位、态度及利益等因素和相互关系对购买行为的影响。在这些生产者内部，参与购买过程的部门和人员较多，所承担的角色和作用各不相同。他们相互之间的关系和影响程度，经常是市场营销人员费尽心思想了解的内容，但往往也是最难以掌握的东西。因为变化太大，所以没有太多的规律性，并且每一个人的影响程度也会随他所处的环境如心情、职位、需要等的变化而变化。对于这些人际因素切不可盲目猜测，而是要深入了解、仔细辨析，利用这些因素促成交易。医药营销者应寻找并满足决策者的需求，是营销成功的关键要素之一。

4. 个人因素

医药生产者市场的购买行为经常被认为是一种理智行为，如企业采购原材料，当提供的原材料的质量、疗效、价格、服务等相类似时，企业采购人员的个人因素就会产生较大的作用。这些因素通常指采购人员的年龄、职位、教育程度、性格、兴趣、爱好及职业道德等，人是感情动物，在其决策过程中会受到感情因素的干扰。

所以要想做好医药生产者市场的营销工作，不仅要提高所供产品的质量，做好服务，制定适当的价格，而且还要与采购人员建立良好、稳固的关系。这也验证了“做生意先做人，成功的生意人也是成功做人的人”这一现代营销哲学。

第三节　医药中间商市场购买行为分析

一、医药中间商市场的含义

医药中间商市场是指处于医药商品生产者和消费者之间，专门从事医药商品流通经营活动的医药中间商，购买医药商品进行转售以获取利润而形成的市场。按医药中间商在流通中所起的作用不同，医药中间商市场包括医药批发商市场和医药零售商市场。医药批发商市场是指医药批发企业大规模购买医药商品进行转售获取利润而形成的市场。医药批发企业采购医药商品既可直接向医药生产企业购买，也可以从其他医药批发企业调货。医药零售商市场是指医药零售企业为了获得利润从医药生产企业或医药批发企业零星购买医药商品以出售给最终消费者而形成的市场。医药零售企业的类型包括个体医药零售药店、社区便利药店、平价药品超市、连锁药店及专业药房等。

二、医药中间商的购买类型

依据医药中间商购买活动的稳定性来分，医药中间商的购买行为可以分为以下几种主要类型：

1. 直接重购

直接重购是指医药中间商的采购部门按照过去的订购目录和交易条件，继续向原有的供应商购买产品。

2. 优化重购

优化重购是指医药中间商并不想更换供应商，但试图从原有供应商那里获得更为有利的供货条件，如更及时的供货、更合适的价格、更积极的促销活动等。

3. 选择购买

选择购买即医药中间商对将要购买的品种已经确定，但需要考虑选择最佳的供应商，确定从哪家供应商进货。

4. 全新购买

全新购买即医药中间商第一次采购某种从未采购过的新产品，此类决策首先要考虑是否购买，然后再决定向谁购买。

三、医药中间商购买的参与者

医药中间商市场的购买参与者取决于企业规模的大小，规模较大的医药中间商为了提高采购质量，一般都设立专门的采购部门，配备专业的采购人员。规模较小的中间商特别是小型零售商只配备专业的采购人员。以连锁药店为例，参与采购决策的人员主要有医药产品经理、采购委员会和门店经理三种。

1. 产品经理

医药产品经理的主要职责是负责各类产品的采购，收集不同产品的信息，最终选择适当的品种和品牌采购。

2. 采购委员会

采购委员会成员由连锁药店总部的各部门经理和产品经理组成，负责审查产品经理提出的新产品采购建议，并最终做出决策。一般情况下，产品经理对决策起关键作用，采购委员会则起着平衡各种意见的作用。

3. 门店经理

门店经理掌握着门店一级的采购权，根据门店的实际情况制定总体或单项销售计划，并指导落实。同时也会根据门店的实际销售情况，对商品的进销存及产品结构进行跟踪管理及调整。

四、医药中间商购买决策过程

（一）医药中间商的购买决策

医药中间商的主要购买决策包括三个方面：一是配货决策，即中间商决定经营的医药商品的品种组合。二是医药供货商组合决策，即中间商是选择一家供货商还是选择多家供货商。三是供货条件的组合决策，即中间商在采购医药产品时的价格、质量、服务、促销等条件的组合。

1. 医药中间商的配货决策

一般来说，医药中间商的配货决策有四种：

（1）独家配货。即医药中间商只经营一家医药企业的医药商品，例如独家经销商和医药专卖店。

（2）专深配货。指医药中间商经营多家医药企业生产的同类医药商品。例如都经营中药产品或都是 OTC 药品。

（3）广泛配货。指医药中间商经营多家医药企业生产的多种医药商品。但这些商品都是医药商品，没有跨越医药行业界限。

（4）杂乱配货。指医药中间商经营的商品关联度小，既有处方药品，又有非处方药、又有保健品或又有食品，还有家庭生活用品等。例如有些平价医药超市。

2. 供货商的组合

（1）长期供货商。指医药中间商对某一供货商的医药商品比较满意，与此供货商有着长期良好的业务关系，并且建立了业务情感。

（2）随机供货商。指医药中间商在经营长期业务过程中，为了应对市场或其他外在条件的有利时机，随机向供应商进行采购。随机供货商有可能转化为长期供货商。

（3）最佳交易供货商。指医药中间商在经营的过程中，并不是一成不变的按固有的交易条件从长期供应商采购商品。他们会关注市场动向，改变交易条件，从而选择最佳交易条件的供货商。如果长期供货商能够满足这些条件，他们仍然会选择长期供货商供货。否则，将会减少或不从长期供货商进货，而重新选择供货商。

(4) 创造性供货商。指医药中间商根据市场需求提出一些创造性的想法，并且想把此种想法付诸实践中。他们或向原有的供货商提出要求，或寻找新的供货商。

3. 供货条件的组合

供货条件的组合指医药中间商对医药供应商供货的具体条件(例如产品、价格、渠道、促销)进行组合。比如，如果采购产品价格高，那么医药供应商在服务、渠道、促销方面是否能够提供支持，如果能够提供，中间商可能会接受供货价格，否则不接受。

五、影响医药中间商市场购买行为的因素

影响医药中间商市场购买的因素也包括宏观的环境因素(政治、经济、文化、科技等)和微观的环境因素。而医药中间商市场作为医药生产企业的下游市场，更多的还是考虑具体市场的变化。影响医药中间商购买决策的主要因素有：

(一) 医药供货商因素

1. 是否提供合法手续

医药生产企业或医药批发企业主体是否合法；企业的规模、信誉如何；能否提供合格的产品报验资料、药检报告、授权委托书、增值税发票等。

2. 医药商品情况

医药商品的生产或经营是否符合国家政策法规；医药商品的质量如何；医药商品的价格是否合理；包装是否有利于保证质量和进行销售。

3. 市场支持情况

医药生产企业能否提供全套的市场开发操作计划；广告力度、促销支持和服务水平如何；有无严格的市场保护措施以杜绝窜货和不正当竞争；有无完备的退货制度；医药生产企业或医药批发企业的付款是否具有优惠条件。

(二) 下游购买者因素

1. 市场需求水平

医药商品的市场覆盖范围如何；目标市场的需求量大小；消费者对药品的评价如何；拟采购的医药商品是否得到医疗机构的青睐，一般医疗机构比较看好的药品，医药批发商和医药零售商也比较热衷。

2. 购买者的要求

下游购买者的具体要求是否能够满足。医药批发商与医药零售商通过与下游市场的接触，能够了解医药消费者市场的消费趋向，从而对采购提出新的要求。

3. 竞争者情况

医药商品面临的竞争是否激烈；同行采购同种医药商品的情况如何；供货方

的竞争是否激烈等情况都是需要考虑的因素。

4. 业务联系情况

医药生产企业与医药批发企业或医药零售企业之间是否建立了稳定良好的供货机制；相关人员的业务联系是否建立了忠诚感。

5. 中间商本身因素

中间商本身的因素包括医药批发企业和医药零售企业的采购程序、组织机构、采购目标等因素，中间商企业的人际关系因素，中间商企业采购工作相关人员的个人因素等。

第四节　医疗机构市场购买行为分析

一、医疗机构市场的含义

医疗机构市场是指医疗机构购买医药商品为消费者提供医疗服务而形成的市场。目前，我国的医疗机构包括各级各类医院和诊所。由于医药产品的特殊性，大部分的消费行为是在医生的指导下完成的，特别是处方药。对于医药生产企业和经营企业来说，能否把握好医疗机构市场，直接关系着医药产品的市场命运。

医疗机构市场与医药生产者市场和医药中间商市场，最大的不同在于：医疗机构直接承担着治病救人的实际工作，它更关注医药商品的质量、疗效和副作用，所以无论是哪种购买类型，医药商品的质量与疗效都是第一位的。

二、医疗机构市场的分类

(1) 根据医疗机构的发起人不同，医疗机构可以分为国营医疗机构、合资医疗机构、私营医疗机构、股份制医疗机构、个体诊所。不同性质的医疗机构经营的目标有所不同。有的是营利性的，有的则是非营利性的。

(2) 根据医疗机构的规模不同，分为大型医疗机构、中型医疗机构、小型医疗机构。规模不同的医疗机构，购买的程序繁简程度也有所不同。

(3) 根据医疗机构的治疗范围，可以分为综合型医疗机构和专科医疗机构。综合性医疗机构比专科医疗机构的采购范围要广。

鉴于医疗机构的多样性，医药企业和营销人员，在开拓医疗机构市场前，必须要调查清楚目标市场的医疗机构的情况，弄清医疗机构的性质、医疗机构购买的参与者以及医疗机构的购买决策过程等。

三、医疗机构的购买类型

依据医疗机构购买活动的稳定性，医疗机构的购买类型也分为三种类型：

（1）直接重购。例如对基本目录药品的采购。

（2）调整购买。调整常规用药和基本目录药品或调整供货商。

（3）新的购买。对新特药品的采购。医院新特药品，是指不属于《医院基本药品目录》品种范围内的，虽然国家已有生产或进口，但医院临床使用很少或国内上市不久，临床使用经验不多，或医院尚无使用先例或虽有使用先例但使用经验不足以推广于临床的药品及制剂。

依据医疗机构参与购买活动的权限不同可分为：

（1）自主购买。它是指医疗机构的采购活动完全由医疗机构单独完成，医疗机构拥有自己的一套采购程序与制度。

（2）集中招标购买。我国从2000年开始进行了药品集中招标采购试点工作，而且经过6年发展后，药品集中招标的范围不断扩大。我国的最新文件又规定进入医院的药品80%以上要进行药品集中招标采购，今后将会增加到100%。国家特殊管理的药品仍按有关规定采购供应。

（3）医药分家。它是指医院不再承担供药责任，只承担提供医疗服务的责任，而提供药品的责任则由医药商业企业承担，给予患者更大的购药选择权。这是继集中招标购买方式后，又一种新的购买方式，仍然在试验和探索阶段。

小案例

络活喜　道高一筹

相比康泰克上市初并无竞争对手的情况，辉瑞的络活喜可谓姗姗来迟。络活喜的上市时间晚于拜新同，两者都是钙拮抗剂，都是1天用药1次，这位后来者如何快速斩获硝烟弥漫的降压药市场呢？

为了打破拜新同的垄断，络活喜没有简单宣传上述卖点，而是用一个谷/峰比值作为血压波动的参数，评价谷/峰比值和脑血管事件发生率的关系，结果显示，络活喜能显著减少脑出血的发生率。这样的研究引领了新观念，创造了新概念，打开了治疗新局面，构成了络活喜学术推广的核心。在随后的推广中，络活喜凭借大量循证依据，进入了《中国高血压防治指南》，将学术地位以权威文件的形式固定下来，其影响力和营销拉动力可想而知。

与此同时，在外企一贯重视的患者教育方面，辉瑞也没有落下，尤其是高血压这种常见病更值得做大众传播。所以，络活喜以"高血压日"为依托，借助大众媒体进行大规模的科普教育，同时针对老干部、离退休人员等高端人群开展大量的健康讲座。

通过上述举措，络活喜不仅登上了学术制高点，还得到了官方协会的承认，建立了良好的社会公益形象，当然最终也收获了销量。

四、医疗机构购买决策过程

（一）医院自主采购过程

（1）由医院临床医生，根据患者用药的需要，或因医疗、教学和科研需要，结合对药品临床疗效的判断，提出用药要求，送达医院药剂科。

（2）医院药剂科一般下设采购机构、药库、门诊药房和住院药房等。也有的医院把这几个部门分开。这里以前一种组织结构为例。由药剂科的采购部门根据临床医生的申请，结合药品的库存情况，确定拟采购药品的品种、规格和数量等，填写药品购买申请单(药品计划申购单或新特药品计划申购单)。然后由药剂科主任对拟采购的药品进行梳理，决定能否进药、进哪种药，对药品的质量把关。决定后，由采购部门根据确定的采购计划，联系供货商。如果是基本目录的药品采购，采购部门便可直接执行采购工作。如果是新特药品的采购，或是新采购药品，药剂科还必须将采购信息，再送达给主管进药的院长或副院长进行审批。

（3）主管进药的院长和副院长根据临床医生和药剂科所提出的申请，结合自己的认识，对申请进行审核。如果医院没有设立药事委员会，经院长或副院长审核后，药剂科的采购部门便可进行采购。如果设立了药事委员会，则还必须上报给医院药事委员会共同决议。

（4）医院药事委员会一般由临床科室主任、药剂科主任、主管进药的院长和副院长、知名专家和教授组成。当医院采购新品牌、新品种、新剂型时，都必须经药事委员会论证通过。

（5）经医院药委员会论证通过后，医院药剂科的采购部门便可进行采购。并且跟踪药品运输情况，直到药品入库。

（6）药品入库后，由药库负责对药品的管理，并将根据用药要求将药品分发到门诊药房和住院部药房。

（7）门诊药房和住院部药房根据医生处方要求，将药品配发至患者用于临床。

（8）如果临床用药效果好，获得临床医生的青睐，临床医生将会重复采购。如果临床效果评价不好，临床医生可能会降低用量，或转向其他用药而拒绝使用。

（二）招标采购过程

为了控制药价虚高现象，根据国家有关规定，属于城镇职工基本医疗保险或公费医疗药品目录的药品，医疗机构临床使用量比较大的药品，原则上都需要实行集中招标采购。

药品集中招标采购的程序是：

1. 委托招标

医疗机构委托医药招标采购服务机构，对外公开招标采购所需药品。医药招标采购服务机构既可以是医疗机构联合组织的招标采购机构，也可以是依法设立、从事药品集中招标代理业务的社会中介机构。医疗机构进行招标委托时，要了解招标单位的资质信誉、公正程度以及招标采购人员配备情况。

医疗机构在委托招标时，要明确拟采购的药品品种、规模和数量计划。确定采购计划的程序，同医疗机构自主采购计划的确定程序相同。

2. 招标采购服务机构组织招标工作

（1）招标准备工作有：

① 汇总招标采购委托，将各医疗机构的采购计划进行汇总，编制目录；

② 组织专家委员会，专家委员会的成员主要是相关医疗机构的专业人员；

③ 确定招标方式，是公开招标还是邀请招标。

所谓公开招标是指招标人以招标公告的方式邀请不特定的法人或其他组织投标。也叫无限竞争性招标，是一种由招标人按照法定程序，在公开出版物上发布招标公告，所有符合条件的供应商都可以参加投标竞争，从中择优选择中标者的招标方式。公开招标采购适用于医疗机构普遍应用、采购批量较大、没有品牌限制的品种。邀请招标又叫限定招标，是指招标人以投标邀请书的方式邀请特定的法人参加投标竞争，从中选择中标者的招标方式。限定招标无须发布公告。限定招标采购适用于医疗机构普遍应用、采购批量较大但具有品牌限制的品种。

④ 编制招标文件。

（2）发出招标公告或发出招标邀请信。

（3）审标，审核投票人的合法性及其信誉，以及投标药品的相关批准文件和有效质检证明文件。

（4）评标和议标，组织招标委员会进行评标和议标。

（5）开标，确定中标企业并公布中标结果。

3. 签约阶段

由中标人在招标办规定的时间内，与各委托招标医疗机构之间按中标的条件进行签约。

4. 履约阶段

由中标人按照合同进行履行供货职责。

集中招标采购适用于医院必需的、常用的、《医院基本药品目录》品种范围内药品的采购工作，医院新特药品的采购工作一般不适用。

五、影响医疗机构购买的因素分析

影响医疗机构购买的因素包括宏观环境因素和微观环境因素。

（一）宏观环境因素

宏观环境因素包括政治法律、经济、医药科技、人口、社会文化等。宏观环境因素对医疗机构是一种硬约束，医疗机构无法改变它，只能顺应宏观环境。但医疗机构可以通过调整自身的发展，从而对宏观环境因素产生一些反作用。

（二）微观环境因素

相对于宏观环境因素来说，微观环境因素是影响医疗机构购买的具体因素。在相同的宏观环境下，医疗机构购买只考虑微观环境因素，微观环境因素包括以下几个方面：

（1）供应企业因素，医疗机构、中间商和医疗机构采购都比较重视供应商因素，但医疗机构更注重疗效，对广告和促销的敏感度相对较低。所以，供应企业营销人员在沟通过程中更要注重对实际质量和疗效的介绍。

（2）竞争因素有：

① 消费者之间的竞争，消费者对医药商品的需求量增大，直接影响医疗机构的采购量。例如，在非典期间对板蓝根的需求量。

② 供应商的竞争，竞争越是激烈，采购条件就越有利于医疗机构。反之，对于一些特效药品和专利药品的采购，医疗机构的选择空间就很小。

③ 医疗机构之间的竞争，为了争取消费者，医疗机构会很关注新的、效果好的医药商品，以提高医疗机构的专业水平。如果竞争激烈，那么一些新的、质量更高的医药商品供货商的利润空间就很大。市场形势有利于供货商还是有利于医疗机构，取决于买卖双方的竞争态势。

（三）医疗机构内部因素

医疗机构内部因素包括医疗机构组织因素、医疗机构人际关系因素、医疗机构人员因素等。医药生产企业或者经营企业的营销人员必须全面了解医疗机构内部因素，才能在营销活动中，趋利避害，使商品顺利进入医疗机构市场。

同步检测

一、单项选择题

1. 满足最终消费者的需求，是市场营销活动的（　　）。

A. 起点　　B. 中间点　　C. 终点　　D. 起点和终点

2. 对于价格低廉、经常购买、品牌差异小的产品，消费者不需要花时间进行选择，也不需要经过搜集信息、评价产品特点等复杂过程，因而，其购买行为最简单。消费者只是被动地接收信息，出于熟悉而购买，也不一定进行购后评价。这种购买行为属于(　　)。

A. 习惯型购买行为　　B. 多样化购买行为

C. 化解不协调型购买行为　　C. 复杂型购买行为

3. 有些产品品牌差异明显，但消费者不愿花长时间来选择和估价，而是不断变换所购产品的品牌，这种购买行为称为(　　)。

A. 习惯型购买行为　　B. 多样化购买行为

C. 化解不协调型购买行为　　C. 复杂型购买行为

4. 根据购买者的介入程度和品牌间的差异程度，消费者购买食盐这一行为属于(　　)。

A. 习惯型购买行为　　B. 多样化购买行为

C. 化解不协调型购买行为　　C. 复杂型购买行为

5. 下列对化解不协调型购买行为的论述中正确的是(　　)。

A. 品牌差异大，高度介入　　B. 品牌差异大，低度介入

C. 品牌差异小，高度介入　　D. 品牌差异小，低度介入

二、多项选择题

1. 影响消费者购买行为的主要因素为(　　)。

A. 文化因素　　B. 环境因素　　C. 社会因素

D. 人际因素　　E. 心理因素

2. 在消费者购买决策过程中，参与购买的角色有(　　)。

A. 发起者　　B. 影响者　　C. 购买者

D. 使用者　　E. 决策者

3. 对于习惯型购买型行为，市场营销可以采用的策略有(　　)。

A. 占据有利货架位置　　B. 电视广告　　C. 价格优惠

D. 销售促进　　E. 独特包装

三、案例分析

白加黑：治疗感冒，黑白分明

1995 年，白加黑上市仅 180 天销售额就突破 1.6 亿元，在拥挤的感冒药市场上分割了 15%的份额，登上了行业第二品牌的地位，在中国营销传播史上，堪称奇迹。这一现象被称为“白加黑”震撼，在营销界产生了强烈的冲击。一般而言，在同质化市场中，很难发掘出“独特的销售主张”(USP)。感冒药市场同类药品甚多，层出不穷，市场已呈高度同质化状态，而且无论中、西成药，都难于做出实质性的突破。康泰克、丽珠、三九等“大腕”凭借着强大的广告攻势，才各自占

领一席之地，而盖天力这家实力并不十分雄厚的药厂，竟在短短半年里就后来居上，关键在于其崭新的产品概念。

白加黑是个了不起的创意。它看似简单，只是把感冒药分成白片和黑片，并把感冒药中的镇静剂“扑尔敏”放在黑片中，其他什么也没做；实则不简单，它不仅在品牌的外观上与竞争品牌形成很大的差别，更重要的是它与消费者的生活形态相符合，达到了引发联想的强烈传播效果。在广告公司的协助下，“白加黑”确定了干脆简练的广告口号：“治疗感冒，黑白分明”，所有的广告传播的核心信息是“白天服白片，不瞌睡；晚上服黑片，睡得香。”产品名称和广告信息都在清晰的传达产品概念。

（资料来源：http://www.duhao.net/ad6.html）

问题：

“白加黑”的成功是抓住了消费者的什么行为特点？

四、实训

维生素C消费者特征及购买行为分析

1. 实训目的

通过调查，了解所在城市维生素C市场中消费者特征和购买行为特点，制定有效的营销策略为企业拓展市场提供依据。

2. 实训内容

随着日益提高的生活水平，“健康”已经逐渐代替“吃饱”成为饮食的前提，越来越多的人开始主动摄入食物以外的营养素。近20年来，中国保健品消费支出的增长幅度为15%~30%，远远高于发达国家的增长率13%，可见中国保健品市场呈现出空前繁荣的态势。维生素C在蓬勃发展的保健品市场中脱颖而出，作为一种常见的营养素更是已经走入了很多家庭。其提高机体免疫力、抗氧化、防癌、预防动脉硬化等保健功效逐渐受到人们的关注，市场需求连连上升，吸引众多生产企业看好维生素C的市场前景，纷纷进入这一行业，促使中国维生素C的市场竞争日趋激烈。通过调查了解维生素C市场消费者特征及购买行为特点，成为企业制定正确营销策略的关键。

3. 实训步骤

（1）教师安排实训任务，提出实训目标和实训要求；每个班级分成若干小组，并由一名组长负责整体工作的协调。

（2）调研的内容为维生素C的消费者特征与购买行为特点，具体包括：

① 维生素C的消费者特征，维生素C购买者和决策者是谁(who)，包括消费者的性别、年龄、受教育程度、职业以及经济收入等。

② 维生素C消费者的购买行为特点，包括市场由谁构成？(who)—购买者

（occupants），市场消费什么？（what）—购买对象（objects），市场为何购买？（why）—购买目的（objectives），市场何时购买？（when）—购买时间（occasions），市场何地购买？（where）—购买地点（outlets），购买过程中还有谁参与？（who）—购买组织（organizations），怎样购买？（how）—购买行动（operations）。

（3）调研的对象为药店中购买维生素 C 的消费者。

（4）自己选定调研的方式，经过组内讨论与交流，形成分析报告。

4. 实训体会

通过调研，掌握消费者购买行为特点中的 7 要素，并能描述购买维生素 C 消费者的特征。

5. 实训作业

以每个小组为单位分别提交所收集到的资料，并撰写分析报告，以 PPT 的形式呈现。

实训考核内容和标准

每个小组提交的资料	撰写分析报告	PPT 呈现
30	30	40

第四章　医药目标市场战略

知识目标

(1) 掌握市场细分的概念和作用。

(2) 了解医药市场细分的标准。

(3) 了解目标市场选择的战略。

(4) 理解市场定位的步骤和策略。

能力目标

(1) 能够对给定医药企业背景或产品现状进行分析，判断出产品的市场细分标准。

(2) 能够根据不同的市场需求，制定出相应的目标市场战略。

(3) 能够对给定目标市场进行定位策划。

引例

红牛校园营销密码

2015年8月，红牛联手全国10余所高校举办了“能量校园，手机换红牛”活动，9月红牛玩转开学季。10月31日，第三届红牛校园品牌经理新星大赛在佛山拉开帷幕。红牛以事件营销和产品体验营销为载体，开展品牌活动，不断开创校园品牌营销的新方式。对红牛来讲，校园品牌经理新星大赛的基本目标当然是培育消费者，与消费者沟通，建立和强化红牛品牌形象。近两年来，红牛一直持续在高校举行各种营销活动，在高校和社会上都产生了很大影响，校园品牌经理新星大赛的火爆则反映出红牛在校园营销上的持续创新与精耕细作。红牛校园营销战略分析如下。

1. 市场细分：找准分类方法，切入细分市场

高校市场和大众市场是两个不同的市场，有各自的特点，自然也需要不同的营销策略。高校市场潜力大，大学生一毕业就能够成为红牛的消费者，而大众市场消费者多，消费能力强。两个市场，一个是潜在市场，另一个是主要市场。大学生群体都是年轻人，缺乏收入来源，但是有活力有激情，受教育程度高，这是一个比较明确的市场。大众群体自己掌握经济大权，受教育程度不确定，性格习

惯等不确定，但是这些消费者是红牛目前主要的消费群体。

2. 目标市场：走进校园，理解“90后”，培育市场

走进校园。红牛的主要消费者其实并不在校园，作为一款功能饮料，单价一般为6元，这样的功能和价格，使其主要消费群体是职场白领和某些特定人群。生活中，你也许见到过这样的场景：深夜，办公室里很多人在加班，旁边备着几罐红牛，困了喝一罐红牛继续工作。然而，明天的职场加班群体，今天就在高校。高校特殊的环境也使高校市场需求不同于大众市场。大一、大二的学生有完成学业、培养兴趣爱好、形成朋友圈的需求，大三、大四的学生则有社会实践、专业考试、就业规划和求职的需求。正是洞察到高校学生市场的特殊需求，红牛设计了校园品牌经理新星大赛。红牛通过尽心尽力为大学生量身打造品牌活动，一方面可以精准培育市场，另一方面可以体现红牛的社会责任感，强化品牌认知，达到传播品牌的目的。

理解“90后”。“90后”是时代赋予一个群体的标签，也有着独特的内涵。“90后”是自我意识膨胀，追求个性化成长的一代，他们热衷娱乐，喜欢在网上消磨时光，充满着表达欲望，情感需求很强烈。在消费上，他们喜欢网购，喜欢个性化的品牌，社交对他们的消费能够产生很大影响。红牛抓住了自身品牌特点和“90后”大学生性格特点的契合之处。“90后”大学生是一个敢于挑战、追求时尚、追求个性自由的群体，这和红牛挑战、活力、能量、时尚、个性的品牌特点深切契合，红牛的一系列比赛项目的设置也深刻体现了这一点，让大学生在活动过程中既能真正学到东西，又觉得有趣、有挑战性、酷。

3. 活动定位：大学生职业生涯的第一个起点

红牛以“功能性饮料市场先入者”的地位和优势，填补了国内饮料市场的空白，并迅速使产品遍布全国市场，逐步发展成为中国饮料行业的知名品牌。近年来，红牛不断进行品牌年轻化的尝试，其品牌口号从广为传播的“渴了，喝红牛；困了，累了，更要喝红牛”；历经“有能量，无限量”；再到现在的“你的能量，超乎你想象”，其诉求从最初的功能性转向精神性，从品牌功能转向品牌个性，实现了品牌的初步升级。围绕自身的品牌定位，红牛校园品牌经理新星大赛致力于为大学生提供一个营销培训和实战的平台，使红牛成为大学生职业生涯的第一个起点。

（资料来源：http://www.xuexila.com/chuangye/shichangyingxiao/1311001.html）

企业面对着成千上万的消费者，他们的需求和欲望是千差万别的，并且分散于不同的地区，又随着环境因素的变化而变化。对于这样复杂多变的大市场，任何一个规模巨大的企业、资金实力雄厚的大公司，都不可能满足该市场上全部顾客的所有需求。又由于生产企业其资源、设备、技术等方面的限制，也不可能满足全部顾客的不同需求。企业只能根据自身的优势条件，从事某方面的生产、营

销活动，选择力所能及的、适合自己经营的目标市场。

营销大师科特勒曾提出：“当代战略营销的核心，可被定义为 STP。”STP 营销战略即市场细分（Segmenting）、目标市场选择（Targeting）、市场定位（Positioning）。图 4-1 为目标市场战略步骤。

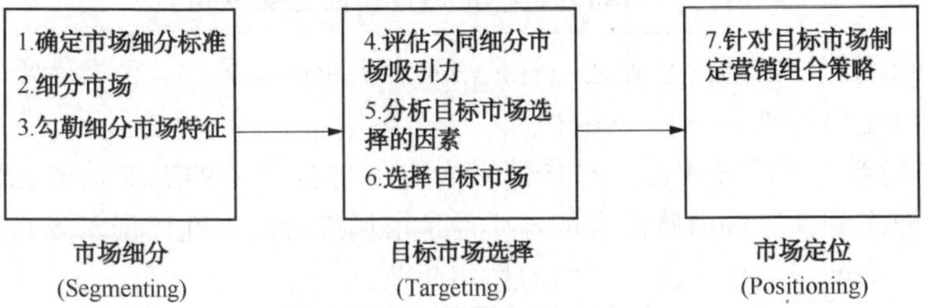

图 4-1　目标市场战略步骤

第一节　医药市场细分

一、医药市场细分的概念

买方市场形势下的市场营销，就是要确定和满足顾客的需求，以顾客为中心。而不同消费者的支付能力、消费心理和消费行为等不同，从而有不同的消费需求。如果能识别消费者需求的差异性和类似性，就可以将整个市场划分为若干个子市场(图 4-2、图 4-3)。

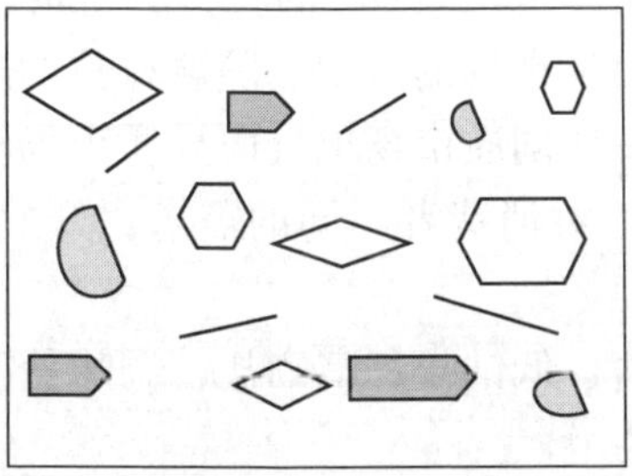

图 4-2　市场需求

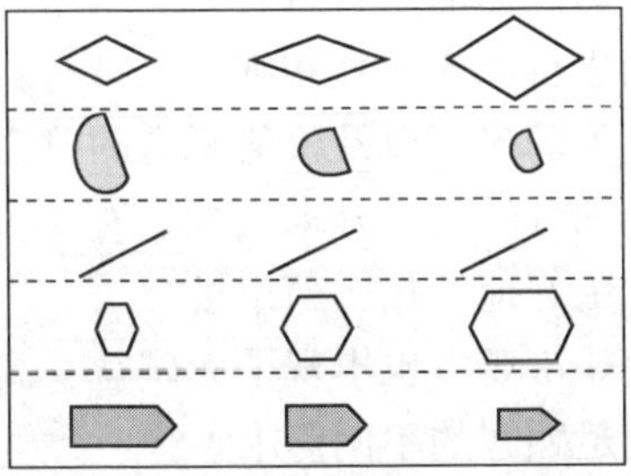

图 4-3　市场细分

市场细分的概念是美国市场学家温德尔·史密斯于 20 世纪 50 年代中期提出来的。市场细分就是指按照消费者欲望与需求把一个总体市场划分成若干个具有共同特征的子市场的过程。所谓医药市场细分，是指根据医药市场中消费者的不同需求特点、购买行为和习惯等因素，将医药总体市场划分为若干个消费者群体的过程。因此，分属于同一细分市场的消费者，他们的需求和欲望极为相似；分属于不同细分市场的消费者对同一产品的需求和欲望存在着明显的差别。细分市场理论为企业提供了科学选择目标市场的思路和方法，是企业选择目标市场的基础和前提。

讨论：市场细分是不是通过产品分类来进行？

医药市场细分的理论基础之一就是消费者需求的差异性，消费者需求的异质性与同质性是市场细分的必要条件。

1. 消费者需求的异质性，是指消费者对大部分产品的需求是多元化的，是具有不同要求的，这种消费需求的异质性是市场细分的内在依据。如在国内的医药消费者，有的习惯用中药，有的习惯用西药。

有成人用的感冒药，也有儿童用的感冒药等。正是因为异质药品市场消费者需求的差异性，才使市场细分成为必要。

所谓异质市场，是指消费者对某种商品的需求和对企业的营销策略的反应差异明显，且不易改变。

2. 消费者需求的同质性，受地理人文环境的影响和民族文化传统的熏陶，人们在生活习惯、需求爱好等方面表现为一定的相似性，不同消费者形成相似的消费群体，即同一类型市场需求具有相似性，也就构成了具有一定个性特点的细分市场。如日常生活中的普通食盐市场、药品中的某些原材料市场、流感患者对感冒药的需求市场等。

所谓同质市场，是指消费者对某种商品的需求和企业营销策略的反应是一致的。

在医药产品的广告宣传中，往往给人以“包治百病”的宣传，恰恰是没有对药品市场进行深入研究和细分，没有找准目标市场的表现。随着科技的进步，社会消费水平的提高以及价值观念的改变，一些同质市场也会向异质市场转化。因此，市场细分的实质是求大同、存小异，针对消费者不同的需求，开发新品种、新剂型，更好地开拓医药市场。

如食盐市场，也出现了无碘盐、高钙盐、低钠盐、富硒盐、调味盐等不同产品，以满足顾客的不同需求。

案例

深耕药品“小时代”

拜唐苹从细分市场“降低餐后血糖”出发，通过精细化学术推广，建立市场竞争优势。药品是一种商品，但也是一种特殊商品。药品的核心价值是其治疗价值，在商品经济社会中，药品的商品属性只是次要属性。从国家政策不难看出，药品如何回归治疗是一个重点要素。一家医院1000多个品种，理论上能够面对多样化的患者、多种疾病。所以，未来每一个药品都会去寻找独特的细分市场。比如糖尿病可分为胰岛素依赖性糖尿病(1型糖尿病)和非胰岛素依赖性糖尿病(2型糖尿病)，降糖药主要有磺脲类(格列吡嗪、格列喹酮、格列美脲、格列齐特、格列本脲等)、非磺脲类(那格列奈、瑞格列奈)、α-糖苷酶抑制剂(阿卡波糖、伏格列波糖)、双胍类(苯乙双胍、二甲双胍)以及胰岛素类产品。

南方医药经济研究所调查的样本医院糖尿病药物销售数据显示，单品种排名前20种糖尿病药物占该类药物总体市场份额的98.64%。第一名阿卡波糖，份额21.10%，其中拜耳医药占比81.68%，中美华东制药16.82%，四川宝光药业1.50%。德国拜耳公司是世界知名的药品生产厂家之一。1990年，德国总部研发出新型的口服降糖药拜唐苹，2003年拜唐苹在中国上市后，销售额一直处于领先地位，年销售额一度超过20亿元人民币。

可见，细分市场不仅有所为，而且能够大有所为。拜唐苹如何从各种糖尿病用药中撕开一道口子，并且长期保持非常好的市场优势和市场地位？拜唐苹能够从糖尿病用药市场中找到“降低餐后血糖”这个细分市场，从营销价值链各环节通过精细化学术推广建立市场竞争优势，也给了我们很大启发。

营销大师科特勒曾说过：“现代战略营销的中心可定义为STP市场营销，就是市场细分(Segmentation)、目标市场(Targeting)和市场定位(Positioning)。”市场细分是企业战略营销的起点，市场细分也是企业战略营销的重要组成部分和平台。

(资料来源：许飚．医药经济报，2018)

二、医药市场细分的作用

医药市场细分在整个市场营销活动过程中发挥着关键性作用，是医药营销的核心环节。医药市场细分的作用具体表现在以下几个方面。

(一) 有利于医药企业发掘新的市场机会

通过医药市场细分，企业可以对每一个医药细分市场，消费需求被满足的程度、购买潜力、竞争情况等进行分析对比，可以了解到不同顾客群体的需求情况，发现尚未得到满足或未能充分满足的消费需求，并根据竞争者的市场占有情况来分析市场未被充分满足的程度，探索出有利于本企业的市场机会，使企业及时根据本企业的条件编制新产品开拓计划，掌握产品更新换代的主动权，开拓新市场，夺取优势地位。

任何一个医药企业的人力、物力、资金都是有限的。在市场细分基础上的营销，可以使医药企业扬长避短，有的放矢，将有限的资源用在最适当的地方，发挥最大的效用。这一作用，对于实力不强的中小医药企业尤为重要。因为中小型医药企业的人力、物力、财力等相对较弱，往往难以在整个市场或较大的市场上，同大型企业抗衡。但是，中小型企业可以通过市场调查研究和市场细分，发现某些大企业力所不及或不愿涉及的“经营空穴”，采取“见缝插针”“拾遗补缺”的方法，推出适当的产品，采用适当的市场营销组合，这样就可以使中小企业为自己开发市场，在日益激烈的竞争中求得生存和发展。

（二）有利于医药企业制定市场营销策略

通过市场细分，企业可以了解到目标市场需要什么样的产品；可以更好地了解子市场中的消费者能够并愿意付出的价格，并获取该类医药产品的铺货渠道，如有的消费者习惯在药店买药，而有的消费者习惯在医院开药；企业也可以从中了解不同的促销手段对他们的影响，并以此作为企业制定各种营销策略的依据。

（三）有利于医药企业更好地满足消费者的用药需求

现代市场营销学的核心就是满足目标群体的需求。通过医药市场细分，医药企业才能更准确地了解不同细分市场中消费者的用药需求，并有针对性地去满足。并且，在较小的细分市场即子市场上有针对性地开展营销活动，增强市场调研的针对性。市场信息反馈快，医药企业易于掌握市场需求的变化，并迅速准确地调整营销策略，取得市场主动权。当市场中越来越多的医药企业奉行市场细分策略时，产品就会日益多样化，消费者的需求就会得到更好的满足。

（四）有利于医药企业对未来业绩的预测

细分后的子市场范围更为明确，需求的特点也更易为医药企业所掌握，因此企业可以更准确地预测市场的规模及其变化，有利于企业预测未来的经营业绩。市场细分的作用越来越被医药企业所重视。但必须指出的是，市场细分的目的是发现市场机会，而不是为细分而细分，不是分得越细越好，因为市场细分的最大问题就是有可能增大市场成本和推销费用。医药企业为了满足不同细分市场的需求，要开发生产多种产品，并分别采取不同的分销渠道及促销手段，这都会促使成本增长，规模经济效益变小，因此医药市场细分必须适度。

三、细分医药市场的依据

医药市场细分有着不同的标准和方法。医药市场细分的作用能否得到充分发挥，往往取决于医药企业采取什么方法对整体市场进行划分，划分的标准是否合理有效。消费者市场与生产者市场由于其影响因素的不同，市场细分的标准也不一样。

（一）医药消费者市场细分依据

一种产品的整体市场之所以可以细分，是由于消费者或用户的需求存在差异性。引起消费者需求差异的变量很多，实际中，企业一般是组合运用有关变量来细分市场，而不是单一采用某一变量。概括起来，细分医药消费者市场的变量主要有四类，即地理变量、人口变量、心理变量、行为变量。以这些变量为依据来细分市场就产生出地理细分、人口细分、心理细分和行为细分四种市场细分的基本形式，如表4-1所示。

表4-1 医药消费者市场细分变量

细分标准	细分变量
地理环境	地区、气候、城市规模、人口密度等
人口状况	性别、年龄、收入、职业、教育、家庭、信仰等
消费心理	社会阶层、生活方式、个性、态度等
消费行为	使用频率、购买渠道、购买数量、品牌忠诚度、购买决策权等

1. 地理环境因素

按照消费者所处的地理位置、自然环境来细分市场称为地理环境因素细分。具体变量包括国家、地区、城市、乡村、城市规模、人口密度、不同的气候带、不同的地形地貌等，处在同一地理环境下的消费者的需求与偏好往往具有相似性，不同地区的消费需求则有明显差异，如我国传统的中药和欧美国家的西药。

(1) 地区。如根据地理位置可将国际市场细分为亚洲、欧洲、美洲、非洲等，国内市场分为东北、华北、华东、中南、西北、西南等。还可以分为城市与农村市场，城市与农村市场在用药常识、用药习惯、购买能力等方面都存在明显的差异。

(2) 气候。由于气候的差异，疾病的发生情况有很大的不同，如寒冷地区和炎热地区人口的用药倾向不同。

(3) 人口密度。人口密度与市场规模有着直接的联系，这一变量对常用的OTC药品经营企业的市场细分很有意义。人口的地区间流动这一因素既影响了医药产品需求的总量，又改变了需求结构，对于人口流动较多的地区，用药需求总量会增长。

地理因素是一种静态因素，易于识别和分辨，是细分市场应给予考虑的重要因素，但处于同一地理位置的消费者的需求仍会有很大差异。比如在中国的一些大城市，如北京、上海，流动人口逾百万，这些流动人口本身就构成了一个很大的市场，很显然，这一市场有许多不同于常住人口市场的需求特点。所以，简单地以某一地理特征区分市场，不一定能真实地反映消费者的需求共性与差异，医药企业在选择目标市场时，还需结合其他细分变量进一步细分市场。

2. 人口状况因素

按照人口状况因素来细分市场称为人口细分，人是市场营销活动的最终对象，也是造成市场需求差异的本质性的原因。人口统计变量比较容易衡量，有关数据相对容易获取，因此，企业经常以它作为市场细分的依据。由于医药产品的特殊性，医药产品市场细分的人口因素既包括消费者的特征，也包括医生的特征。一般OTC药品市场的细分以消费者为中心，处方药市场的细分以医生为中心。这里需要指出的是：尽管OTC药品无须医生处方即可购买，但是OTC药品毕竟是用来治病救人的，由于药品知识的专业性较强，而且不是一种普及性知识，所以消费者在购买和使用时，会十分关注专业人士如医生、药剂师等人的意见。据美国某医疗保健咨询公司的一份调查，约有一半的患者会根据医生的建议使用OTC药品，医生处方中的OTC药品对患者以后自己选择用药时也有着重大影响，因此对OTC药品的市场细分也应考虑医生的因素。

(1) 年龄。由于生理、生活方式、价值观、社会角色、社会活动等方面存在差异，不同年龄的消费者必然会有不同的需求特点。一方面，不同年龄段的疾病发生情况有很大差异，如高血压、骨质疏松症为中老年人的多发病，而在少年儿童中较为多见的是感冒发烧、生长发育等；另一方面，不同年龄段的消费者的社会经历、价值观等都不同，其对药品的选择也有很大的差异，如年轻人具有时尚、不在意价格、易受广告影响、易产生购买冲动；而老年人购买药品时通常以经济、方便为首选条件，他们有充裕的时间反复挑选的消费特点。在利用年龄这一细分变量进行细分时，还应注意到人口老龄化的趋势。

(2) 性别。由于生理上的差别，男性与女性在产品需求与偏好上有很大不同，如戒烟产品通常针对男性设计，而减肥产品通常都是针对女性消费者的需求设计的。

(3) 购买者受教育程度。购买者受教育程度不同，其价值观、文化素养、知识水平也会不同，会影响他们对药品种类的选择和购买行为。受教育程度较高的人获取药品知识的能力较强，自我保健意识也较强，因此其购买行为会相对较理性；受教育程度较低的人其购买行为受他人和广告的影响较大。

(4) 购买者的收入。收入是引起需求差异的一个直接而重要的因素，因为只有既有购买欲望又有购买力的人才能构成一种药品的市场，而购买力在很大程度上是由收入决定的。消费者收入水平直接影响市场的大小和消费者的支出模式，如高收入者对保健食品的需求会多于低收入者。

除了上述方面，经常用于市场细分的人口因素还有家庭规模、国籍、种族、宗教、信仰等。实际上，大多数医药通常是采用两个或两个以上人口统计变量来细分市场。

3. 消费心理因素细分

根据消费者所处的社会阶层、生活方式、购买动机、个性等心理因素来细分市场称为心理细分。

(1) 社会阶层。社会阶层是指在某一社会中具有相对同质性和持久性的群体。处于同一阶层的成员具有类似的价值观、兴趣爱好和行为方式，不同阶层的成员则在上述方面存在较大的差异。识别不同社会阶层的消费者所具有的不同特点，对于医药产品的市场细分提供重要依据。

(2) 生活方式。生活方式是指人们对工作、消费、娱乐的特定的习惯和倾向性。不同的生活方式会产生不同的需求偏好。虽然不同生活方式的形成源于物质世界，但直接的成因与人们的主张、个性、兴趣、人生价值取向等心理特征密切相关。

(3) 购买动机。人的行为是受动机支配的。有的购买者的目的是治疗，有的是保健，而有的是馈赠。例如，收礼只收脑白金；初元，专为病人设计。

(4) 个性。个性是指一个人比较稳定的心理倾向与心理特征，它会导致一个人对其所处环境作出相对一致和持续不断的反应。通常，个性会通过自信、自主、支配、顺从、保守、适应等性格特征表现出来。如个性保守者通常不愿做新的尝试，很难接受新药。

(5) 态度。态度是指一个人对某些事物或观念长期持有的好与坏的认识上的评价、情感上的感受和行动的倾向。根据人对药品的需求及治疗作用所持态度不同可以分为踏实者、寻求权威者、怀疑论者和抑郁者。踏实者追求方便、有效的药品；寻求权威者更相信医生的处方；怀疑论者对药品的效果有所置疑，很少用药；抑郁者极关注自己的健康，稍有症状就找医生或自行购药。

4. 消费行为因素细分

根据消费者对产品的使用频率、购买渠道、购买数量、品牌忠诚度、购买决策权等不同的消费行为将它们划分为不同的群体，成为消费行为细分。行为变量能更直接地反映消费者的需求差异，因而成为市场细分的最佳起点。

(1) 品牌忠诚度。有些消费者经常变换品牌，也有一些消费者则在较长时期内专注于某一或少数几个品牌。对于品牌忠诚度高的消费者推广新药是很困难的。

(2) 购买的决策权。由于药品的特殊性，购买者本身很大程度上并没有决策权，而医生才是真正的决策者，这尤其表现在处方药的购买和使用上。对于 OTC 药品，除了医生会影响购买者的行为外，营业员也是很重要的影响人。

(3) 使用频率。健康人群对处方药的使用频率不高，但是一些三高人群的用药频率就很高，比如高血压、高血脂、高血糖等。

(4) 购买渠道。指根据消费者获取药品的渠道细分，可以分为医院购买、药店购买及 OTC 药品的网上购买等。

(二) 生产者市场细分的依据

生产者市场细分的依据多用来作为细分消费者市场的标准，同样可用于细分生产者市场。如根据地理区域、追求的利益和使用频率等变量进行细分。不过，由于生产者与消费者在购买动机与行为上存在差异，所以，除了运用前述消费者市场细分标准外，还可用一些新的标准来细分生产者市场如表4-2所示。

表4-2 生产者市场细分变量

细分标准	细分变量
地理环境	自然资源、气候条件、社会环境、企业地理位置、生产力布局、交通运输等
用户状况	用户行业、用户规模、用户购买能力等
需求特点	购买目的、商品用途、质量、功能、价格要求、使用频率、交易方式等
购买行为	追求利益的重点、购买量、周期、付款方式、采购制度与手段等

1. 地理环境因素

生产者用户的地理分布往往受一个国家的资源分布、地理环境、经济布局的影响制约。不同的医药产业地区对不同的生产资料具有相当集中的需求。任何一个国家或地区，由于自然资源、气候条件、社会环境、历史承继等方面的原因以及生产的相关性和连续性的不断加深而要求生产力合理布局，形成若干产业地区。例如，中国东北地区、西藏高寒地区、西南地区，因其地理位置、气候条件的不同，成为不同中药材的主产区，如东北的老山参、西藏高原的雪莲等，这就决定了产业市场比消费者市场更为集中。企业按用户的地理位置来细分市场，选择用户较为集中的地区作为自己的目标市场，不仅联系方便、信息反馈快，而且可以更有效地规划运输路线，节省运力与运费，同时也能更加充分地利用销售力量，降低推销成本。

2. 用户状况因素

在用户状况因素中，用户的规模是细分产业市场的重要依据之一。在产业市场，大量用户、中量用户、少量用户的区别，要比消费者市场更为明显。大客户数量虽少，但采购额很大，它们的采购量会占到销售额的百分之五十左右，有的甚至高达百分之八十以上；小客户则相反，数量虽多，采购量并不大。用户的规模不同，企业的营销组合方案也应不同。例如药品批发企业对于大型医疗机构的集中招标，宜于直接联系、直接供应，销售经理亲自负责；对于零售药店或是直接的消费者，则宜于使产品进入商业渠道，由批发商甚至零售商去组织供应。这样的思路，对于医药的生产企业、商业企业都是适用的。

3. 需求特点因素

某类行业市场往往具有同类性质的需求，因此可以作为生产者市场的细分标准。例如，中国零售药品销售结构与医院用药结构差异较大，大多数高价进口、合资企业生产的药品主要通过医院药房销售。按需求特点细分市场，使得目标市场更加集中，容易分析研究市场的变化，及时掌握市场动态，有助于节省企业的研制和开发支出以及节省促销宣传费用。

4. 购买行为因素

生产者市场的购买活动是为了不同的生产需要或是为了出售，那么它追求利益的重点、购买量、周期、付款方式、采购制度与手段和消费者市场的购买行为就会有很大的不同，研究生产者市场的购买行为，对于医药企业的营销战略也有重要的意义。

生产者市场的细分标准，同消费者市场细分标准一样，医药企业也并不是的根据一种细分变量进行细分市场，而是根据需要将多种细分变量组合在一起作为细分生产者市场的依据。

四、医药市场细分的原则

市场细分的原则企业可根据单一因素，亦可根据多个因素对市场进行细分。选用的细分标准越多，相应的子市场也就越多，每一个子市场的容量相应就越小。相反，选用的细分标准越小，子市场就越少，每一子市场的容量则相对较大。如何寻找合适的细分标准，对市场进行有效细分，在营销实践中并非易事。一般而言，成功、有效的市场细分应遵循以下基本原则：

（一）差异性

差异性原则上指的是市场细分后，各个细分市场消费者需求应具有差异性，而且细分市场对医药企业营销组合方案的变动，不同细分市场会有不同的反应。一方面，如果不同细分市场顾客对产品需求差异不大，行为上的同质性远大于其异质性，此时，企业就不必费力对市场进行细分；另一方面，对于细分出来的市场，企业应当分别制定出独立的营销方案。差异性原则在于确保医药企业产品开发和价格策略的针对性，向消费者提供差异化、个性化的产品或服务。

（二）可衡量性

可衡量性是指细分的市场是可以识别和衡量的，即细分出来的市场不仅范围明确，而且对其容量大小也能大致作出判断。有些细分变量，如具有“依赖心理”的青年人，在实际中是很难测量的，以此为依据细分市场就不一定有意义。

（三）可进入性

可进入性是指细分出来的市场应是企业营销活动能够抵达的，是医药企业通过努力能够使产品进入并对顾客施加影响的市场。一方面，有关产品的信息能够通过一定媒体顺利传递给该市场的大多数消费者；另一方面，企业在一定时期内有可能将产品通过一定的分销渠道运送到该市场。否则，该细分市场的价值就不大。比如经营进口医疗器械的企业，如果将我国中西部农村作为一个细分市场，恐怕在一个较长时期内都难以进入。

（四）有效性

有效性即细分出来的市场，其容量或规模要大到足以使企业获利。进行市场细分时，企业必须考虑细分市场上顾客的数量，以及他们的购买能力和购买产品的频率。如果细分市场的规模过小、市场容量太小、细分工作烦琐、成本耗费大、获利小，就不值得去细分。

五、医药市场细分的程序

美国市场学家伊·杰·麦卡锡提出了一套逻辑性强、简便易行、可操作性强的细分市场程序，这一程序包括七个步骤。

（一）选定产品市场范围，确定经营方向

在明确企业任务和战略目标的前提下，确定要进入的市场或是生产什么产品，如医药企业在进行生产之前需要确定进入处方药市场、非处方药市场或者是保健食品市场。产品市场范围应考虑的是顾客的需求和企业的实力，而不是产品本身特性。

（二）列举潜在顾客的基本需求

比如医药公司可以通过调查，了解潜在消费者有哪些基本需求。这些需求可能包括药品或者保健品的安全性、疗效性、合理性等。

（三）了解不同潜在用户的不同要求

对于列举出来的基本需求，不同顾客强调的侧重点可能会存在差异。比如，经济、安全、疗效是所有顾客共同强调的，但有的顾客可能特别重视购买的方便，另外一类顾客则会对口感有很高的要求（比如儿童口服液）。通过这种差异比较，不同的顾客群体即可初步被识别出来。

（四）抽掉潜在顾客的共同要求，而以特殊需求作为细分标准

消费者共同要求固然重要，但不能作为市场细分的基础。如经济、安全是每位用户的要求，就不能作为细分市场的标准，因而应该剔出。

（五）对细分市场命名

根据潜在顾客基本需求上的差异方面，将其划分为不同的群体或子市场，并赋予每一子市场一定的名称。例如，把购买保健品的消费者划分为强身健体的消费者，美容养颜的消费者等，并据此采用不同的营销策略。市场细分命名要富有创造性和个性，要能抓住潜在顾客的心理。

（六）进一步认识各子市场的特点

进一步分析每一细分市场需求与购买行为特点，并分析其原因，以便在此基

础上决定是否可以对这些细分出来的市场进行合并，或做进一步细分。

（七）确定市场细分

即在调查基础上，估计每一细分市场的顾客数量、购买频率、平均每次的购买数量等，并对细分市场上产品竞争状况及发展趋势做出分析，最终确定企业最有优势的细分市场。

六、医药市场细分的方法

医药企业在运用细分标准进行市场细分时，可采用一项标准，即单一变量因素细分，也可采用多个变量因素组合或系列变量因素进行市场细分。

（一）单一变量因素法

单一变量因素法就是根据影响医药消费者需求的某一个重要因素进行市场细分。如生产感冒药的企业，按年龄细分市场，可分为儿童感冒药、成人感冒药；按包装的不同，可分为口服液、冲剂、胶囊等。

（二）多变量因素组合法

多变量因素组合法就是根据影响消费者需求的两种或两种以上的因素进行市场细分。例如保健品市场的细分，就可以按照年龄（儿童、中青年、老年）和购买目的（自用、送礼）来细分市场。按照这样的标准，就可以把该市场分成 6 个，这种方法简单直观。但是当变量增多时，细分市场的数量也会按几何级数增加，这会给细分市场的选择带来困难，同时也不必要，因此，很多企业在此基础上会采用系列变量因素。

（三）系列变量因素法

根据企业经营的特点并按照影响消费者需求的诸因素，由粗到细地进行市场细分。这种方法可使目标市场更加明确而具体，有利于企业更好地制定相应的市场营销策略。如图 4-4 所示。

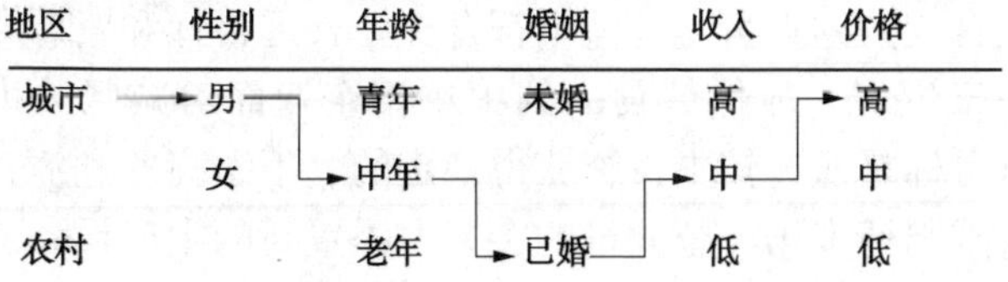

图 4-4 系列变量因素法

从图 4-4 可以看出，某医药企业把城市中的已婚男性，且收入中等能够接受高价格的中年人作为自己的目标市场。如果改变箭头连接的因素，就可能构成另外一个市场。由此可见，采用系列变量因素法进行市场细分的过程，就是一个比较、选择目标市场的过程。

第二节　医药目标市场选择

所谓医药目标市场选择，是指医药企业在市场细分的基础上，依据企业资源和条件所选定的、准备以相应的医药产品或服务去满足其需求的那一个或几个细分市场。

一、评估医药细分市场

对于一个企业而言，由于其资源条件的限制，并不一定有能力进入细分市场中的每一个子市场，也不是所有的子市场都有吸引力，这就要求企业首先对细分后的子市场进行评估。在评估各个不同细分市场时，企业必须考虑两个因素：细分市场的吸引力、企业的目标和资源。

（一）细分市场的吸引力

如果一个细分市场只是拥有足够的规模和增长前景，而无利可图，实际上没什么吸引力，企业把它作为目标市场的可能性不大。细分市场的吸引力也是企业进行细分市场评价极为重要的方面。

（二）细分市场的规模及其发展潜力

一个细分市场是否具有适度的市场规模和发展潜力，是企业在决定进入该市场与否前首先应考虑的因素。没有足够的销售量就无法构成现实的市场，难以保证合理的盈利水平，也就无法成为目标市场。分析市场规模既要考虑现有的水平，更要考虑其发展潜力，以保证企业有长期稳定的发展前景。市场规模大小是相对的，应根据企业的实力选择适当的规模。

（三）企业的目标和资源

企业需要考察的一个方面是企业现有的人力、物力、财力资源能否满足细分市场的需求；另一个方面是对细分市场的投资是否符合企业的长远目标。有些细分市场规模大，有较大的吸引力，但不符合企业长远目标和资源条件，因此不得不割爱。例如一家生产一般保健食品的中小型企业面对减肥药市场，不得不放弃，因为其经营目标是通过较少投资获得稳定的、不太高的利润，如果改变经营定位，选择进入减肥药市场，企业可能会无力添置新的生产设备，聘请专家突破目前的科研瓶颈，资金也很难筹集到。此外，即使企业具备了必要的实力，选择该细分市场开展工作，还应考虑企业能否在市场上发展其优势，形成稳固地位，否则不应贸然进入该细分市场。

二、医药目标市场选择模式

医药企业在选择目标市场时究竟如何选择？这里有五种可供参考的模式，即市场集中化战略、选择专业化战略、产品专业化战略、市场专业化战略和市场全面覆盖战略。目标市场选择模式如图 4-5 所示。

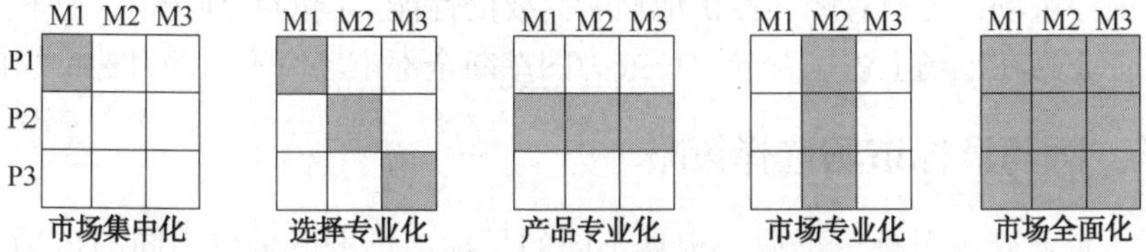

图 4-5 企业目标市场选择模式

(一)市场集中化战略

市场集中化战略，这是一种最简单的目标市场模式，即医药企业只选择一个细分市场，只生产一类产品，只供应某一单一的顾客群，进行集中营销。即企业的目标市场无论产品还是从市场角度，都集中在一个细分市场。例如医药企业只生产儿童感冒药。它的优点是医药企业可以更加了解该细分市场的需求，另外可以集中力量于单一市场而提高投资效率和利润。缺点是风险较大，一旦细分市场不景气或有更强大竞争对手出现，就会使企业陷入困境。

(二)选择专业化战略

选择专业化战略是指医药企业有选择地进入几个不同的细分市场。即选择若干客观上都有吸引力并符合医药企业目标和资源的细分市场，为不同的顾客群提供不同类型的产品。其中每个细分市场与其他细分市场之间较少联系。其优点是可以有效地分散经营风险，即使某个细分市场盈利情况不佳，仍可在其他细分市场取得盈利。

(三)产品专业化战略

产品专业化战略是指医药企业只生产或者经营一种产品，向各类消费者同时销售这种产品。但产品在档次、质量、功能以及促销上有所不同。优点是企业专注于某一种或某一类产品的生产，有利于形成和发展生产和技术上的优势，在该领域树立形象。其局限性是当该领域被一种全新的技术和产品所代替时，产品销售量有大幅度下降的危险。

(四)市场专业化战略

市场专业化战略是指医药企业集中满足某一特定顾客群的各种需求。即医药企业向同一消费群提供性能有所区别的同类产品，企业专门为这个顾客群体服务而获得良好声誉。如一家生产某种药品的医药企业专以大中型医院为目标市场，根据它们的需要提供 50mL、200mL 和 500mL 的某药品，以满足这些医药不同部门(如药房、病房等)的需求。市场专业化经营的产品类型众多，能有效地分散经营风险。但由于集中于某一类顾客，当这类顾客的需求下降时，企业也会遇到收益下降的风险。

（五）市场全面化战略

医药企业意图为所有顾客群提供他们所需要的所有产品。即企业决定全方位进入各个细分市场，为所有顾客提供他们所需要的性能不同的系列产品。这种策略是一些大企业为在市场上占据领导地位或力图垄断全部市场时采取的目标市场模式。

三、医药目标市场选择策略

医药企业确定目标市场后，根据不同的目标市场可以采取不同的市场营销策略，目标市场营销策略一般有三种：无差异市场营销策略、差异化市场营销策略和集中性市场营销策略。

（一）无差异市场营销策略

无差异市场营销是指医药企业在市场细分之后，不考虑各子市场的特征，而只注重子市场的共性，决定只推出一种产品，运用单一的市场营销组合，力求在一定程度上满足尽可能多的顾客的需求（图4-6）。

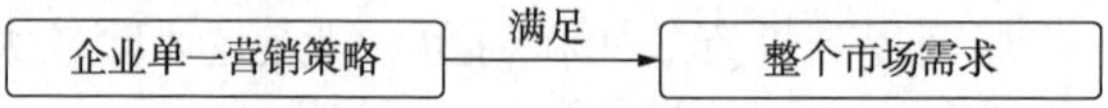

图4-6　无差异市场营销策略

无差异策略的主要优点是成本的经济性。以单一产品满足整体市场，生产批量较大，可以实现规模生产，降低单位产品的生产成本；单一的促销方案可以节省促销费用；单一的渠道可以节省渠道成本；单一品种可以减少储存量，节约存货成本；不进行市场细分还可以减少制订市场营销组合策略的人、财、物、市场调研、新产品研制等方面的投入。其次，无差异策略可以使消费者建立起超级品牌的印象。

但是，无差异策略对大多数产品并不适用，对于一个企业来说一般也不宜长期采用。首先，随着经济的发展和消费者收入的提高，消费者需求的差异性日益增强，个性化需求时代已经到来，而无差异策略恰恰忽略了这种差异性；其次，如果同一市场中众多的企业采用这一策略，就会加剧整体市场的竞争，造成两败俱伤；再者，采用这一策略的企业反应能力和适应能力较差，当其他企业提供有特色、有针对性的产品时，企业容易在竞争中失利。正是由于这些原因，无差异策略主要适用于具有广泛需求和大批量需求，企业也能够大量生产、大量销售的产品。药品中的原料药即具有这样的特点，可以采用这一策略，只有这样，无差异策略的优点即成本的经济性才能体现出来。

（二）差异化市场营销策略

差异化市场营销是指医药企业对每个细分市场使用不同的营销组合，将其营销力量直接对准每个或多个细分市场，满足各个子市场的需要。采用这种策略的企业一般都具有多品种、小批量、多规格、多渠道、多种价格和多种广告形式的营销组合等特点，以满足不同细分市场的需求(图 4-7)。

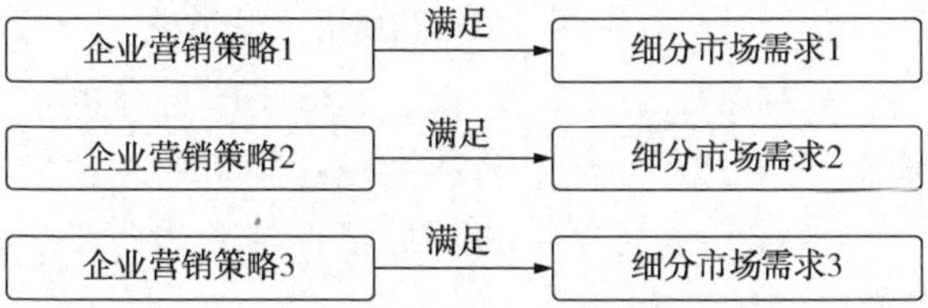

图 4-7　差异化市场营销策略

差异化策略的优点主要有：第一，有针对性的营销活动可以更好地分别满足不同顾客群的需求，提高产品的竞争能力，有利于企业扩大销售总量，提高市场占有率，获得规模经济效应。第二，可以降低企业的经营风险。由于细分市场之间的关联性不大，一个产品市场的失败，从短期上看基本上不会威胁到整个企业的利益。第三，有特色的产品及其营销策略可以提高企业的整体竞争力。第四，一个企业在多个细分市场取得良好的效益后，可以提升公司的整体知名度，有利于企业对新产品的推广。

但我们必须看到，这一目标市场策略并非任何企业、任何时候都可以采用的。差异化策略同样有其局限性，它的不足之处主要是成本较高。由于生产的品种多、批量小，单位产品的生产成本提高；市场调研及新产品开发成本、存货成本也会相应提高；多样化的营销策略使渠道、广告成本都会增加。

随着生产力水平的发展、生产规模的扩大，企业之间的竞争日益激烈；同时人们收入水平的不断提高，消费者的需求日益多样化，差异化策略被越来越多的企业所接受和采用。宝洁公司是奉行这一策略的成功代表，然而并不是所有的企业都适宜采用。采用这一策略的企业通常要求有较雄厚的人力、物力、财力资源，有较高的技术水平、设计能力及高水平的经营管理人员。

案例

金羚感冒片的独特差异点在哪里？

目前中国有1000多家制药企业在生产不同种类的感冒药，仅消费者熟知的感冒药品牌至少有二三十种，如：康泰克、白加黑、三九感冒灵、康必得、感康、严迪、日夜百服宁、泰诺、海王银得菲、快克、感叹号、安瑞克、竹林众生等等。中国感冒药市场，基本形成了上有强势品牌的一统天下、中间有二线品牌充分填充、下有地方品牌见缝插针的局面，铁桶般的感冒药市场对于新品牌来说，用“针插不入，水泼不入”来形容一点也不夸张。

PPA事件的暴风骤雨席卷全国后，中美史克公司推出“新康泰克”，打出

12 小时持续有效的产品卖点，重整康泰克的山河；三九感冒灵第一时间打出不含 PPA 的卖点，超前的公关意识，迅速拉升了品牌影响力，应验了“公关第一，广告第二”；白加黑提炼出感冒药中导致瞌睡的成分扑尔敏，打出早晚分服的概念，巧借卖点异军突起，驶向“蓝海”；康必得占位于中西医结合的卖点，通过持续的广告传播，欲将康必得做成中西结合的代名词；来自强生公司的泰诺则强调 30 分钟快速起效。

山东润华药业有限公司出品的“金羚感冒片”立足山东市场，多年来坚持走品牌路线，在山东省已经成为一个家喻户晓的品牌，并且拥有不错的市场占有率。但是感冒药市场强者林立，上面有“白加黑”等一线品牌大树遮光，下面有各种小品牌不断搅局，中间则有“感叹号”“安瑞克”等新品牌不断冲击，金羚感冒片与“豺狼虎豹”共舞，市场压力越来越大。

金羚感冒片还存在一个问题：虽然在山东市场具有很高的知名度，但是由于多年来广告诉求点的分散，造成产品定位概念的模糊，金羚感冒片到底有什么好？我为什么要买金羚感冒片？这个问题始终没有向消费者明确。

山东润华药业有限公司在对目前市场上的感冒药进行对比分析，发现所有感冒药的成分无非分为三种：①纯西药成分，如康泰克、白加黑；②纯中药成分，如苦甘冲剂、竹林众生；③中西药结合，如三九感冒灵、康必得。

在分析金羚感冒片的成分(羚羊角+水牛角+忍冬藤+野菊花+阿司匹林+马来酸氯苯纳敏+维生素 C)时发现，金羚感冒片不但是中西药结合成分，而且还发现了一个非常“扎眼”的成分名词：维生素 C。

技术人员对200 多种感冒药进行了成分检查，结果发现：主流竞争产品中，没有含有维生素 C 的感冒药。中西药结合，还有维生素 C，这是产品自身所具备的一个大差异点。差异化营销告诉我们，如果产品自身有明显的差异，那就把这个差异点放大再放大。那么，这个差异点能被消费者所接受吗？

经过对消费者认知调查，结果显示，几乎所有的消费者都认可这个观点：感冒期间，抵抗力差，需要增强抵抗力。同时，对于服用维生素 C 能够增强抵抗力，也被消费者所普遍认知。用黄金三角模型推导卖点，推导出了金羚感冒片的核心卖点策略：含有维生素的感冒药，不但治疗感冒，还能增强抵抗力！

随着感冒药销售旺季的到来，随着新的卖点、新品牌代言人的大力度传播，渠道首先被注入了一股新动力，金羚感冒片迎来了一个发展的高峰——单独 10 月上旬的发货量已经是 9 月份整月发货量的 3 倍。现在，金羚感冒片的出货量正以倍数递增，在强者林立的感冒药市场，金羚感冒片用卖点切割实现了市场越位，同时，依靠明星代言、广告拉动、终端传播迅速拉动了产品销售。

（资料来源：http://www.globrand.com/2006/62339.shtml）

（三）集中性市场营销策略

集中性策略是指企业不是面向整体市场，也不是把力量分散使用于若干细分市场，而是集中力量进入一个细分市场（或是对该细分市场进一步细分后的几个更小的市场部分），为该市场开发一种理想的产品，实行高度专业化的生产和销售（图 4-8）。

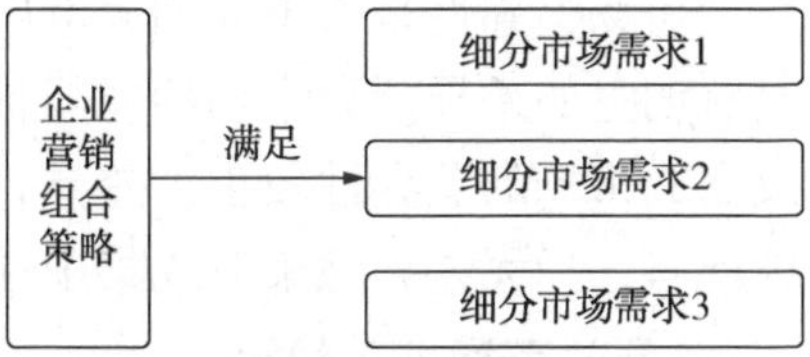

图 4-8 集中性市场营销策略

集中性策略与无差异策略的不同在于：无差异策略是以企业所选择的数个或整体细分市场作为目标市场，而集中性策略不是面对整体市场，也不是把力量分散到几个市场上，而是集中企业的营销优势，把有限的资源集中在一个细分市场上，实行专业化的生产和销售，以充分满足这些细分市场的需求。采用集中性策略的企业，其目的是为了追求在一个小市场上取得较高的、甚至是支配地位的市场占有率。

集中性策略的优点首先是可以集中企业的优势，充分利用有限的资源，占领那些被其他企业所忽略的市场，以避开激烈的市场竞争。其次，专业化的生产和销售可以使这一特定市场的需求得到最大限度的满足，并在特定的领域建立企业和产品的高知名度。再次，高度专业化满足了特定的需求，使这一市场的客户愿意付出溢价，保证了企业的利润水平。集中性策略的不足之处在于潜伏着较大的风险。企业将其所有的精力集中于一个市场，一旦这个市场中消费者的需求发生变化，或有强大的竞争者进入，或企业的预测及营销策略制定有缺陷等，都有可能使企业因无回旋余地而陷入困境。

集中性营销策略主要适用于资源力量有限的小企业。采用这一策略，小企业可以避开与大企业的正面竞争，选择那些大企业未注意或不愿进入的市场，往往更易获得成功。然而在选用这一策略时应注意的是：进入市场前应进行充分的市场调查，以保证企业经营方向的正确；同时，所进入的市场应有足够的规模利润和增长潜力，能最大限度地降低经营风险。

四、影响医药企业选择目标市场策略的因素

以上介绍了三种目标市场策略的特点和各自的优缺点，企业在选择时应综合考虑各方面的因素。

（一）企业规模和原材料供应

如果企业规模较大、技术力量和设备能力较强，实力雄厚、生产能力和技术能力较强、资源丰富的企业可以根据自身的情况和经营目标考虑选择无差异策略或差异性策略。

（二）市场差异性

市场差异性是指不同细分市场中客户的需求及对企业的营销刺激的反应是否具有明显的差异。如市场的差异性较大，企业宜选择差异化策略或集中性策略。反之，市场的差异性较小，差异化策略或集中性策略都会浪费资源，影响效率，因此宜选择无差异性策略或集中性营销策略。

（三）市场供求趋势

当产品在一定时期内供不应求时，消费者没有选择的余地，需求即使有差别也可以忽略不计，可以采用无差异策略以降低成本，形成规模经济效应。当供过于求时，企业宜采用差异化策略或集中性策略。但任何产品供不应求的卖方市场状态通常都是暂时的和相对的，最终都会向买方市场转化。

（四）产品自身的特点

产品自身的特点主要是指产品的同质化特点。产品本身的同质化现象，其性能特点、型号等是否存在差异性。有些产品之间不存在差别，即使存在差别，但客户一般不重视或不加以区分，那么它们的竞争就主要集中在价格和服务上。这些产品一般都是未经过加工的初级产品，如原料药和中药材等。

（五）产品生命周期

处在不同的市场生命周期阶段，产品的竞争、销售等特点都是不同的。在导入期及成长期前期，同类产品的竞争者较少，品种比较单一，企业也通常没有进行多品种开发和生产的能力，宜选择无差异策略，以便探测市场需求和潜在顾客。产品一旦进入成长期后期和成熟期，市场竞争加剧，为使本企业的产品区别于竞争者，确立自己的竞争优势，应采用差异化策略，以利于开拓新的市场，尽可能扩大销售，或采用集中性策略，设法保持原有市场，延长产品生命周期。当产品步入衰退期时，市场需求量逐渐减少，企业不宜再进行大规模生产，更不能将资源再分散于多个市场份额小的细分市场，宜采用集中性策略。

（六）竞争对手的策略

任何企业在市场中都要面对竞争者，竞争对手的策略会直接影响到企业策略的选择。当竞争对手采用无差异策略时，企业宜选择差异化策略或集中性策略，以区别于竞争对手，提高产品的竞争力；如竞争对手采用差异化策略，企业应进行进一步的细分，实行更有效的差异性营销或集中性营销策略；但如果竞争对手力量较弱，也可考虑反其道而行之采用无差异营销策略。

总之，选择适合于本企业的目标市场营销策略，是一项复杂的、随时间变化的、有高度艺术性的工作。企业本身的内部环境，如研究开发能力、技术力量、设备能力、产品的组合、资金筹措能力等是在逐步变化的，影响企业的外部环境因素也是千变万化的。企业要不断通过市场调查和预测，掌握和分析这些变化的趋势，与竞争者各项条件进行对比，扬长避短，把握时机，采用恰当的、灵活的策略，去争取较大的利益。

第三节 医药市场定位

医药企业的目标市场范围确定后，就要在目标市场上进行定位了。市场定位要求企业全面地了解、分析竞争者在目标市场上的位置后，确定自己的产品如何接近顾客的营销活动。

一、医药市场定位的概念

市场定位是20世纪70年代由美国营销专家艾尔·里斯和杰克·特劳特提出的一个重要营销学概念。所谓市场定位就是企业根据目标市场上同类产品竞争状况，针对顾客对该类产品某些特征或属性的重视程度，为本企业产品塑造强有力的、与众不同的鲜明个性，并将其形象生动地传递给顾客，求得顾客认同。市场定位的实质是使本企业与其他企业严格区分开来，使顾客明显感觉和认识到这种差别，从而在顾客心目中占据与众不同的有价值的位置。

医药市场定位是指依据竞争者现有的药品在市场上所处的位置，和购买者与医生对药品特性的重视程度，塑造本企业与众不同的个性，并将这种个性传达给消费者和医生，以确定本企业产品在市场中的位置。

营销链接

无市场定位

在中国，医药主要还是一种非营利性医疗机构，主要服务于人类的健康事业，医药的发展理念不是以赚钱为首要目的，而是以维护人类的健康为主要宗旨。我国市场经济体制的建立和完善，将在一定程度上加快医药走向市场的步伐。随着公办医院、外资医院、民营医药以及中外合资合作医药等办院主体的多元化发展，医药的经营管理将进一步面向市场，经受商业化运作的考验。显然，在这种态势下，医药的发展急需企业化的经营思路和理念，否则，按照计划经济体制下常规而传统的经营模式，医药的生存将面临巨大挑战和威胁。

在公办医药强大的压力下，民营医药企图利用多个媒体的整合与优化使广告量增加。但是，现在许多医药企业都犯了一个同样的错误，那就是定位相同或者定位模糊，没有一个鲜明而独特有效区隔其他医院的“市场点”。

随着患者就医的意识增强，知道什么能治，什么不能治。如果所有的医院都以同一种方式、同一个面目面对患者，患者怎么能够首先想到你呢？又凭什么一定要到你这里来治疗呢？

也就是说，市场定位引发关注要“准”，区隔点明明白白，就是要一针见血，直接道出医院的优越性，别人没有的服务职能，让患者时刻不忘，当有了病就会优先想到你的医疗设备、器械、医疗护理、医疗人员、医疗服务，那就成功了！

（资料来源：周先云，刘徽，孙兴力．医药市场营销技术[M]．武汉：华中科技大学出版社，2016.）

二、市场定位的核心——差异化

市场定位并不是你对一件产品本身做些什么，而是你在潜在消费者的心目中做些什么，市场定位的实质是使本企业与其他企业严格区分开来，使顾客明显感觉和认识到这种差别，从而在顾客心目中占有特殊的位置。

医药市场定位的核心是要塑造本企业药品与竞争者相区别的个性，也就是使本企业的药品“差异化”，可以是药品本身的差异化，如药品的剂型、配方、疗效、给药途径等，也可以是服务、价格、渠道、形象上的差异化。如某些药品免费送货上门、中药的免费煎药等。因此，企业必须将所塑造出来的差异性的特色正确地传达给顾客，并被其目标客户认同。

小链接

传统的观念认为，市场定位就是在每一个细分市场上生产不同的产品，实行产品差异化。事实上，市场定位与产品差异化尽管关系密切，但有着本质的区别。市场定位是通过为自己的产品创立鲜明的个性，从而塑造出独特的市场形象来实现的。一项产品是多个因素的综合反映，包括性能、构造、成分、包装、形状、质量等，市场定位就是要强化或放大某些产品因素，从而形成与众不同的独特形象。产品差异化乃是实现市场定位的手段，但并不是市场定位的全部内容。市场定位不仅强调产品差异，而且要通过产品差异建立独特的市场形象，赢得顾客的认同。

三、医药市场定位的作用

总的看来，市场定位能在两个方面为广大医药企业提供制胜的法宝：

其一，市场定位有利于建立医药企业及产品的市场特色，是参与现代市场竞争的有力武器。在现代社会中，某些医药市场存在严重的供大于求的现象，众多生产同类产品的厂家争夺有限的顾客，市场竞争异常激烈。为了使自己生产经营的产品获得稳定销路，防止被其他厂家的产品所替代，企业必须从各方面树立起一定的市场形象，以期在顾客心目中形成一定的偏爱。

小链接

太极集团的藿香正气液通过赵本山的广告“专利产品，不含酒精，不辣不苦，每天两瓶，防暑解暑，用它靠谱，太极藿香正气——液”，从全国300家藿香正气类产品生产企业中脱颖而出。

其二，市场定位是医药企业制定市场营销组合策略的基础。企业的市场营销结合要受到企业市场定位的制约，例如，假设某医药企业决定生产销售优质低价的产品，那么这样的定位就决定了：产品的质量要高，价格要定得低。广告宣传的内容要突出强调企业产品质优价廉的特点，要让目标顾客相信货真价实，低价也能买到好产品；分销储运效率要高，保证低价出售仍能获利。也就是说，企业的市场定位决定了企业必须设计和发展与之相适应的市场营销组合。

四、医药市场定位的步骤

市场定位的主要任务就是在市场上，让你的企业、产品与竞争者的有所不同。要做到这一点。其实是极不容易的，让消费者从心里记住你，你大概要做以下三个方面的工作。

（一）确立产品的特色

市场定位的出发点和根本要素就是要确定产品的特色。首先要了解市场上竞争者的定位如何，他们要提供的产品或服务有什么特点。其次要了解顾客对某类产品各属性的重视程度。显然，费大力气去宣传那些与顾客关系并不密切的产品是多余的，最后，还必须考虑企业自身的条件。有些产品属性，虽然是顾客比较重视的，但如果企业力所不及，也不能成为你市场定位的目标。

小案例

白加黑——首创“日夜分服”概念

康泰克凭借独有的缓释胶囊技术，以“早一粒晚一粒，远离感冒困扰”的“长效”定位第一个建立了全国性强势品牌；泰诺依赖“30分钟缓解感冒症状”的“快效”定位与康泰克针锋相对。作为后来者的白加黑，如何“三分天下有其一”？

面对强大的竞争对手，白加黑没有跟风盲从，而是在长效、快效之外，提出“白天服白片，不瞌睡；晚上服黑片，睡得香”，以“日夜分服”的概念重新定义感冒药。让“治疗感冒，黑白分明”的广告口号深入人心，也让“白加黑”创造了上市仅180天销售额就突破1.6亿元的神话。

（资料来源：http：//www. cehuajie. cn/a/yyal/20140328/437. html）

（二）树立市场形象

企业所确定的产品特色，是企业有效参与市场竞争的优势，但这些优势不会自动地在市场上显示出来。要使这些独特的优势发挥作用，影响顾客的购买决策，需要以产品特色为基础树立鲜明的市场形象，通过积极主动而又巧妙的方式与顾客沟通，引起顾客的注意与兴趣，求得顾客的认同。有效的市场定位并不取决于企业是怎么想，关键在于顾客是怎么看。市场定位的成功最直接的反映就是顾客对企业及其产品所持的态度和看法。

（三）巩固市场形象

顾客对企业的认识不是一成不变的。由于竞争者的干扰或沟通不畅，会引致市场形象模糊，顾客对企业的理解会出现偏差，态度发生转变。所以建立市场形象后，企业还应不断向顾客提供新的论据和观点，及时矫正与市场定位不一致的行为，巩固市场形象，维持和强化顾客对企业的看法和认识。

五、医药市场定位的方法

医药企业经营的产品不同，面对的顾客也不同，所处的竞争环境也不同，因而市场定位所依据的原则也不同。总的来讲，市场定位方法有以下四点：

（一）根据医药企业产品特点定位

构成产品内在特色的许多因素都可以作为市场定位所依据的原则。比如所含成分、材料、质量、价格等。“泰宁诺”止痛药当时面临的困境是阿司匹林的一统天下，如果正面竞争肯定是死无葬身之地，于是“泰宁诺”使出妙招，定位于“非阿司匹林的止痛药”，显示药物成分与以往的止痛药有本质的差异，结果四两拨千斤，异军突起。

（二）根据医药企业产品特定的使用场合及用途定位

为老产品找到一种新用途，是为该产品创造新的市场定位的好方法。小苏打曾一度被广泛地用作家庭的刷牙剂、除臭剂和烘焙配料，现在已有不少的新产品代替了小苏打的上述一些功能。小苏打可以定位为冰箱除臭剂，另外还有家公司把它当作了调味汁和肉卤的配料，更有一家公司发现它可以作为冬季流行性感冒患者的饮料。如现在市面上的“猴菇饼干”的厂家最初将其产品定位为养胃食品，后来又发现很多顾客买来当零食食用，所以又将之定位为休闲食品或者礼品。

（三）根据顾客得到的利益定位

产品提供给顾客的利益是顾客最能切实体验到的，也可以用作定位的依据。比如白加黑感冒药，“白天服白片儿，不瞌睡；晚上吃黑片儿，睡得香。”将其定位为白天吃了不瞌睡；晚上吃了黑片睡得香，迎合了那些治疗感冒的同时可以给予你好睡眠和好精神的人的需要。

（四）根据使用者类型定位

企业常常试图将其产品指向某一类特定的使用者，以便根据这些顾客的看法塑造恰当的形象。比如美林布洛芬混悬滴剂主要定位就是儿童；珍视明滴眼液主要定位是青少年，脑白金定位于中老年。

事实上，许多企业进行市场定位的依据的原则往往不止一个，而是多个原则同时使用。因为要体现企业及其产品的形象，市场定位必须是多维度的、多侧面的。

六、医药市场定位的方式

医药市场定位是一种竞争性定位，它反映市场竞争各方的关系，是为企业有效参与市场竞争服务的。医药市场定位的方式还有助于医药企业树立在消费者心目中的形象，定位方式不同，竞争态势也不同。主要定位方式有以下几种：

（一）避强定位

这是一种避开强有力的竞争对手进行市场定位的模式。企业不与对手直接对抗，而是将自己置定于某个市场“空隙”，发展目前市场上没有的特色产品，开拓新的市场领域。这种定位的优点是：能够迅速地在市场上站稳脚跟，并在消费者心中尽快树立起一定形象。由于这种定位方式市场风险较小，成功率较高，常常为多数企业所采用。比如“能消炎的口含片，华素片”，在推出市场时，就避开了咽喉类药品市场的激烈竞争，定位于口腔药，主打口腔药品市场。采用避强定位，定位市场的“空隙”使华素片在市场上获得了成功。

（二）迎头定位

这是一种与在市场上居支配地位的竞争对手“对着干”的定位方式，即企业选择与竞争对手重合的市场位置，争取同样的目标顾客，彼此在产品、价格、分销、供给等方面少有差别。实行迎头定位，企业必须做到知己知彼，应该了解市场上是否可以容纳两个或两个以上的竞争者，自己是否拥有比竞争者更多的资源和能力，是不是可以比竞争对手做得更好。否则，迎头定位可能会成为一种非常危险的战术，将企业引入歧途。当然，也有些企业认为这是一种更能激发自己奋发向上的定位尝试，一旦成功就能取得巨大的市场份额。

（三）重新定位

重新定位通常是指对那些销路少、市场反应差的产品进行二次定位。初次定位后，随着时间的推移，新的竞争者进入市场，选择与本企业相近的市场位置，致使本企业原来的市场占有率下降；或者，由于顾客需求偏好发生转移，原来喜欢本企业产品的人转而喜欢其他企业的产品，因而市场对本企业产品的需求减少。在这些情况下，企业就需要对其产品进行重新定位。所以，一般来讲，重新定位是企业为了摆脱经营困境，寻求重新获得竞争力和增长的手段。不过，重新定位也可作为一种战术策略，并不一定是因为陷入了困境，相反，可能是由于发现新的产品市场范围引起的。例如，某些专门为青年人设计的保健品在中老年人中也开始流行后，这种产品就需要重新定位。

案例

光华小柴胡——成于精准定位

光华小柴胡颗粒，是白云山光华药业公司的主打产品，由于小柴胡颗粒在二千年的临床应用中功效甚多，《伤寒论》中表述不太专业，致使定位相当困难。产品也一直是不温不火。2009 年，光华小柴胡邀请国内多家知名广告策划公司合作，其中声浪传播广告公司的参与，使小柴胡的定位得以清晰。光华小柴胡新定位：光华小柴胡，不伤肝胃的感冒药。

新定位策略思考，运用了"扬长避短"的策略。

光华小柴胡的短处是：感冒药是常用药，感冒的症状老百姓都很清楚，已经不需要再从功效上来区隔市场，关键是从产品功效而言相对西药不够强势。而其长处是，小柴胡最大的卖点不在于是多么强的感冒药，而是它的"温"性，尤其是疏肝和胃的附加值，也是所有感冒药都无法比拟的强有力的卖点。光华小柴胡的未来必将会成为老少皆宜、家家常备的绿色感冒药。为了快速抢占定位赢取市场，特邀请香港当红演员佘诗曼为产品代言人。

精准的定位，立即让光华小柴胡在众多感冒药中脱颖而出，广告投放以后，光华小柴胡的销售量在短时间内上升了 70%，成为该集团中最成功、最赚钱的一个品牌。

同步检测

一、单项选择题

1. 市场细分的概念是 20 世纪 50 年代中期美国市场营销学家(　　)提出的。

A. 基恩 · 凯洛西尔　　B. 鲍敦

C. 温德尔 · 史密斯　　D. 菲利普 · 科特勒

2. 采用无差异性营销战略的最大优点是(　　)。

A. 市场占有率高　　B. 成本的经济性

C. 市场适应性强　　D. 需求满足程度高

3. 目标市场营销策略的第三个步骤是(　　)。

A. 市场细分　　B. 目标市场选择　　C. 市场定位　　D. 执行和控制

4. 当市场产品供不应求时，其一般宜实行(　　)。

A. 无差异市场营销　　B. 差异市场营销

C. 集中市场营销　　D. 大量市场营销

5. 某医药企业将其目标市场划分为亚洲、欧洲、美洲、非洲等，其划分的依据属于(　　)。

A. 地理细分　　B. 人口细分　　C. 心理细分　　D. 行为细分

6. 医药企业从各方面赋予产品一定的特色，树立产品鲜明的市场形象，以求在消费者心目中形成一种稳定的认知和特殊的偏爱，这种做法就是(　　)。

A. 市场细分　　B. 市场定位　　C. 市场选择　　D. 市场拓展

二、多项选择题

1. 目标市场营销策略的主要步骤有(　　)。

A. 市场细分　　B. 目标市场选择　　C. 市场定位　　D. 市场营销组合

E. 大市场营销

2. 医药企业确定目标市场后，根据不同的目标市场可以采取不同的市场营销策略，目标市场营销策略一般有(　　)。

A. 大量市场营销　　B. 无差异市场营销

C. 差异市场营销　　D. 集中市场营销

E. 大市场营销

3. 医药企业在选择目标市场策略时需考虑的主要因素有(　　)。

A. 企业资源　　B. 产品特点　　C. 市场特点

D. 产品生命周期阶段　　E. 竞争对手的策略

4. 医药市场定位的主要方法有 (　　)。

A. 情感定位　　B. 服务定位　　C. 质量优势定位

D. 功能定位　　E. 自我形象定位

三、案例分析

江中健胃消食片——主导日常助消化市场

2010年，江中健胃消食片销售突破15亿元，持续6年位居国内OTC药品单品销量第一。江中健胃消食片是如何突破多年的销售瓶颈，实现这一飞跃的？

● 品牌定位

在市场调研中，顾问公司与江中集团对健胃消食片所针对的“消化不良”药品市场进行了研究。“消化不良”从病因上分两大类：器质性消化不良和功能性消化不良。他们发现，“消化不良”是一个大众疾病。中华医学会消化病学分会胃肠动力学组提出消化不良人群发病率在20%~54%。据我国消化不良流行病学调查，消化不良人群发病率为19%~41%，平均为32%，中老年人群高达78%，儿童的发病率为40%。功能性消化不良发病十分普遍，几乎每个人一生都曾有过消化不良症状，只是时间和程度不同。据报道，广州消化不良患者数占普通门诊患者数的11%，占消化门诊患者数的53%。也就是说，市场对健胃消食片的需求是有的，而且非常大。

在发现助消化药市场存在巨大的空白后，研究人员立即与江中药业的专家们进行了详细的访谈，主要是从产品、渠道等各方面论证江中健胃消食片能否占据这个空白市场。在一一得到肯定的答复后，顾问公司向江中药业提出江中健胃消食片的品牌定位——“日常助消化用药”。

定位在“日常助消化用药”，避开了与吗丁啉的直接竞争，向无人防御、且市场容量巨大的消化酶、地方品牌夺取市场(据权威机构的全国统计数据来看，酵母片、乳酶生、多酶片的销售数量与销售金额均排名靠前，三者合计数超过吗丁啉)，同时也在地域上填补“吗丁啉”的空白市场，从而满足江中药业现实需要。同时，根据企业提供的资料，江中健胃消食片的现有消费群集中在儿童与中老年，他们购买江中健胃消食片主要是用来解决日常生活中多发的“胃胀”“食欲不振”症状。显然，定位在“日常助消化用药”完全吻合这些现有顾客的认识和需求，并能有效巩固江中健胃消食片原有的市场份额。

由于“日常助消化用药”的定位，占据的是一个“空白市场”，而且市场上并未出现以年龄划分的“专业品牌”，所以顾问公司建议放弃过去对助消化市场进行年龄细分的做法，全力开拓整个日常助消化药的品类市场，用一个产品覆盖所有的目标人群。与此同时，建议江中药业积极储备新品，如儿童专用型助消化产品，待竞争成熟后，强力推出，自行细分市场。

- 定位广告

确立了“日常助消化用药”的品牌定位，就明确了营销推广的方向，也确立了广告的标准，所有的传播活动就都有了评估的标准，所有的营销努力都将遵循这一标准，从而确保每一次的推广在促进销售的同时，都对品牌价值(定位)进行积累。

由于本身避开了和吗丁啉等竞争，面对的是需求未被满足的空白市场，广告只需反复告知消费者，江中健胃消食片是什么，它能起什么作用，就能不断吸引消费者尝试和购买，从而开拓这个品类市场。顾问为江中健胃消食片制定了广告语“胃胀腹胀，不消化，用江中牌健胃消食片”。传播上尽量凸现江中健胃消食片作为“日常用药、小药”，广告风格则相对轻松、生活化，而不采用药品广告中常用的恐怖或权威认证式的诉求。

由于儿童是一个特殊的群体，其主要症状是“食欲不振”，而不是成人的

“胀”。另外，儿童及家长的媒体收视习惯、儿童适用药品在广告的表现上均有较大不同。这样一条片子很难同时影响两个迥异的人群，企业决定对儿童再单独拍摄一条广告片，在儿童及家长收视较高的时段投放，推广主题为“孩子不吃饭，快用江中牌健胃消食片”。

在推广力度上，江中药业深知，仅有一个好产品与好定位是不够的，一定要把这个产品所代表的概念或价值构筑在消费者的心智中，才会完成“惊险的一跳”，实现商业价值。而且竞争对手也在寻找利润增长来源，自然不会坐视江中慢慢去开拓独享市场。所以江中健胃消食片需要采用狂风暴雨式的推广，迅速进入消费者心智。

江中健胃消食片的重新定位与传播，不仅获得了销量的提升，用两年时间完成了吗丁啉十年才完成的成长，更重要的是，在助消化用药市场中，江中健胃消食片已抢先进入并占据了消费者心智，主导了这个新兴市场。

（资料来源：侯胜田．医药营销案例[M]．北京：中国医药科技出版社，2009.）

问题：

1. 江中健胃消食片的品牌定位是什么？是否正确？

2. 江中健胃消食片在定位选择时为什么要选择一个有前景的品类？

3. 江中健胃消食片如何通过广告来传达其既定的品牌定位信息？

四、实训

目标市场的确定

1. 实训目的

通过实训，使学生掌握如何细分市场，确定目标市场。

2. 实训内容

（1）实训背景。设定自己是某药品的市场营销经理，针对你所经营的药品，分析研究“谁是你的客户”，找准你的目标市场。

（2）实训步骤：

① 以小组为单位，对选定的产品和市场进行调研。

② 每组在课堂上以 PPT 的形式，讲述本组市场细分的过程与结果。

③ 各小组对本次实训进行点评，给出自己的意见和建议，进一步完善每组方案。

④ 点评与交流，针对各组的阐述，集体讨论、交流想法与收获。

3. 实训步骤

将学生分成若干小组，每组 5 人左右，老师布置实训任务。

（1）在市场调研与分析的基础上，对所经营的药品进行市场细分。

（2）选择目标市场，并描述当前客户情况。

① 年龄段、性别、收入、文化水平、职业、家庭大小、民族、社会阶层、生活方式。

② 他们买什么？产品、服务、附加利益。

③ 他们每隔多长时间购买一次？每天、每周、每月、随时、其他。

④ 他们买多少？按数量、按金额。

⑤ 他们怎么买？

⑥ 他们怎么了解你的企业？网络、广告、报纸、广播、电视、口头、其他。

⑦ 他们想要你提供什么？他们期待你能够或应该提供的好处是什么？

⑧ 你的市场有多大？按地区、按人口、潜在客户。

⑨ 在各市场上，你的市场份额是多少？

⑩ 你想让市场对你的公司产生怎样的感受？

（3）学生课后根据老师布置的任务查找资料，集体讨论、分析，形成书面报告。

（4）教师按所要求时间考核学生完成情况。

① 课堂时间每组选一名学生在台上陈述自己的观点。

② 课后要求每位学生交上书面观点。

（5）学生课堂陈述后，教师针对完成情况做口头评价；学生书面观点教师做书面评语。

4. 实训评价

教师明确实训目的和要求，实施指导实训，学生分组自主组织开展实训；实训结束后，进行实训交流，师生共同评价工作成果。考核内容见实训评价表所示。

实训评价表

考核项目	考核标准	配分	得分
调查准备	资料收集齐全	20	
目标市场描述	描述客户要具体、详细，至少要包含前述内容 6~9 条	40	
实验报告	表达较有条理、认真、具体	20	
团结协作	组内成员分工合理，团结协作	20	
总计		100	

第五章　医药产品策略

知识目标

(1) 了解产品组合在医药企业发展中的重要作用。

(2) 掌握产品生命周期的含义、特点及营销策略。

(3) 掌握医药品牌定义、种类和策略。

(4) 了解医药包装的定义和作用。

能力目标

(1) 能够运用整体产品概念的含义及层次理论指导医药企业实践。

(2) 能正确判断出产品生命周期的不同阶段，制定相应的营销策略。

(3)具备对品牌初步的策划设计能力。

(4) 能对给定的产品进行包装设计。

引例

云南白药的产品创新

云南白药是由云南民间名医曲焕章于1902年创制出的一种伤科圣药，取名“曲焕章百宝丹”，俗称“云南白药”，对于止血愈伤、活血散瘀、消火去肿、排脓驱毒，具有良好疗效，因此成为主治各种跌打损伤、红肿疮毒、妇科血症、咽喉肿痛和慢性胃病的特效药品。

“云南白药”是拥有百年历史的著名中草药物。国内外医学界研究表明，“云南白药”含有多种活性成分，药理作用也是多方面的。它不仅对跌打损伤、创伤出血有独特的疗效，而且对内腔出血(如肺结核出血、胃出血、肠道出血)也有显著疗效。同时它对鼻出血、支气管炎和支气管扩张出血、颅内出血、妇科血症、腹型紫癜等也有肯定的疗效，并对某些癌症有缓解和抑制作用，延长患者的寿命。在使用方面，“云南白药”不但可以单独应用，也可和其他中、西药配合应用，既能内服和外敷，又能灌肠和喷药，还可擦浴。然而，面对市场的巨变，这个号称“中华瑰宝”的“老字号”也遭遇了发展瓶颈。1999年以前，“云南白药”基本上都是以原有的散剂为主，虽然疗效显著，但是由于长期以来的产品结构单一，既跟不上市场的发展又难以充分发挥“云南白药”的功效，企业利润非常有限。为了走出发展窘况，复兴“老字号”，公司确定了产品立体化战略。自2001年开始，“云南白药”将保密配方与材料科学结合起来进行产品创新，其具体做法是通过对产品适应证的进一步细分，在公司传统的白药散剂基础上，延伸形成了所谓的“中央产品”和“两翼产品”。这些产品分布于公司两大系列产品中(“云南白药”主要生产包括“云南白药”系列产品、田七系列产品)，由不同的事业部负责销售，对公司而言，具有不同的战略意义。

从产品大类来讲，公司产品可分为3个大类：①云南白药系列产品，在“云南白药”基础上研制了胶囊剂、酊剂、硬膏剂、气雾剂、创可贴等，这些新剂型使云南白药的内服和外用更加高效、方便、快捷，更适合现代人的需求。②田七系列产品有田七花叶颗粒、田七丹参颗粒、田七鸡精、生三七粉、熟三七粉、三七片(生)、熟三七片、三七冠心宁(片剂、胶囊剂)等，这一类产品的特点是具有活血化瘀、清热解毒和滋补强健身体的功效。③其他产品主要包括治疗前列腺疾病的舒列安胶囊、预防和治疗脑卒中及气虚血瘀所致病症的珍奇脑脉通、主治小儿疳积的利儿康口服液(合剂)、治疗寒湿痹痛引起的肢体关节疼痛的附片口服液和具有清热解毒、消肿止痛、凉血利咽之功效的热毒清片等产品。

其中，公司的4个“中央产品”——云南白药胶囊、散剂、气雾剂和宫血宁胶囊主要定位于3个细分市场，即跌打损伤用药、手术止血和妇科用药(消炎)。在跌打损伤用药市场中，云南白药胶囊针对这个市场中的中、高端用户群体，而云南白药散剂价格较低，主要针对中、低端市场。在手术止血用药市场中，云南白药胶囊的竞争优势在于价格便宜，副作用小，主要针对术前使用。在妇科用药市场中，宫血宁胶囊主要针对妇科止血。总体而言，“中央产品”经过多年发展，产品销售稳定，是公司主要的销售来源，但由于所处市场规模的限制，市场份额变动不大，突破比较困难。

相较于“中央产品”，“两翼产品”是公司未来主要的利润增长点。“两翼产品”主要包括云南白药创可贴、云南白药牙膏及其他药妆产品。云南白药牙膏和创可贴均属透皮剂产品，在国内骨病贴膏市场中，云南白药牙膏的销量在全国排名第4位、第5位。而在以强生的邦迪为龙头的创可贴市场中，云南白药是另一个品牌创可贴，其余多为杂牌。据测算，公司的透皮剂产品有望保持25%左右增长。在牙膏市场中，云南白药牙膏定位于高端口腔护理产品，主要针对牙龈出血和牙龈肿痛，发展前景值得期待。云南白药牙膏上市背后的另一个战略意义在于，拉开了公司进军快速消费品领域的序幕。实际上，该公司在推出云南白药牙膏之前，就已经在这方面进行了尝试，并在此基础上，新推出云南白药“金口健”牙膏。此外，“鞋爽”也已经上市，云南白药的面膜已经成型。而以上产品的销售主要由公司下属的4个事业部负责，药品事业部负责销售云南白药系列药品，透皮事业部销售云南白药膏、云南白药车载急救包和云南白药创可贴，健康事业部销售云南白药牙膏，原生药材事业部主要从事三七等粗加工药材的销售。

（资料来源：百度文库）

从这一章开始进入决策部分，医药市场营销组合策略分为医药产品策略、医药价格策略、医药渠道策略和医药促销策略。

医药市场营销组合策略的制订，以下列两个程序为前提和基础，一是企业需要进行市场调研，收集市场营销环境、消费者购买行为、竞争者等信息，并对上述三方面进行分析；二是企业需要制订目标市场营销策略，进行市场细分、选择目标市场和市场定位。医药市场营销组合策略是医药市场营销的基石，是企业营销活动的核心部分。

企业在市场营销活动过程中，受到许多因素的影响，包括产品的研发、设计、生产、包装、价格的制订与调整、中间商的确定、产品物流、人员培训、广告宣传、销售、营业推广及公共关系等。这些因素相互影响，企业需要围绕营销目标统筹安排，并使之相互间有机组合，这就是市场营销组合，即4P策略。随着经济和营销学科的发展，学者又在市场营销组合（4P策略）基础上进行了新的诠释，即发展为4C、4R、4V。

一、4Ps市场营销组合理论

4Ps理论产生于20世纪60年代的美国，是随着营销组合理论的提出而出现的。1953年，尼尔·博登在美国市场营销学会的就职演说中创造了“市场营销组合”（Marketing mix）这一术语，其意是指市场需求或多或少的在某种程度上受到所谓“营销变量”或“营销要素”的影响。为了寻求一定的市场反应，企业要对这些要素进行有效的组合，从而满足市场需求，获得最大利润。营销组合实际上有几十个要素（博登提出的市场营销组合原本就包括12个要素），杰罗姆·麦卡锡于1960年在其《基础营销》（Basic Marketing）一书中将这些要素概括为4类：产品（Product）、价格（Price）、渠道（Place）、促销（Promotion），即著名的4Ps。1967年，菲利普·科特勒在其畅销书《营销管理：分析、规划与控制》第一版进一步确认了以4Ps为核心的营销组合方法，即：

（1）产品（Product）。注重开发的功能，要求产品有独特的卖点，把产品的功能诉求放在第一位。

(2) 价格(Price)。根据不同的市场定位，制定不同的价格策略，产品的定价依据是企业的品牌战略，注重品牌的含金量。

(3) 分销(Place)。企业并不直接面对消费者，而是注重经销商的培育和销售网络的建立，企业与消费者的联系是通过分销商来进行的。

(4) 促销(Promotion)。企业注重销售行为的改变来刺激消费者，以短期的行为(如让利，买一送一，营销现场气氛等等)促成消费的增长，吸引其他品牌的消费者或导致提前消费来促进销售的增长。

二、4Cs 市场营销组合理论

4Cs 营销理论(The Marketing Theory of 4Cs)，也称“4C 营销理论”，是由美国营销专家劳特朗教授在 1990 年提出的，与传统营销的 4P 相对应的 4C 理论。它以消费者需求为导向，重新设定了市场营销组合的四个基本要素：即消费者(Customer)、成本(Cost)、便利(Convenience)和沟通(Communication)。它强调企业首先应该把追求顾客满意放在第一位，其次是努力降低顾客的购买成本，然后要充分注意到顾客购买过程中的便利性，而不是从企业的角度来决定销售渠道策略，最后还应以消费者为中心实施有效的营销沟通。

(1) 瞄准消费者需求(consumer's need)。首先要了解、研究、分析消费者的需要与欲求，而不是先考虑企业能生产什么产品。

(2) 消费者所愿意支付的成本(cost)。首先了解消费者满足需要与欲求愿意付出多少钱(成本)，而不是先给产品定价，即向消费者要多少钱。

(3) 消费者的便利性(convenience)。产品应考虑到如何方便消费者使用。

(4) 与消费者沟通(communication)。以消费者为中心实施营销沟通是十分重要的，通过互动、沟通等方式，将企业内外营销不断进行整合，把顾客和企业双方的利益无形地整合在一起。

三、4Ps 与 4Cs 的相互关系

众所周知，4Ps 与 4Cs 是互补而非替代关系，即 Customer，是指用“客户”取代“产品”，要先研究顾客的需求与欲望，然后再去生产、经营那个顾客确定想要买的服务产品；Cost，是指用“成本”取代“价格”，了解顾客要满足其需要与欲求所愿意付出的成本，再去制定定价策略；Convenience，是指用“便利”取代“地点”，意味着制定分销策略时要尽可能让顾客方便；Communication，是指用“沟通”取代“促销”，“沟通”是双向的，“促销”无论是推动策略还是拉动战略，都是

线性传播方式。4Ps 与 4Cs 二者之间的关系参见表 5-1。

表 5-1　4Ps 与 4Cs 的相互关系对照表

类别	4Ps		4Cs	
阐释	产品(Product)	服务范围、项目，服务产品定位和服务品牌等	客户(Customer)	研究客户需求欲望，并提供相应产品或服务
	价格(Price)	基本价格，支付方式，佣金折扣等	成本(Cost)	考虑客户愿意付出的成本、代价是多少
	渠道(Place)	直接渠道和间接渠道	便利(Convenience)	考虑让客户享受第三方物流带来的便利
	促销(Promotion)	广告，人员推销，营业推广和公共关系等	沟通(Communication)	积极主动与客户沟通，寻找双赢的认同感
时间	20 世纪 60 年代中期(麦卡锡)		20 世纪 90 年代初期(劳特朗)	

第一节　医药产品组合策略

一、医药产品整体概念

产品是指人们为了生存需要，通过生产劳动而创造出来的，具有一定使用价值的物质实体，如大米、药物、冰箱、汽车等。这是对产品概念的狭义理解，它强调产品的物质形态，事实上，顾客购买某种产品，并不只是为了得到该产品的物质实体，而是要通过购买该产品来获得某方面利益的满足。甚至有些顾客花钱购买的只是某种纯粹的欲望满足而非物质形体的产品，例如给重病的老人请家庭陪护，是为了随时照顾老人行动不便，又希望照顾在家中治疗的患者。因此，从市场营销的观点来看，产品概念的内涵可被大大扩展：一切能满足消费者某种利益和欲望的物质产品和非物质形态的服务均为产品。

简而言之，产品=有形物品+无形服务。

有形物品包括产品实体及其款式、品质、品牌、特色和包装等；无形服务包括可以给买主带来附加利益和心理上满足感和信任感的售中及售后服务等，这就是“产品整体概念”，即现代营销意义上的产品。产品的整体概念把产品分为五个层次，即核心产品、形式产品、期望产品、附加产品和潜在产品，如图 5-1 所示。

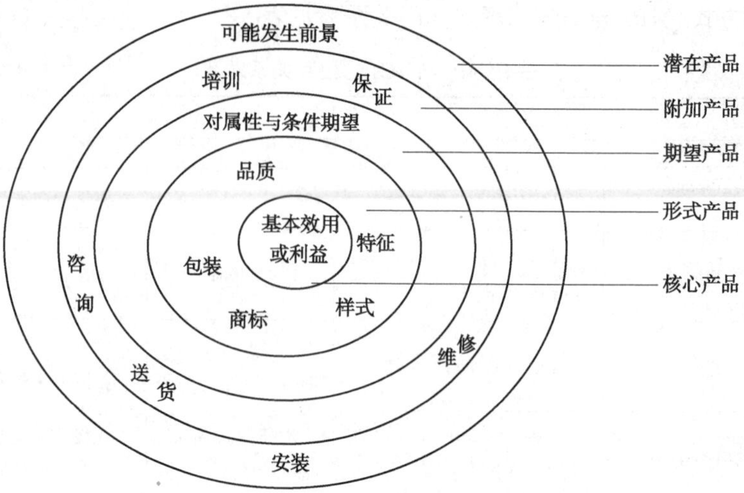

图 5-1　产品整体概念层次图

小链接

根据《中华人民共和国药品管理法》第一百零二条关于药品的定义：药品是指用于预防、治疗、诊断人的疾病，有目的地调节人的生理机能并规定有适应证或者功能主治、用法和用量的物质，包括中药材、中药饮片、中成药、化学原料药及其制剂、抗生素、生化药品、放射性药品、血清、疫苗、血液制品和诊断药品等。

(一) 核心产品

这是产品整体概念中最基本和最实质的层次。它是指产品的使用价值，即满足顾客需要的产品基本效用，是产品最基本和最实质性的内容，也是顾客需求的中心内容。产品若没有使用价值，包装再精致，形式再新颖，服务再周到，也无存在的价值，顾客也不会购买。如消费者到药店去购买某种药品，不单纯是为了购买某种剂型、某种包装的药品，而是为了解除某种疾病的困扰、恢复身体健康等。因此，药品的治疗效果就是它的核心产品层。

(二) 形式产品

形式产品是指产品呈现在市场上的全部外部特征，即呈现在市场上的产品的具体形态或外在表现形式，主要包括产品的款式、质量、特色、品牌、包装等。具有相同效用的产品，其表现形态可能有较大的差别。顾客购买某种产品，除了要求该产品具备某些基本功能，能提供某种核心利益外，还要考虑产品的品质、造型、款式、颜色以及品牌声誉等多种因素。因此，不同的产品形式能够满足同类消费者的不同要求，企业进行产品设计时，除了要重视用户所追求的核心利益外，也要重视如何以独特形式将这种利益呈现给目标顾客。

一个精明的营销者绝不会忽略产品形式的塑造。形式产品受生产技术的制约，随着社会消费水平的不断提高，消费者对形式产品的要求也随之提高。同样，随着社会经济和科学技术的发展，人们对药品的形状、质量、品牌包装等形式产品的要求也越来越高，这些都不同程度地影响着药品的销售，影响着人们对药品的选择。

（三）期望产品

期望产品是指购买者购买产品时，通常希望和默认的一组属性和条件。例如，消费者对药品的期望是疗效好、毒副作用小、安全性高、服用方便等。期望产品理念要求企业在生产设计销售过程中充分考虑到消费者的利益，在回报高额利润的同时，企业应尽可能地去让顾客满意，增加品牌的美誉度。期望产品理念贯彻的好不好，将直接影响消费者对产品的信任度与品牌忠诚度。

（四）附加产品

附加产品又称延伸产品，是指顾客因购买产品所得到的全部附加服务与利益，包括保证、咨询、送货、安装、维修等。这是产品概念的延伸或附加，它能够给顾客带来更多的利益和更大的满足。随着科学技术的日新月异以及企业生产和管理水平的提高，不同企业提供的同类产品在实质和形式产品层次上越来越接近，而延伸产品在企业市场营销中的重要性日益突出，逐步成为决定企业竞争能力高低的关键因素。因此，企业要赢得竞争优势，就应向顾客提供比竞争对手更多的附加利益。医药企业也不例外，顾客的需求能否得到满足，不仅取决于药品的生产和流通过程，还包括药品的使用过程。

药品的延伸产品对医药企业而言，并不是可有可无的，而是药品功能的延伸和销售的继续，并将成为今后医药企业间竞争的一个关键内容。因此，医药企业应把延伸产品当成整体产品的一个重要组成部分，而不能看成企业的额外负担。能向顾客提供完善周到的延伸产品，才有可能成为市场上的优胜者。

（五）潜在产品

潜在产品即产品最终可能会实现的全部附加部分和新转换部分。潜在产品指出了现有产品可能的演变趋势和前景。如中药由汤剂向胶囊剂、丸剂、冲剂等方向发展等。

产品整体概念的这五个层次，充分体现了以顾客为中心的现代营销观念。美国著名营销学家菲利普·科特勒在《市场营销管理》一书中举了一个例子，深刻地说明了产品整体概念的重要性。一家办公用具公司生产的一种文具柜，十分坚固耐用，但却销路不佳。经理抱怨说："我们的文具柜这样结实，从楼上摔下去也坏不了，为什么买的人那么少？"公司的一位雇员无不讽刺地答道："问题在于没有一个顾客买文具柜是为了从楼上摔下去。"这说明，在现代市场营销环境下，如果固守传统的产品概念，忽视消费者对一种产品的多样化需求，就不可能获得经营上的成功。

思考：列举一种医药产品，分别说出它的五个产品层次？

二、医药产品组合的概念

很少有医药企业只经营单一品种产品，当然也不可能经营所有产品。为了充分利用企业资源，抓住市场机会，规避风险和威胁，就需合理确定产品种类、数量及组合方式。如何将多个产品合理组织起来，这就是产品组合问题。某医药企业产品组合表见表 5-2。

表 5-2　某医药企业产品组合表

产品线	产品项目
片剂	安降片、复方胃友胃溶薄膜片、复方胃友糖衣片
胶囊	头孢氨苄胶囊、复方必消痰胶囊、酮基布洛芬胶囊、感冒灵胶囊、环丙沙星胶囊
冲剂	头孢氨苄颗粒剂、小儿速效感冒冲剂、活性钙冲剂
搽剂	肤施乐

（一）产品线

产品线指密切相关的满足同类需求的一组产品项目。一个企业可生产经营一条或几条不同的产品线。

（二）产品项目

产品项目指企业产品目录上列出的每一个产品，即产品线中不同型号、号码、规格、大小、价格的产品。

（三）产品组合

产品组合指一个企业生产经营的全部产品线和产品项目的组合或结构，代表着企业的经营范围。它包括四个变量：

1. 产品组合的宽度

产品组合的宽度是指医药企业产品组合中包含的产品线的数量，又称广度。产品线越多，说明该企业产品组合的宽度越宽，二者呈正比，同时也反映一个企业市场服务面的宽窄程度和承担投资风险的能力。

2. 产品组合的长度

产品组合的长度是指医药企业各条产品线所包含的产品项目总数。在表 5-1 中产品项目总数是 12，即为产品线总长度为 12。

3. 产品组合的深度

产品组合的深度是指一条产品线上包含的产品项目的数量。一条产品线上包含的产品项目越多，说明产品组合的深度越深。它反映一个企业在同类细分市场中满足顾客不同需求的程度，可计算平均深度。如表 5-1 某医药企业产品组合的平均深度为 4。

4. 关联度

关联度是指每条产品线之间在最终用途、生产条件、销售渠道以及其他方面相互关联的程度。其关联程度越密切，说明企业各产品线之间越具有一致性；反之，则缺乏一致性。产品组合的关联度强，可以使企业充分发挥某一方面的优势，提高企业在某一地区或某一行业的声誉；产品组合的关联度弱，则可以使企业在更广泛的市场范围内发挥其影响力，要求企业必须具有雄厚的多种多样的资源和技术力量、完善的组织结构和管理体系。

分析产品组合的这四个变量，有助于企业更好地制定产品组合策略。在一般情况下，扩大产品组合的宽度，有利于扩展企业的经营领域，实行多角化经营，可以更好地发挥企业潜在的技术、资源优势，提高经济效益，分散企业的投资风险；增加产品线的长度，使产品线丰满充裕，可以成为有更完全产品线的公司；加强产品组合的深度，可以占领同类产品的更多细分市场，满足更广泛的市场需求；而加强产品组合的关联度，则使企业在某一特定的市场领域内加强竞争力和赢得良好的声誉。

三、医药产品组合策略

产品组合策略是指企业根据自己的营销目标对产品组合的宽度、广度、关联度进行的最优组合决策。产品组合应考虑企业资源、市场需求状况、竞争条件等因素。常用的产品组合策略有以下四种。

（一）扩大产品组合策略

扩大产品组合策略是指开拓产品组合的宽度和加强产品组合的深度，即增加产品线和产品项目，增加品种，扩大经营范围。

（二）缩减产品组合策略

缩减产品组合策略是指缩小产品组合的宽度和深度，即减少产品线或产品项目的数量。当企业生产经营原产品的内外环境发生变化时，企业应及时剔除那些获利很小甚至不能获利的产品线或产品项目，集中精力发展有优势的产品，提高经济效益。

（三）产品线延伸策略

产品线延伸策略是指全部或部分的改变原有产品的市场定位，它不增加产品线宽度，只增加产品线的深度，即产品线的深度发展策略。具体可以分为三种。

1. 向上延伸

向上延伸即在只定位于生产经营低档产品的产品线中增加高档产品项目。原因是高档产品销售形势好、利润高，目的是为了发展成生产经营高、低档产品俱全的企业，从而更好地为顾客服务。

2. 向下延伸

向下延伸即在定位于只生产经营高档产品的产品线中增加低档产品项目。原因是高档商品市场增长缓慢或遇到激烈的竞争，利用高档商品的声誉吸引低档商品需求者，目的是扩大市场范围或是填补市场空缺。缺点是可能会损坏高档产品声誉，给企业经营带来风险。

3. 双向延伸

双向延伸即在只定位于生产经营中档产品的产品线中增加高、低档产品项目。目的是开拓新市场，获取更大的利润。

（四）产品线现代化策略

产品现代化策略是强调把现代科学技术应用于生产经营过程，并不断改进产品线使之符合现代顾客需求的发展潮流。如果产品组合的广度、深度和长度都很适宜，但是，生产方式已经落后，或者产品跟不上现代顾客需求的潮流，就会影响企业生产和市场营销的效率。

第二节 医药产品市场周期策略

一、产品生命周期的概念

产品生命周期理论是由美国哈佛大学教授雷蒙德·弗农于 1966 年在其《产品周期中的国际投资与国际贸易》一文中首次提出。所谓产品生命周期是指一种产品从进入市场开始，直到被淘汰为止的整个过程。一个典型的产品生命周期包括导入期(介绍期)、成长期、成熟期、衰退期四个阶段，如图 5-2 所示。

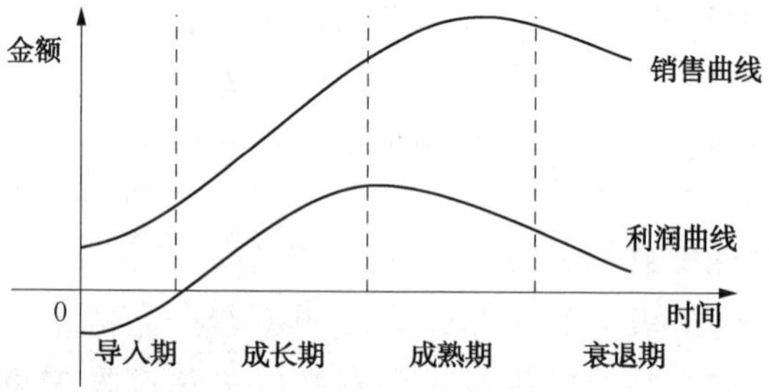

图 5-2 产品生命周期曲线图

为加深对医药产品生命周期的理解，本节应该明确产品生命周期指的是产品的市场寿命，即市场流通时间，而不是使用寿命。

二、医药产品生命周期各阶段的特点及营销策略

根据医药产品生命周期的各阶段的不同特点，医药企业应有针对性地采取不同的营销策略。分析产品的生命周期，是为了正确判断产品的发展趋势，并根据产品在其生命周期各阶段的特点，采取适当的市场营销策略。

（一）导入期(介绍期)的特点及营销策略

这一阶段是指医药产品试制成功后投入市场，处于向市场推广介绍阶段，故又称产品介绍期。这一阶段产品的主要特点是销售量低、生产量小。由于药品刚刚问世，知名度低，市场尚未接受该药品，医生和患者不了解，大多数顾客不愿放弃或改变自己以往的消费行为，有处方权的大部分医生也不愿意轻易改变自己的处方习惯，导致销售量低、生产量小。生产量小，单位产品制造费用高，加之开辟营销渠道及宣传费用大，使企业成本高、利润低，甚至出现亏损。许多新产品在这个阶段就已夭折，风险较大。市场竞争尚未形成，竞争者处于观望状态，尚未加入。

这一时期营销策略主要是从价格高低和促销费用高低上进行组合，有以下四种可供选择，见图 5-3。

价格水平 \ 促销水平	高	低
高	快速撇脂策略	缓慢撇脂策略
低	快速渗透策略	缓慢渗透策略

图 5-3　导入期营销策略

1. 快速撇脂策略

快速撇脂策略是指医药企业以高价格和高促销费用推出新产品。实施这一策略须具备以下条件：产品有较大的需求潜力；目标顾客求新心理强，急于购买新产品；企业面临潜在竞争者的威胁，需要及早树立品牌形象。

2. 缓慢撇脂策略

缓慢撇脂策略以高价格、低促销费用推出新产品，目的是以尽可能低的费用开支求得更多的利润。实施这一策略的条件是：市场规模较小；产品已有一定的知名度；目标顾客愿意支付高价；潜在竞争的威胁不大。

3. 快速渗透策略

快速渗透策略以低价格、高促销费用推出新产品。实施这一策略的条件是：该产品市场容量相当大；潜在消费者对产品不了解，且对价格十分敏感；潜在竞争较为激烈；产品的单位制造成本可随生产规模和销售量的扩大迅速降低。

4. 缓慢渗透策略

缓慢渗透策略以低价格、低促销费用推出新产品。这种策略的适用条件是：市场容量很大；市场上该产品的知名度较高；市场对价格十分敏感；存在某些潜在的竞争者，但威胁不大。

（二）成长期阶段的特点及营销策略

随着消费者对新产品不断熟悉，消费习惯形成，销售量迅速增长，这种新产品就进入了成长期。这一阶段的主要特点是：进入成长期以后，老顾客重复购买，并且带来了新的顾客，销售量激增，企业利润迅速增长，在这一阶段利润达到高峰。随着销售量的增大，企业生产规模也在逐步扩大，产品成本逐渐降低，新的竞争者会投入竞争。新的产品特性开始出现，产品市场开始细分，分销渠道增加，竞争越来越激烈。

针对成长期的特点，企业为维持其市场增长率，延长获取最大利润的时间，可以采取下列几种策略：

1. 改善产品品质

根据消费者需求和其他市场信息，一方面要提高产品质量，完善产品性能，提高产品自身的竞争实力；另一方面改进产品式样及包装等，努力发展产品的新剂型、新型号等，从而增强产品的竞争力和适应性。例如，哈尔滨制药六厂所生产的“新盖中盖”为满足不同消费者的需求，在口服液的基础上增加了片剂。

2. 适时降价

企业应根据生产成本和市场价格的变动趋势，分析竞争者的价格策略，保持原价或适当调整价格，以保持产品的声誉和吸引更多的购买者。如 2002 年年初，沈阳三生医药有限公司大幅降低其拳头产品——促红细胞生成素的价格，此举迎合了政府及大众希望遏制高昂药品价格的呼声，一方面垄断了价格敏感型顾客的市场空间，另一方面也受到政府、媒体的欢迎，是一种非常好的企业形象宣传方式。

3. 寻找新的细分市场

通过市场细分，找到尚未满足的细分市场，开拓新的市场领域，促进市场份额的提高。如，史克公司的“泰胃美”从医院处方药销售转变为到药店的非处方药销售，扩大了市场占有率。

4. 改变宣传的重点

在继续做好促销宣传工作的基础上，工作的重心应从建立产品知名度转移到树立产品形象上，主要目标是建立顾客的品牌偏好，争取新的顾客。

（三）成熟期阶段的特点及营销策略

成熟期也称饱和期，是指产品在市场上已经普及，市场容量基本达到饱和，销售量变动较少的阶段。这一时期是产品市场生命周期的鼎盛时期，同时，也是一个由盛到衰的转折时期。产品进入成熟期以后，销售量趋向平疲。由于产品普及率高，市场需求减少，销售增长速度缓慢，随着市场需求饱和，销售增长率甚至呈下降趋势。利润也逐步下降，由于销售增长率减慢，生产能力过剩，市场竞争更为激烈，价格开始下降，企业的利润也随之减少。

对成熟期的产品，医药企业宜采取主动出击的策略，集中一切力量尽可能延长产品的成熟期，或使产品的生命周期出现再循环。为此，企业可以采取以下三种策略：

1. 调整市场策略

市场改良策略的目的是为了在巩固老顾客、尽可能赢得新顾客的基础上，开拓新的市场，提高成熟期内的产品销售量。它是通过改变产品的用途和销售方式或消费方式来实现的。第一，通过市场的再次细分，寻找和进入那些还没有使用该产品的新市场。第二，加强品牌地位，争取竞争者的市场。设法吸引竞争者的顾客试用或使用本企业的产品。第三，通过开发现有产品的新用途来延长产品成熟期，并开拓崭新的市场。第四，通过促销努力来激励消费者增加其产品的使用率或使用量。例如，牙膏广告可以说服人们不仅要早晨刷牙，晚上也要刷牙以保护牙齿的健康。

2. 调整产品策略

产品改良策略是产品本身经过适当的改变后，重新推向市场，使之更好地满足消费者的不同需要。产品改良有以下方式可供选择：第一，品质改善。其目的是增强产品的功能及各项技术指标，如耐久性、可靠性、安全性、方便性等。第二，特性改善。指增加产品的新的特性或功能，扩大产品的多方面的适应性。如电视机增加自动选台与录像功能。第三，式样改善。其目的是加强产品外观上的艺术诉求，增加产品的外观美感。第四，用途改善。指在改变技术和设备的条件下发展产品的新用途。不断发展产品的新用途，产品就会不断再生，不会陷入销售饱和状态。第五，服务改善。其目的是提高产品的附加值。对服务的改善，实际上就是增加了产品的价值，为消费者提供了更多的利益，并吸引更多的消费者。海尔公司就是以优质的售后服务而著称的。

3. 调整营销组合策略

针对成熟期产品的特点，企业有必要通过改变其营销组合因素中的一个要素或若干要素，来刺激产品的销售，以延长产品的生命周期。第一，价格改革。在成熟期的产品一般采用降价的策略，以打入新的市场并吸引同类竞争性品牌的使用者。第二，渠道改革。力争进入各种类型的、更加广泛的销售渠道。第三，促销改革。包括销售促进改革(优惠、折扣、展销等)，加强售前售后服务和保证，加强人员推销力量，增加广告力度等。

（四）衰退期阶段的特点及营销策略

衰退期是产品已经老化，逐渐被市场淘汰的阶段。在这一阶段，产品销售量急剧下降；企业从产品中获得的利润很低甚至为零；大量的竞争者退出市场；消费者的消费习惯发生改变等。销售衰退的原因很多，包括技术的进步，新产品的替代，消费者用药习惯的改变，竞争的加剧，疗效不佳，产品的副作用被发现、认知或重视等。当产品进入衰退期时，企业可采取以下策略：

1. 继续策略

继续策略是指继续采取过去的策略，仍按照原来的子市场和分销渠道、定价促销方式，直到这种产品完全退出市场。采用这种策略可能是由于众多竞争者纷纷退出市场，经营者减少，这时企业可以暂时不退出市场。

2. 集中策略

集中策略是企业应将大部分的能力和资源集中在最有利的子市场和分销渠道上，从中获取更多的利润的营销策略。这样有利于延长产品退出市场的时间，让衰退期产品发挥更多余热，为企业创造更多的利。

3. 收缩策略

大幅度降低促销水平，尽量降低促销费用，以增加目前的利润。这样可能导致产品的在市场上的衰退加速，也能从忠实于这种产品的顾客中得到利润。

4. 放弃策略

对于衰退比较迅速的产品，应该当机立断，放弃经营。可以采取完全放弃的形式，如把产品完全转移出去或者立即停止生产；也可以采取逐步放弃的方式，使其所占用的资源逐步转向其他产品。

三、延长医药产品市场生命周期的途径

产品生命周期理论告诉我们，企业要想延长其产品的市场生命周期，可以从以下四个方面入手。

1. 采用新的科学技术

利用新技术、不断提高产品质量，使药品的疗效更好，安全性更高。

2. 增加剂型

增加药品新的剂型，以满足消费者的不同需求。

3. 市场改良

调整产品市场，把已经进入衰退期的药品转移到尚未开发的市场。

4. 开发药品新作用

不断地发现药品新的适应证，从而使其生命周期得以不断地延长。

案例

一片即退癀，因而得名“片仔癀”

在中华医药宝库中有“北有同仁堂，南有片仔癀”的美誉，与同仁堂相比，片仔癀的历史更为悠久和曲折。公元1555年，明朝万历年间，明世宗的一位宫廷御医因不满暴政，携秘方逃离皇宫，几经辗转迁徙，隐居漳州为僧，后为救当地民众疾苦而悬壶济世，用宫廷绝密配方及其独特工艺精制出片仔癀，因其一片即可退癀(癀为闽南语，意为热毒肿痛)的神奇功效，故有此称，并流传至今。

公司系经福建省人民政府“闽政体股[1999]31号”文批准，由漳州片仔癀集团公司、漳州片仔癀集团公司工会、福建省漳州医药有限公司、福建省药材公司以及漳龙实业有限公司五家单位共同发起设立，目前，公司产品有片仔癀牌片仔癀、片仔癀牌片仔癀胶囊、片仔癀牌复方片仔癀软膏、片仔癀牌复方片仔癀痔疮软膏、片仔癀牌心舒宝片、片仔癀牌茵胆平肝胶囊、片仔癀牌增乳膏、片仔癀牌金糖宁胶囊、片仔癀牌清热止咳颗粒、片仔癀牌川贝清肺糖浆、片仔癀牌藿香正气水、片仔癀牌蜂乳胶囊、片仔癀牌少林正骨精、片仔癀牌金牡感冒片、片仔癀牌羚翘解毒片、片仔癀牌牛黄解毒片、片仔癀牌小柴胡颗粒、片仔癀牌小青龙颗粒等数十种，其中片仔癀牌片仔癀有着“漳州三宝”首宝之称。此外，公司还与境外科研机构合作，成功开发二十多种中成药，远销海外。同时还充分利用品牌优势和资本优势，积极寻找投资合作项目，扩大企业规模，使该公司除中成药制造外，还涉及日化品生产、药品流通等领域，进一步增强了企业的竞争实力。

该公司独家生产的国家一级中药保护品种——片仔癀牌片仔癀，以独特的消炎、解毒、镇痛等显著疗效及保护健康的功能而深受广大消费者的信赖。特别是在治疗肝炎，促进手术刀口愈合、镇痛、消除无名肿毒等领域的独特功效更使这一具有400多年历史的传统名贵中成药更加熠熠生辉。

思考：片仔癀产品虽然经历了近400多年，仍然焕发出生命的活力，没有进入衰退期，请分析原因？

第三节　医药产品品牌策略

品牌是产品整体的一个重要组成部分，著名品牌可提高产品身价，稳定市场，增强企业实力。因此，品牌决策是市场营销一个十分重要的课题。

一、品牌的概念

（一）品牌

品牌是指商品的商业名称。美国市场营销协会将品牌定义为："品牌是一个名称、名词、符号、象征、设计或其组合，用以识别一个或一群出售的产品或劳务，使之与其他竞争者相区别。"可见品牌是一个包括名词、品牌名称、品牌标志和商标的总名词，具有广泛的意义。

（二）品牌名称

品牌名称是品牌中可以用语言称呼的部分，如"三九""白云山""同仁堂"等都是品牌名称。

（三）品牌标志

品牌标志是品牌中可以被识别、认知，但不能用语言称呼的部分，包括符号、设计、颜色、印字等。如上海延安制药厂的万象牌保健钙标签上的大象图案，西安杨森的西安古城墙的变形与兵马俑组成的图案。

（四）商标

商标是经过商标注册获得专用权，受到法律保护的品牌或品牌的某一部分。未经注册的品牌不是商标，不受法律保护。因此，商标实质上是一个法律术语，也就是享有法律保护的某个品牌。企业的商标可在多个国家注册并受到各国法律保护。商标是企业产权的组成部分，驰名商标更是企业的巨大财富。随着商品生产和市场经济的发展，商标将得到越来越普遍的应用，企业必须增强商标意识，妥善运用这一有价值的无形资产，使之更好地为企业经营发挥作用。

营销延伸

商标法是指规定商标的组成、注册、商标使用管理和商标专用权保护等法律规范的总称。我国《商标法》规定商标申请采用的基本原则是"一类商品、一个商标、一份申请"。商标权人的权利包括：独占使用权、许可使用权、商标转让权、续展权。商标权人的义务包括：按规定使用注册商标。连续三年停止使用商标的，商标局可撤销其注册商标；保证使用注册商标的商品的质量；按规定在申请商标注册和办理其他商标事宜时，缴纳费用。注册商标的有效期为十年，自核准注册之日起计算。注册商标的有效期满，需要继续使用的，应当在期满前六个月内申请续展注册，在此期间未能提出申请的，可以给予六个月的宽展期。宽展期满仍未提出申请的，注销其注册商标。商标权人为排除不法侵害可以采取的保护措施有当注册商标专用权受到侵犯时，被侵权人可以向法院起诉，也可以请求工商行政管理部门处理。当事人对处理结果不服的，可以在收到通知十五天内，向人民法院起诉，期满不起诉又不履行的，由有关工商行政管理部门申请人民法院强制执行。

（五）品牌和商标的区别和联系

所有的商标都属于品牌的范畴，但所有的品牌并不是商标，商标是受法律保护的品牌，品牌是市场概念，商标是法律概念。商标是品牌中的标志和名称部分，便于消费者识别。但品牌的内涵远不止于此，品牌不仅仅是一个易于区分的名称和符号，更是一个综合的象征，需要赋予其形象、个性、生命。品牌标志和品牌名称（即商标）的设计只是建立品牌的第一道工作，但要真正成为品牌，还要着手品牌个性、品牌认同、品牌定位、品牌传播、品牌管理等各方面内容的完善。这样，消费者对品牌的认识，才会由形式到内容、由感性到理性，完成由未知到理解、购买的转变，形成品牌忠诚。注册商标是打造品牌的第一步，而商标注册了不等于说品牌就形成了，还需要企业通过长期的经营才能把它打造成品牌。

二、医药品牌在市场营销中的作用

（一）识别商品出处

这是品牌最基本的作用，是医药企业给自己的产品赋予品牌的出发点，市场上有众多的同类产品，这些产品是由不同企业生产的，顾客在购买商品时，往往依据不同的品牌加以区别。同时，消费者需要对商品进行维修、保养、更换配件等，也可以通过品牌“对号入座”。对经营者来说，则便于本企业产品的信息反馈，加强产品管理和及时调整产品策略。

（二）宣传推广商品

商品进入市场有赖于各种媒体进行宣传推广，依附于商品实体的品牌是其中一种宣传推广的重要媒体，而且它是不用花钱的广告媒体。商品流通到哪里，品牌就在哪里发挥宣传作用。品牌是企业形象与信誉的表现形式，人们一见到某种商品的商标，便会迅速联想到商品的生产者、质量与特色，刺激消费者产生购买欲望。因此，独特的商标便能自然成为一种有效的宣传广告手段。

（三）承诺产品质量

品牌标记送交管理机关注册成为商标，需要呈报产品质量说明，作为监督执法的依据。这样，品牌也就成了产品质量的象征，可以促使生产企业坚持按标准生产产品，保证产品质量的稳定，兑现商标的承诺。如生产者降低产品质量，管理机关便可加以监督和制止，维护消费者的利益。

（四）维护专用权利

品牌标记经注册成为商标后，企业既有上述保证产品质量的义务，也有得到法律保护的权利。商标注册人对其品牌、商标享有独占的权利。对擅自制造、使用、销售本企业商标以及在同类、类似商品中模仿本企业注册商标等侵权行为可依法提起诉讼，通过保护商标的专用权，来维护企业的利益。

（五）在市场竞争中充当竞争工具

品牌标记成为商标后，不但具有维护专有权利的防御性作用，而且还有充当竞争工具、攻击竞争对手的进攻性作用，这一作用已逐步被现代企业认识和重视。例如，像哈尔滨制药六厂、广州白云山医药集团这样的大型医药企业的产品借助品牌优势，以较高的价格获取超额利润，或以相同价格压倒普通产品，扩大市场占有率；拥有国际驰名品牌的企业，如美国辉瑞、德国拜耳会通过许可证、合营等形式用其品牌取代目标国家的知名品牌；在产品差异越来越不明显的情况下，借助本企业的优势品牌进行市场定位，以"第一品牌"的良好形象超越竞争对手；在商品进入目标市场前，先行宣传品牌和注册商标既可防止"抢注"，又可以攻为守、先声夺人，为商品即将进入目标市场奠定基础；拥有资本优势的企业会通过购买他人的驰名品牌或同时购进企业及其驰名品牌的办法，变他人的驰名品牌为自己的品牌，进入和占领一个特定的市场。

三、医药品牌设计的原则

医药企业的品牌是企业的重要无形资产，如中国传统老字号知名品牌同仁堂、雷允上、达仁堂、胡庆余堂等。好的品牌名称可以迅速、准确地表达出药品品牌的中心内涵，让消费者对品牌产生深刻的印象，经久难忘，从而使企业产品家喻户晓、妇孺皆知。纵观国内外著名医药企业及知名药品品牌，都曾进行精心的品牌设计，品牌设计成为品牌营销成功的必要条件。医药产品品牌设计的一般原则如下。

（一）充分显示企业的精神和信誉

即产品的功能、特色、品质等能给消费者留下深刻的印象，如"益生堂""金嗓子""三九胃泰""康泰克"等；还有很多医药企业的标志，多以保护健康、解除病痛等元素为题材，让人一见即难以忘怀，如华北制药、太极集团、太太药业等。

（二）具有艺术性和可识别性

文字简短、图像生动、色彩鲜艳、美观大方，便于消费者识别、发声和记忆，为开拓产品销路创造条件。如"柯达"是快门按动的声音；"摩托罗拉"的标志代表了一种动物——蝙蝠，它是眼、耳灵敏的动物，利用超声波接收信号。

（三）具有显著性创意和独特性

具有独特的风格和特点，可充分显示出与其他产品品牌的明显差异，既利于诱导消费者对产品和企业产生信任和偏爱，又易于申请注册登记，得到法律保护。如"曲美"使人联想到了曲线之美；"太太口服液"明显区别于其他的女性口服液，让人一目了然它的市场定位。

（四）顺应顾客心理

要顺应消费群体的风俗习惯，适合消费者的心理需求，投其所好、避其所忌，争取消费者信任和好感。如太圣牌六味地黄丸、润洁牌滴眼液是符合消费者心理需求的；反之，如骷髅牌滋补药、险峰牌注射器，岂不令人望而生畏、不敢问津，又如何能激起购买欲望呢？另外，品牌若与目标市场、风俗习惯、宗教信仰、生活环境有违，尽管企业声誉和产品质量俱佳也不能打开销路，如黑猫、红马、白象（在英文中为"无用的"）、菊花等难以销往欧美国家；澳大利亚人讨厌兔子；印度人忌讳弯月；猪的图案切忌销往伊斯兰国家；蝙蝠、猫头鹰不可用于非洲国家等。

（五）遵守法律法规

品牌设计要符合目标市场所在国（地区）版本的法律、法规要求。

四、医药品牌策略

案例

2015年10月1日，对于宛西制药，意义不只是庆祝伟大祖国诞辰66周年，也是正式启用"仲景宛西制药股份有限公司"新名纪念日。更名，是为了满足企业发展的需要，更名，也是企业对张仲景品牌文化大力传承弘扬的体现。

宛西制药自2001年9月正式启用仲景商标，踏上了"承医圣精华，造仲景名药"的企业发展新征途，拉开了张仲景品牌文化建设的帷幕。14年来，企业以仲景文化为魂，以地道药材为本，以现代科技为翼，打造仲景名方名品，筑构了中药农业、中药工业、中药商业、中医医疗与中药养生为一体的健康产业链，开创了企业创新发展的新局面。

仲景文化，企业之魂，"医门之仲景，犹儒门之孔子也"，宛西制药矢志以继承和弘扬张仲景中医药文化为己任。启用"仲景"商标，设计统一VI识别系统，对品牌进行多维度整合传播。修建医圣苑、医圣像、仲景文化广场、仲景文化展厅等文化景观宣传设施。举办张仲景医药文化节、张仲景学术思想研讨会文化节会活动。在高校设立张仲景奖助学金、张仲景经方研究实验班，致力于培养优秀中医药人才。企业为继承、传播、弘扬张仲景中医药文化不遗余力。

地道药材，中药之本，采用"公司+基地+科研+农户"的合作模式，宛西制药在河南西峡、河南温县、河南武陟、安徽南陵、安徽岳西、四川彭山道地药材产区，建立了山茱萸、山药、地黄、牡丹皮、茯苓、泽泻六大GAP药材基地和初加工生产线，确保了企业"安全、有效、稳定、可控"的道地中药材原料供应。六味地黄丸单方剂建立药材基地品种之全、种植面积之大、GAP认证之多，为国内中药企业所少有！

现代科技，发展之翼，宛西制药充分发挥仲景文化资源优势，在北京、上海和郑州分别建立了张仲景经方药研发公司、张仲景现代中药研发公司，充分利用区域人才和科技优势，已研发并上市了天智颗粒、西洋参地黄丸、复主丹参丸、太子金颗粒等产品，产品群涵盖老、男、妇、儿科领域，培育出了仲景牌六味地黄丸、逍遥丸等系列市场知名产品。

从“河南省宛西制药股份有限公司”更名为“仲景宛西制药股份有限公司”，更名，是为了进一步继承弘扬张仲景中医药文化，提升品牌价值，打造品牌形象。更名，也是为了自我鞭策和加压，以祖先之名，创仲景健康产业新局面。

（资料来源：李伟．医药市场营销[M]．北京：科学出版社，2017）

思考：

1. 河南宛西制药更名为仲景宛西制药，如何理解河南改为仲景的深层次原因？

2. 医药产品的品牌对医药营销有哪些作用？

医药品牌策略是医药企业依据产品状况和市场情况合理有效地运用品牌商标的策略。具体包括品牌化策略、品牌归属策略、品牌统分策略、品牌延伸策略、品牌创新定位策略。

（一）品牌化策略

1. 无品牌策略

企业是否要给产品建立一个品牌？在历史上，制造商或经销商直接把产品从麻袋、箱子等容器中取出来销售，市场对同类产品没有任何辨认的凭证。欧洲中世纪的行会经过努力，要求手工业者在其产品上加印标记，以保护他们自己，并使消费者不受劣质产品的侵害，这使最早的品牌标记得以产生，后逐步发展到很少有产品不使用品牌的程度。

一般认为，在下列几种情况下可以考虑不使用品牌：一是大多数未经加工的原料产品，如中药材等；二是不会因生产商不同而形成不同特色的商品；三是某些生产比较简单、选择性不大的小商品；四是临时性或一次性生产的商品，如一次性注射器等。

无品牌营销的目的是为了节省广告和包装费用，以降低成本和售价，加强竞争力，扩大销售。在20世纪70年代初期，西方发达国家出现了一种非品牌化趋势，法国家乐福超市推出了一系列“不注册”产品，美国市场上也有，主要是一些简易包装的低价日用品，如通心粉、纸巾等，这主要是为了降低价格、扩大销量。据估计，超市中提供的无品牌商品的售价大约低于同类品牌产品的20%～

40%，很受低收入者欢迎；但无品牌商品的质量还有待提高。另外，某些出口商品也采用无牌中性包装形式，其目的是为了适应外国市场的特殊情况，为转口销售、避免某些外国政府限制等。

2. 有品牌策略

随着市场经济的高度发展和经济全球化浪潮的冲击，品牌化的趋势迅猛异常，品牌化几乎统治了所有产品。食盐被包装在标明制造商的包装物内，柑橘上贴有柑橘种植者的姓名，新款食品如鸡肉、火腿等也冠以品牌名称做广告宣传，尤其是许多生产中间产品的制造商，如电机、电脑芯片、纤维等也进入了最终的品牌产品行列。英特尔对消费者的直接品牌宣传使许多个人电脑的顾客只购买内置“英特尔”品牌的电脑，这又使得一些主要的个人电脑制造商(如IBM、戴尔、康柏)不得不放弃其他低价的供应商而购买英特尔公司的芯片。

显然，创造一个品牌对企业来说是一项极具挑战性的决策，企业不仅需要付出高昂的成本和不懈的努力，而且要承担该品牌得不到市场认可的风险。在这种情况下，多数企业仍然要使用产品品牌化策略，是因为品牌能为他们带来一系列的优势：一是品牌化便于企业进行经营管理，如在广告宣传和签订买卖合同时，都需要有品牌，以简化交易手续，便于进入市场；二是注册后受法律保护，具有排他性，可保护产品特色，防止他人假冒，发现冒牌商品，可依法追究索赔；三是品牌代表特定的属性和价值，有助于市场定位，企业可按不同细分市场的需要，建立不同的品牌，以不同品牌分别投入不同的细分市场；四是品牌可建立稳定的顾客群，吸引那些具有品牌忠诚度的消费者，使企业的销售保持稳定和增长。

此外，企业产品的品牌化对分销商和消费者也同样有利。分销商把品牌作为方便产品经营、识别供应商、把握产品质量标准和增强购买者偏好的手段。消费者则可通过品牌来识别和判断同类产品的质量差别，以便进行高效率的选购。

但是，任何事物都有它的两面性。中外同行中也有人认为，品牌化的过度发展，也会有一些弊端，如品牌化造成了产品不必要的、脱离实际的区分，特别是对那些同类型的产品而言。中国目前就有不少消费品牌子过多、过滥，但真正被市场认同的品牌不多，同时，品牌化会增加消费者的负担，因为品牌化的成本转嫁给了消费者；另外，品牌化会强化人们的等级观念等。以上这些弊端在各国都有不同程度的存在，但权衡利弊，品牌化对社会经济发展的促进作用还是主要的。

总之，产品是某件在工厂里生产的东西，品牌是一个顾客所购买的东西；产品可以被竞争者仿制，品牌却独一无二；产品很快会过时，而成功的品牌会长期存在下去。因此，一个追求在市场上占领风骚、长期发展的企业不仅要不断向顾客提供令人满意的产品，更要拥有自己成功的品牌。

（二）品牌归属策略

此策略实行在品牌化之后。制造商首先面临的一个问题就是品牌归属问题，即品牌归谁所有，由谁管理和负责。制造商的产品在品牌归属上有几种选择：制造商品牌、经销商品牌，或者以上两种品牌兼用，即部分产品用制造商品牌，部分产品用经销商品牌。

历史上，制造商品牌一直在工商业舞台上占支配地位，产品的设计、质量、特色都是由厂商决定。中国的医药行业就是以制造商品牌为主，如三九集团、成都地奥集团、汇仁集团等，因为国内目前还没有经销商具有如此的实力可以控制制造商的品牌。然而，在其他行业，近些年来经销商的品牌日益增多。例如，美国著名的零售企业西尔斯百货公司已创立了若干名牌，90%的商品都用自己的牌子，在消费者中间享有盛誉；英国的马狮公司只销售自己创立的品牌“圣米高”的商品。

为什么经销商要煞费苦心来开发自己的品牌呢？这是因为使用自己的品牌可以带来种种利益。第一，经销商可以加强对价格的控制，减少生产成本和流通费用，降低售价，提高竞争能力，还能保证较高的利润。第二，在一定程度上控制作为供应商的生产者，找到无力创立品牌或不愿自设品牌、生产能力过剩的厂家。如停止进货、更换供应商，企业究竟是使用制造商品牌还是经销商品牌，必须全面地权衡利弊，以作出决策。

还有一种做法是使用混合品牌，有几种方式：一是制造商将部分产品使用自己品牌，将部分产品卖给中间商，使用中间商品牌。这样，既保持本企业品牌特色，又扩大了销路。二是制造商为进入新市场，先使用中间商品牌，取得一定市场地位后改用自己的制造商品牌。三是两种并用，即将一种制造商品牌与一种中间商品牌或另一种制造商品牌，同时用于一种产品，以兼收两种品牌单独使用的优点，或说明某些不同特点。

（三）品牌统分策略

品牌统分决策，就是企业实行品牌化，对所生产的不同种类、规格、质量的产品是统一使用一个品牌，还是分别使用不同品牌作出决策。企业面对这种决策时，可有四种选择。

1. 个别品牌

个别品牌是指企业的每一种产品使用不同的品牌。如宝洁公司生产的每一种产品，哪怕是同一个生产线的产品，都有自己的品牌，如洗发水有飘柔、潘婷、沙宣、海飞丝、伊卡璐等，分别表现出不同的质量和特色。它的主要优点是可以分散风险，比如企业的某一个产品出了问题，它所带来的负面影响不会对其他产品产生影响。另外个别品牌还有利于企业进行市场细分，有利于增加销售额和对抗竞争对手。

2. 统一品牌

统一品牌是指企业生产的所有产品共同使用一个牌子。如三九集团所生产的各种药品都统一采用“999”品牌，太极集团的太极藿香正气液、太极散列通、太极急支糖浆、太极通天口服液等。它的优点是企业可以建立品牌信誉，显示企业实力，易于新产品的推广，同时可以节省广告费用，有利于强化企业形象和产品形象，但是统一品牌的任何一个产品发生质量问题都会影响其他产品。

3. 分类品牌

分类品牌是指企业所生产的各类产品分别使用品牌。如江中集团的非处方药、处方药、功效食品都使用了江中这个品牌，而营养饮品却使用了初元这个品牌。

（四）品牌延伸策略

品牌延伸是指企业利用已具有市场影响力的成功品牌来推出改良产品或新产品。例如以云南白药成名的“云南白药”商标，被扩展使用到牙膏、洗发水、面膜等产品上。采用品牌扩展策略具有的显著优点是：一个受人注意的好品牌能使新产品立刻被市场认识和较容易地被接受，如果品牌扩展获得成功，还可进一步扩大原品牌的影响和企业声誉。

但是，品牌扩展也有风险。首先，如果将著名品牌扩展使用到与其形象、特征不相吻合、不相接近的产品领域，则可能有损原品牌形象。其次，如果原产品与品牌扩展产品之间在资源、技术等方面不存在关联性或不具有互补性，则推出的新产品可能难以被消费者接受。最后，如果将高品质形象的品牌扩展使用到某些价值不大、制造很容易的产品上，可能会使消费者产生反感，如三九集团生产的“三九啤酒”最后只能精简，被青岛啤酒集团兼并。品牌名称滥用会失去它在消费者心目中的特殊地位，当消费者不再把品牌名与一个特定产品或类似产品联系起来时，就产生了“品牌稀释”效应。

（五）品牌重新定位策略

由于市场环境变化，品牌往往需要重新定位。例如竞争者推出一个新的品牌，打入本企业产品的市场，或是顾客的喜好改变，减少了对原品牌的需求。在这些情况下，企业为了保护自己的利益，需要为品牌重新定位，以保持其原有的声誉和吸引力。品牌的重新定位一般需要改进产品性能，或改变产品的外观。

小链接

品牌集中现象

在生活中，以知名度和销售额等作为标准，会有品牌集中现象，即有3~4个品牌占据每个细分市场领导地位。例如滴眼液品牌中的珍视明、润洁、曼秀雷敦和闪亮，妇科炎症口服中药品牌中的花红片、妇科千金片和金鸡胶囊。医生和患者进行选择时也基本以这几个品牌为主。

上述“品牌忠诚”现象都隐藏着品牌营销的原理。美国学者杰格迪什·谢斯的“三法则”，即成熟市场的市场结构类似，只有3个最主要的企业处于行业核心位置，它们提供的产品和服务有效地控制了大多数市场。或者可以表述为在一个细分市场中，会有3~4个少数品牌占据这个市场50%以上的份额。特劳特等人提出“二元法则”，即从长远来看，成熟市场结构中只有两个最主要的企业处于行业核心位置，最终出现“只有两匹马竞争”的格局，例如可乐中的可口可乐和百事可乐。其原因在于消费者的脑海里都有一个简短的选项列表，即首选、次选或备选、随便选。如果无法进入前三，不是首选和备选那么就是随便选，选中机会从三分之一降到几十分之一了，假以时日，未进入前三的终将会被淘汰。因此，品牌的核心工作就是在通过细分市场、广泛传播，去抢占消费者的心理位置，形成首选、次选或备选，从而保证产品的市场地位、市场份额和利润。

请思考：品牌对于产品来说是必需的吗？如何进行品牌营销？

（资料来源：刘徽．医药市场营销技术[M]．西安：西安交通大学出版社，2016.）

第四节　医药产品包装策略

如今，产品包装所起的作用不再只是简单的方便携带，好的产品包装能保护产品属性，迅速识别品牌、传递品牌内涵、提高品牌形象。同样，这些包装的文字、图像、色彩等都能在起到宣传效果的同时美化商品、促进销售。

小链接

我国医药产品包装的法律规定

我国医药产品的相关法规有《中华人民共和国药品管理法》（第六章药品包装的管理）、《中华人民共和国药品管理法实施条例》（国务院令第360号）、《医疗器械管理条例》（国务院令第650号），《保健食品监督管理条例》

(2018)《药品包装管理办法》(1998 年国家医药管理局发布执行)等法律法规。

主要要求：药品生产企业使用的直接接触药品的包装材料和容器，必须符合药用要求和保障人体健康、安全的标准，并经国务院药品监督管理部门批准注册。中药饮片，应当选用与药品性质相适应的包装材料和容器；包装不符合规定的中药饮片，不得销售。中药饮片包装必须印有或者贴有标签。中药饮片的标签必须注明品名、规格、产地、生产企业、产品批号、生产日期，实施批准文号管理的中药饮片还必须注明药品批准文号，药品包装、标签、说明书必须依照《药品管理法》第五十四条和国务院药品监督管理部门的规定印制，药品商品名称应当符合国务院药品监督管理部门的规定。

医疗机构配制制剂所使用的直接接触药品的包装材料和容器、制剂的标签和说明书应当符合《药品管理法》第六章和本条例的有关规定，并经省、自治区、直辖市人民政府药品监督管理部门批准。药品包装必须按照规定印有或者贴有标签并附有说明书。标签或者说明书上必须注明药品的通用名称、成分、规格、生产企业、批准文号、产品批号、生产日期、有效期、适应证或者功能主治、用法、用量、禁忌、不良反应和注意事项。麻醉药品、精神药品、医疗用毒性药品、放射性药品、外用药品和非处方药的标签，必须印有规定的标志。

医疗器械应当使用通用名称。通用名称应当符合国务院食品药品监督管理部门制订的医疗器械命名规则。医疗器械应当有说明书、标签。说明书、标签的内容应当与经注册或者备案的相关内容一致。医疗器械说明书和标签文字内容应当使用中文，中文的使用应当符合国家通用的语言文字规范。医疗器械说明书和标签可以附加其他文种，但应当以中文表述为准。医疗器械说明书和标签中的文字、符号、表格、数字、图形等应当准确、清晰、规范。产品名称应当清晰标明在说明书和标签的显著位置。使用中对环境有破坏或者负面影响的医疗器械，其标签应当包含警示标志或者中文警示说明；带放射或者辐射的医疗器械，其标签应当包含警示标志或者中文警示说明。医疗器械标签因位置或者大小受限而无法全部标明上述内容的，至少应当标注产品名称、型号、规格、生产日期和使用期限或者失效日期，并在标签中明确“其他内容详见说明书”。

保健品各种原材料及其产品必须符合食品卫生要求，对人体不产生任何急性、亚急性或慢性危害。标签、说明书及广告不得宣传疗效作用。取得《进口保健食品批准证书》的产品必须在包装上标注批准文号和卫生部规定的保健食品标志。

一、医药包装的概念

包装是指为了保护产品的价值和形态，采用适当的包扎材料或包装容器，施以一定的科技手段，把产品包封、装潢和标志。包装分为三个层次，第一层次的包装是指最接近产品的容器，称为内包装；第二层次的包装是指保护第一层次包装的材料，它为产品提供了进一步的保护和促销机会，称为中包装。第三层称为外包装，也称储运包装，它是指产品储存、辨认和运输时所必需的包装。此外，标签化亦是包装的一个组成部分，它是由表明该产品的印制好的信息所构成，出现在包装物上面或与包装物合为一体。

医药包装指用适当的材料或容器、利用包装技术对药物制剂的半成品或成品进行分(灌)、封、装、贴签等操作，为药品提供品质保证、鉴定商标与说明的一种加工过程的总称。从静态角度看，包装是用有关材料、容器和辅助物等材料将药品包装起来，起到应有的功能；从动态角度看，包装是采用材料、容器和辅助物的技术方法，是工艺及操作。

二、医药包装的分类

医药包装作为药品的载体，对保证药品在运输、储藏过程中的质量具有非常重要的作用，尤其是直接接触药品的内包装，所用材料的稳定性对药品质量有直接影响。

(一) 按使用方式分类

医药材料按使用方式可分为直接使用(如固体药用聚烯烃塑料瓶等)、需清洗后再使用(如安瓿等)、间接使用或非直接接触药品(如药用玻璃管、抗生素瓶铝盖等)等。

(二) 按材料组成分类

从材料种类来看，药用包装主要有玻璃、橡胶、金属及塑料等几类，目前一些新型复合材料也正不断被引入这一领域。

(三) 按形状分类

药品包装按形状分有容器(滴眼剂用塑料容器等)、片/袋(药用聚氯乙烯硬片、药品包装用复合袋等)、塞(丁基橡胶输液瓶塞等)、盖(口服液瓶撕拉铝盖等)等。

医药包装材料和形式在竞争激烈的市场中必将充分发挥各自独特的优势，为生产商提供更多的选择，最终为消费者提供安全、美观的包装产品。

三、医药包装的作用

(一) 保护产品

医药包装可以保护药品的药效，其可以保证药品免受外界环境的破坏，药品裸露在自然环境中，会受到风吹日晒，而且容易沾染灰尘，不但药品的药效会大打折扣，还会造成药品污染，引起中毒问题。药品包装可以保护药品免受外界环境因素的侵袭，可以避免出现破损、丢失等现象。

（二）便于流通

医药包装有利于对药品进行运输，在药品流通的过程中，成盒的药品可以方便装卸，药品包装还可以方便计数，以提高运输、装卸、堆码效率和储运效果，加速商品流转，提高商品流通的经济效益。

（三）促进销售

包装还具有美化商品的作用，可以吸引较多的顾客，以提高药品的销量。对于同种药品，顾客在选择的过程中，如果没有明确的目标，会考虑药品外包装的美观性，所以，药品包装具有较强的商业价值，提高药品包装的质量，可以更好地吸引顾客的目光，促进药品的销售。

（四）方便消费

医药包装随商品的不同，形式各种各样，包装大小适宜，便于消费者携带、保存和使用。医药包装上的绘图、商标和文字说明等，既方便消费者辨认，又介绍了药品的成分、性质、用途、使用和保管方法，起着方便与指导消费的作用。

四、医药包装设计的基本要求

包装是产品销售和流通环节不可或缺的环节，重视包装设计也是企业市场营销活动适应竞争需要的选择，包装的总原则是美观、实用、经济，具体应遵循以下要求。

（1）确保安全，这是医药产品包装最基本、最核心的要求，例如，药品的剂型有针剂、丸剂、胶囊剂、片剂等，对于温度、潮湿度、光照等都有不同的要求，企业对药品进行包装时应该采取不同的包装措施。

（2）造型美观大方，图案生动形象，不落俗套，避免模仿、雷同，尽量采用新材料、新图案、新形状，引人注目。

（3）包装应与商品的价值或质量水平相配。比如一些贵重中药材的包装要烘托出商品的高雅和艺术性。

（4）包装的结构和造型应考虑销售、使用、保管和携带方便。

（5）包装上的文字应能增加顾客的信任感并指导消费。例如，药品的主治、用法用量、使用禁忌、有效期、不良反应等。

（6）符合相关法律法规，按照《中华人民共和国药品管理法》规定，药品包装必须符合药品质量的要求，方便储存和使用，直接接触药品的内包装应当符合人体安全性要求；药品包装必须按照规定印有标签并附有说明，不能印有不适当的宣传文字，比如治愈率100%、荣誉出品等。

小链接

2012年4月15日，央视《每周质量报告》曝光，河北一些企业用生石灰给皮革废料进行脱色漂白和清洗，随后熬制成工业明胶，卖给浙江新昌县药用胶囊生产企业，最终流向药品企业。经调查发现，9家药厂的13个批次药品所用胶囊重金属铬含量超标，其中超标最多的达90多倍。

五、医药包装策略

（一）类似包装策略

这是指医药企业所生产的各种产品，在包装上都采用相同的图案、色彩，体现出共同的特色，使顾客很容易就能觉出是来自同一厂商的产品。这样能节省包装设计费用，树立企业形象，易推出新产品。

（二）配套包装策略

它指的是医药企业根据消费者的购买和消费习惯，将多种使用上相互关联的产品纳入同一包装容器内。这种包装不仅可以方便消费者的购买和使用，而且有利于带动多种产品销售，特别有利于新产品的推销。

（三）再使用包装策略

这种策略又称为双重用途策略，是指所使用的包装物在被包装的产品消费完毕之后并未作废，还能改作其他用途。这种策略可刺激消费者的购买欲望，扩大产品销售，同时使带有企业标记的包装物在被使用过程中起到延期广告宣传的作用。

（四）等级包装策略

这是指医药企业为不同等级质量的产品分别设计和使用不同的包装。它可以适应不同的购买力水平或不同顾客的购买心理，从而扩大产品销售。

（五）附赠品包装策略

这是指包装容器内除目标产物外另附有赠品，以吸引消费者的购买。该策略对儿童和青少年及低收入者较为有效。

（六）更新包装策略

这是指医药企业要采用新的包装技术、包装材料、包装设计等，对原有产品加以改进，以改变产品的原有形象。更新落后的包装材料、技术和形式，使之更加便于顾客的使用，对提高产品形象，扩大销售，提高经济效益有一定的促进作用。

同步检测

一、单项选择题

1. 产品组合的宽度是指产品组合中所拥有(　　)的数目。

A. 产品项目　　B. 产品线　　C. 产品种类　　D. 产品品牌

2. 产品组合的(　　)是指一个产品线中所含产品项目的多少。

A. 宽度　　B. 长度　　C. 关联度　　D. 深度

3. 品牌有利于保护(　　)的合法权益。

A. 商品所有者　　B. 生产商　　C. 品牌所有者　　D. 经销商

4. 我国现行的《商标法》规定，注册商标的有效期为(　　)年，保护期满后，只要企业及时续展，就可再获保护，且续展次数不限。

A. 5　　B. 10　　C. 15　　D. 20

5. 包装一般包括首要包装、次要包装和(　　)三个部分。

A. 组合包装　　B. 装运包装　　C. 直接包装　　D. 间接包装

6. 附加产品是指(　　)。

A. 顾客真正需要的基本服务或利益

B. 购买者在购买产品时，期望和默认的一组属性和条件

C. 实现核心利益所必须的基础产品

D. 提供超过顾客期望的服务或利益

7. 品牌中可以识别、但难以用语言称呼的部分，叫作(　　)。

A. 品牌化　　B. 品牌名称　　C. 品牌标志　　D. 商标

8. 某企业生产四大类产品，其中每一大类平均有八个产品项目，则产品组合的长度是(　　)。

A. 4　　B. 8　　C. 32　　D. 12

9. 销售量的增长减慢，利润增长接近于零时，说明产品已进入(　　)。

A. 介绍期　　B. 成长期　　C. 成熟期　　D. 衰退期

10. 快速撇脂策略的特点(　　)。

A. 采取高价格、高促销费用　　B. 采取高价格、低促销费用

C. 采取低价格、高促销费用　　D. 采取低价格、低促销费用

二、多项选择题

1. 下列属于产品整体概念中形式产品层次的有(　　)。

A. 特征　　B. 送货　　C. 款式　　D. 包装

E. 品牌

2. 企业的产品组合包含(　　)等要素。

A. 宽度　B. 长度　C. 高度　D. 深度
E. 关联度

3. 针对成熟期的产品，企业可采取的营销策略有(　　)。
A. 调整市场策略　B. 调整产品策略
C. 改善产品品质　D. 寻找新的细分市场
E. 调整市场营销组合

4. 医药品牌策略包括(　　)。
A. 品牌化策略　B. 品牌归属策略
C. 品牌统分策略　D. 品牌延伸策略
E. 品牌重新定位政策

5. 品牌包装策略有(　　)。
A. 类似包装策略　B. 配套包装策略
C. 再使用包装策略　D. 等级包装策略
E. 附赠品包装策略

三、案例分析

中国保健品概况

由于中国人口老化、慢性病发病率提高，预防和控制疾病便成为公众及政府关注的焦点。公众健康消费理念的转变，生活水平的提高，政府加大“医改”步伐及公共财政等资源的投入，诸多因素使保健品行业步入黄金期。

我国目前有保健产品4000多种，总量虽大，但能够正常销售的却只有5%的产品。虽然我国要求保健品企业每年在科研上的投入是3%~5%，但是就目前来看，我国企业远远没有达到标准。由于产品科技含量很低，导致我国保健品结构不均衡，高端产品断层，产品的生命周期短，且利润低，生存能力弱。

许多公司在新产品上市之前所制定的营销策略就是大面积投入广告，所以这部分产品的广告投入量高达其销售收入的30%~60%。然而如此高密度的宣传，效果却不尽如人意。诸多消费者在购买相关保健品后并未达到预期效果，因此大多数消费者对保健产品持怀疑态度。也正由于厂商大面积的广告投入，加上产品没有质量上的优势，广大消费者产生了信任危机。

由于保健产品利润相当高，在高额利润的驱使下，一部分企业以假冒伪劣产品投入市场，牟取暴利，成为行业的害群之马。2015年质量报告显示多种保健产品质量不合格，号称纯天然的保健品“金杞胶囊”和“玉竹黄精丸”经检测发现是由猪饲料和三种西药搅拌而成，多名患者服用后，血糖忽高忽低，脚部出现黑斑发肿等现象。

对于保健品这一行业，大致可以分为：初创期、成长期、成熟期、衰退期四个阶段。根据保健品行业报告显示，有29家上市公司从事保健品方面业务。包括：金花股份、天坛生物、复星医药、交大昂立、海王生物等。我国保健品行业发展迅速，截至2014年年末，保健品行业上市公司29家，上市公司超过市值60亿的有11家，超过25亿的有13家。同时仍然有更多的保健品公司即将进入资本市场。

从国内来看，我国的保健品行业有着巨大的发展潜力，国内市场还有很大开发空间，未来保健品行业的前景依然良好。市场容量增加，给跨国企业提供许多机遇，跨国企业在新兴市场的投资和成长空间不断加大。新型保健品成消费主流伴随着科技的不断创新和人类对于生物技术认知程度的不断加深，利用新型资源，开发新型保健品，将成为21世纪保健品行业的发展的一大趋势。利用昆虫、植物、微生物等作为保健食品资源，已经为保健产品提供了新的发展蓝图。

目前国际及国内市场对中医技术很感兴趣，西方国家通过对于中医配方的研究和结合现代技术，制成现代口香糖，面包等保健食品，受到了广大消费者的欢迎。从目前的行业发展前景来看，对于中药保健品的开发，是大多数生产厂家的科研重点。

国际市场流行的包装是以软胶囊或一次性的口服液为主，既便于携带又卫生。我国目前所用的包装，与国际市场都存在着差距尤其是在视觉冲击力方面不能引起人们的购买欲或食欲。广告宣传往往仅限于长篇幅的文字赘述与一句夸大了的主打广告词上。

随着新型软胶囊生产技术的应用，保健品的包装势必在用料、色彩、形状等方面大有改观，并由此增加了一个通往国际市场的砝码。

（资料来源：http://free.chinabaogao.com/yiyao/201601/01212331R2016.html）

问题：1. 找找保健品品牌中的昙花一现品牌？

2. 中国保健品怎样才能走得更远？

四、实训

三精药业的产品组合策略

1. 实训目的

现代医药企业为了扩大销售，增加利润，往往生产、经营多种产品。但是企业必须根据市场需求和自身能力状况，来确定生产和经营哪些产品，明确产品之间的配合关系，这就涉及产品组合的问题。通过实训要求学生能较好地掌握选择适合企业长期发展的产品组合策略的技能。

2. 实训内容

哈药集团三精制药有限公司原名哈药集团制药三厂，是哈药集团下属大型国有二类制药企业，成立于1950年，三精制药以医药产业为龙头，兼顾发展健康产业、医疗器械产业等，旗下有三精加滨公司、三精锐普公司等，并托管了三精北方制药厂。三精制药长年生产口服液、片剂、水针剂、粉针剂、冻干剂、胶囊、气雾剂、洗液、输液、颗粒剂、丸剂、膏剂、散剂等十三大剂型200多个品种的产品。主要产品有“三精牌”葡萄糖酸钙口服溶液、葡萄糖酸锌口服液、双黄连口服液、柴连口服液、司乐平、维体康、赛金、蜂王浆冻干含片等。其中葡萄糖酸钙、葡萄糖酸锌、司乐平等产品在国内同类产品中占有很高的市场份额。

请根据以上内容，并自主收集必要的信息，谈谈三精药业的产品组合策略情况。

3. 实训步骤

(1) 学生以小组为单位，做好资料的收集和整理。

(2) 以实训小组为单位整理分析结论，完成三精制药的产品组合策略分析(最好用图示的方法)。

(3) 根据调查分析结果，每组派代表阐述三精制药的产品组合策略。

4. 实训作业

(1) 了解产品组合策略分类。

(2) 为三精制药制定更加科学的产品组合策略。

(3) 写出实训报告。

第六章　医药定价策略

知识目标

(1) 了解定价的目标与影响因素。

(2) 掌握定价的方法。

(3) 掌握定价的程序。

(4) 掌握定价的方法。

能力目标

(1) 能够对某企业的产品或服务的定价方法(价格策略)进行分析

(2) 能够辨别出其应用的定价方法或价格策略，并分析其优缺点。

(3) 能够根据市场的需求，对给定产品进行价格策划，制定出策划方案。

引例

关于印发推进药品价格改革意见的通知

各省、自治区、直辖市发展改革委、物价局、卫生计生委(局)、人力资源社会保障厅(局)、工业和信息化厅(局)、财政厅(局)、商务厅(局)、食品药品监管局：

根据党的十八届三中全会精神和医药卫生体制改革的总体要求，国家发展改革委、国家卫生计生委、人力资源社会保障部、工业和信息化部、财政部、商务部、食品药品监管总局制定了《推进药品价格改革的意见》，经国务院同意，现印发你们，请遵照执行，并就有关事项通知如下：

一、自2015年6月1日起，除麻醉药品和第一类精神药品外，取消原政府制定的药品价格。麻醉、第一类精神药品仍暂时由国家发展改革委实行最高出厂价格和最高零售价格管理。

二、此前有关药品价格管理政策规定，凡与本通知规定不符的一律废止，以本通知规定为准。

三、各地价格、卫生计生、人力资源社会保障等部门要按照《推进药品价格改革的意见》，研究制定具体政策措施，强化医药费用和价格行为综合监管，做好政策解读和舆论引导工作，确保改革顺利推进。

附件：推进药品价格改革的意见

推进药品价格改革、建立科学合理的药品价格形成机制是推进价格改革的重要内容，也是深化医药卫生体制改革的重要任务，对于加快完善现代市场体系和转变政府职能，促进医疗卫生事业和医药产业健康发展，满足人民群众不断增长的医疗卫生需求，减轻患者不合理的医药费用负担，具有重要意义。为加快推进药品价格改革，经国务院同意，现提出以下意见：

一、总体要求

深入贯彻落实党的十八大和十八届二中、三中、四中全会精神，认真落实党中央、国务院决策部署，按照使市场在资源配置中起决定性作用和更好发挥政府作用的要求，逐步建立以市场为主导的药品价格形成机制，最大限度减少政府对药品价格的直接干预。坚持放管结合，强化价格、医保、招标采购等政策的衔接，充分发挥市场机制作用，同步强化医药费用和价格行为综合监管，有效规范药品市场价格行为，促进药品市场价格保持合理水平。

二、改革药品价格形成机制除麻醉药品和第一类精神药品外，取消药品政府定价，完善药品采购机制，发挥医保控费作用，药品实际交易价格主要由市场竞争形成。

其中：

（一）医保基金支付的药品，由医保部门会同有关部门拟定医保药品支付标准制定的程序、依据、方法等规则，探索建立引导药品价格合理形成的机制。

（二）专利药品、独家生产药品，建立公开透明、多方参与的谈判机制形成价格。

（三）医保目录外的血液制品、国家统一采购的预防免疫药品、国家免费艾滋病抗病毒治疗药品和避孕药具，通过招标采购或谈判形成价格。

（四）麻醉药品和第一类精神药品，仍暂时实行最高出厂价格和最高零售价格管理。

（五）其他药品，由生产经营者依据生产经营成本和市场供求情况，自主制定价格。

三、强化医药费用和价格行为综合监管推进药品价格改革必须发挥政府、市场“两只手”作用，建立科学合理的价格形成机制。取消药品政府定价后，要充分借鉴国际经验，做好与药品采购、医保支付等改革政策的衔接，强化医药费用和价格行为综合监管。按照“统筹考虑、稳步推进”的要求，重点从以下四个方面加强监管，促进建立正常的市场竞争机制，引导药品价格合理形成。

（一）完善药品采购机制。卫生计生部门要按照规范公立医院和基层医疗卫生机构药品采购的相关要求和措施，坚持药品集中采购方向，根据药品特性和市场竞争情况，实行分类采购，促进市场竞争，合理确定药品采购价格。要调动医疗机构、药品生产经营企业、医保经办机构等多方参与积极性，引导各类市场主体有序竞争。

（二）强化医保控费作用。医保部门要会同有关部门，在调查药品实际市场交易价格基础上，综合考虑医保基金和患者承受能力等因素制定医保药品支付标准。在新的医保药品支付标准制定公布前，医保基金暂按现行政策支付。做好医保、招标采购政策的衔接配合，促进医疗机构和零售药店主动降低采购价格。定点医疗机构和药店应向医保、价格等部门提交药品实际采购价格、零售价格以及采购数量等信息。同步推进医保支付方式改革，建立医疗机构合理用药、合理诊疗的内在激励机制，减轻患者费用负担。人力资源社会保障部、卫生计生委要会同有关部门在2015年9月底前出台医保药品支付标准制定规则。

（三）强化医疗行为监管。卫生计生部门要建立科学合理的考核奖惩制度，加强医疗机构诊疗行为管理，控制不合理使用药品医疗器械以及过度检查和诊疗，强化医药费用控制。要逐步公开医疗机构诊疗门（急）诊次均费用、住院床日费用、检查检验收入占比等指标，并纳入医疗机构目标管理责任制和绩效考核目标。加快药品供应保障信息平台建设，促进价格信息公开。

（四）强化价格行为监管。价格主管部门要通过制定药品价格行为规则，指导生产经营者遵循公平、合法和诚实信用的原则合理制定价格，规范药品市场价格行为，保护患者合法权益。要健全药品价格监测体系，探索建立跨部门统一的信息平台，掌握真实交易价格数据，重点做好竞争不充分药品出厂（口岸）价格、实际购销价格的监测和信息发布工作，对价格变动频繁、变动幅度较大，或者与国际价格、同类品种价格以及不同地区间价格存在较大差异的，要及时研究分析，必要时开展成本价格专项调查。要充分发挥12358全国价格举报管理信息系统的作用，建立全方位、多层次的价格监督机制，正面引导市场价格秩序。对价格欺诈、价格串通和垄断行为，依法严肃查处。此外，有关部门要认真履行监管职责，加强对药品生产、流通、使用的全过程监管，切实保障药品质量和用药安全。

四、加强组织实施

（一）强化组织领导。各地区、各有关部门要充分认识推进药品价格改革的重要性和紧迫性，进一步统一思想，加强领导，周密部署。各地要制定具体实施细则，细化政策措施，确保改革取得实效。各有关部门要强化协作配合，加强对地方改革工作的督促指导，确保改革扎实有序推进。

（二）建立评估机制。药品价格改革与群众切身利益密切相关，政策性强、涉及面广。各地要建立药品价格改革评估机制，加强对改革的跟踪评估，及时总结经验、完善政策。要密切关注改革后药品价格和医药费用变化情况，对改革中出现的新问题要及时研究提出解决的政策措施。

（三）加强宣传引导。各地要通过多种方式，做好宣传解释工作，向广大群众解释清楚药品价格改革的意义、内容和预期目标，及时回应社会关注的热点问题，争取社会各界的理解支持，凝聚各方共识，形成改革合力，确保改革顺利推进。

（资料来源：http：//www. sdpc. gov. cn/zcfb/zcfbtz/201505/t20150505_ 690664. html）

第一节　认知价格构成

药品的价格就是药品价值的货币表现，在市场营销组合中，价格是唯一能产生收入的要素，其他要素则表现为成本。在医药市场上，药品价格的作用是多方面的，对医药企业而言，药品价格将决定药品的销路和企业的利润；对医药消费而言，药品价格在很大程度上决定或影响其购买行为发生与否；对国家政府部门而言，药品价格则成为从总体上降低社会医药费负担、合理调控医药企业收入、杜绝药品营销中不正之风、促进医药行业健康发展的有力的宏观调节手段。

一、医药产品价格体系

医药产品从生产企业出厂后往往要经过批发、零售等环节，才能到达消费者手中，每经过一个环节就形成一次买卖，也就必然有不同的价格形式。

（一）医药产品出厂价

医药产品出厂价是指医药产品生产企业向医药产品批发或零售企业销售时的价格。

用公式表示为：出厂价=生产成本+生产利润

（二）医药产品批发价

医药产品批发价是指医药产品批发价企业向零售企业包括医院、诊所等批量销售时的价格。

用公式表示为：批发价=出厂价+进销差价

（三）医药产品零售价

医药产品零售价是指零售药店和医院、诊所等医疗机构向消费者销售时的价格。零售价是最重要的价格形式，国家主要通过限定医药产品最高零售价来调控医药产品市场。

用公式表示为：零售价=批发价+批零差价

医药产品价格体系如图 6-1 所示。

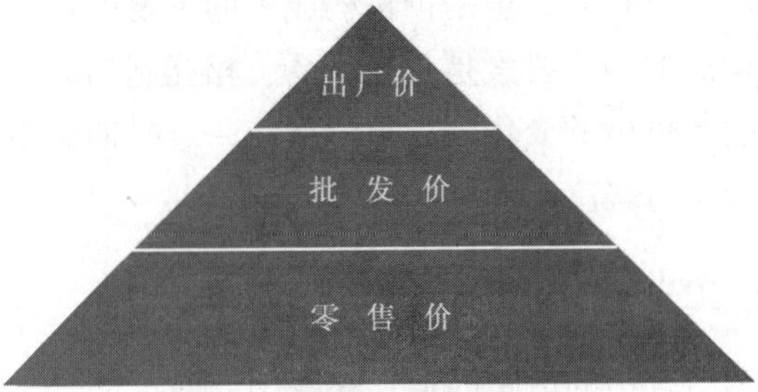

图 6-1 医药产品价格体系图

二、医药产品价格构成

（一）制造成本

在市场经济中，医药产品的价格水平有一条最低界线，就是制造成本，即生产成本。制造成本指生产一定数量的某种药品所耗费的物质资料的货币表现和支付给劳动者的工资。药品的制造成本包括以下四个方面：

（1）原料、辅料、包装材料、燃料动力消耗费用的支出；

（2）生产工人和管理人员的工资支出；

（3）企业厂房和机械设备等固定资产的折旧；

（4）其他直接支出。

对制药企业而言，不可忽略的成本还包括企业排污减排的环保成本。

（二）期间费用

期间费用即流通费用，指生产领域到消费领域转移过程中所发生劳动耗费的货币表现。此期间费用包括：

（1）推广促进费用，如广告、宣传、技术推广费用；

（2）销售机构费用，如销售人员工资、奖金、福利、培训、管理、差旅等；

（3）市场费用，如市场调查、市场管理等费用；

（4）医学费用，如药品注册、临床试验等费用；

（5）发运费用，如运输、保险、仓储等费用。

（三）国家税收

国家税收是国家通过税法的形式，按规定的税率进行征收而取得的财政收入。它具有强制性和无偿性的特点。一般分为价外税和价内税，价外税（所得税）可直接由企业利润来负担，企业不能把其加入药品价格中；而价内税（所得税）可以加入药品价格中，随着药品出售而转嫁出去。因此，税收也是构成药品价格的重要因素。

（四）企业利润

企业利润是指医药产品价格减去生产成本、期间费用和税收后的余额，它不仅是企业生产经营的最终目标，也是价格构成中的重要因素。

医药产品价格构成的四个要素是相互联系、相互制约的，四个要素中任何一个要素变化，都会引起价格的变化。如果价格在一定时期是不变的，那么生产成本、流通费用的增减，直接决定着利润的高低。

三、影响医药企业定价的因素

药品价格是营销组合中的活跃因素，在我国，除了部分医院产品实行政府指导价或政府定价，大部分医药产品由生产经营企业根据供求关系等自行定价，在定价时，企业还需考虑成本、市场供求、竞争及政策等综合因素。

（一）成本

药品价值是价格的基础，任何产品的价格都必须高于成本，才能获得一定的利润，以维持企业的生存与发展。医药企业必须进行产品成本分析，了解产品的价格底线，才能合理确定药品价格并获取利润。

小链接

根据不同的特征和支出项目，产品成本可分为以下三种类型。

（1）总成本。生产成本+流通费用构成了产品的总成本，根据不同特点，可分为固定成本与变动成本两部分，也就是说：总成本=固定成本+变动成本。

（2）固定成本。在总成本中，不随产品种类及数量的变化而变动的成本为固定成本，如生产厂房、机器、设备等折旧、市场调研和药品开发费用等。即使企业没有生产，这项费用也依然发生。

（3）变动成本。在总成本中，随产品种类和数量的变化而变动的成本为变动成本，如原材料、燃料、储运费用、销售提成等。

（二）供求关系

企业有一种判断定价是否合理的通俗说法："摆得住，卖得出"，即商品在柜台里能摆得住，不会被顾客一下子全部买走；同时也能卖得出去，不会积压。这个价格就是符合供求关系的合理价格。

1. 需求与供给的关系

一般情况下，市场价格以市场供给和需求的关系为转移，供求规律是一切商品经济的客观规律，即商品供过于求时价格下降，供不应求时价格上涨，这就是所谓市场经济"看不见的手"。在完全竞争的市场条件下，价格完全在供求规律的自发调解下形成，企业只能随行就市定价。在不完全竞争的市场条件下，企业才有选择定价方法和策略的必要和可能。

2. 需求的收入弹性

需求的收入弹性是指消费者收入变动而引起的需求的相应变动率。有些产品的需求收入弹性大，即消费者货币收入的增加导致该药品的需求量有更大幅度的增加。如高档食品、耐用消费品、娱乐支出等会出现这种情况；有些商品的需求收入弹性小，即消费者货币收入的增加导致该药品需求量的增加幅度较小，生活必需品的情况就是如此；也有产品的需求收入弹性是负值，即消费者货币收入的增加将导致该药品需求量下降，如某些低档产品就有负的需求收入弹性。因为消费者收入增加后，对这类产品的需求量将减少，甚至不再购买这些低档产品，而转向高档产品。

3. 需求的价格弹性

价格会影响市场需求，在正常情况下，市场需求会按照价格相反的方向变动；需求的价格弹性，即药品价格变动对市场需求量的影响。不同药品的市场需求量对价格变动的反应程度不同，价格弹性大小不同。药品的需求弹性在理论上有完全无弹性、完全有弹性、缺乏弹性和富有弹性四种情况。在现实中需求的价格弹性主要是缺乏弹性和富有弹性。

所谓富有弹性是指顾客对价格变动有较高的敏感性，此时市场需求与价格成反比；缺乏弹性则相反。一般来说，缺乏弹性有如下情况：药品无替代品或企业无竞争者；购买者对价格不敏感；购买者保守且不努力寻找便宜的药品；购买者认可并接受较高的价格。

4. 需求的交叉弹性

交叉弹性是用来衡量一种产品的价格变动影响到另一种产品需求量的变动程度。在为药品大类定价时还需考虑各药品项目直接相互影响的程度。药品大类中的某一个药品项目很可能是其他药品的替代品或互补品。所谓替代药品是指功能和用途基本相同，消费过程中可以相互替代的药品，如林可霉素和克林霉素。互补药品是指两种或两种以上功能互相依赖、需要配合使用的商品。一项药品的价格变动往往会影响其他药品项目销售量的变化，两者之间存在着需求的交叉弹性。交叉弹性可以是正值，也可以是负值。如为正值，则此两项药品为替代品，表明一旦 A 药品的价格上涨，则 B 药品的需求量必然增加，相反，如果交叉弹性为负值，则此两项药品为互补品，也就是说，当 A 药品价格上涨时，B 药品的需求量会下降。

所谓替代性需求关系，是指在购买者实际收入不变的情况下，某项药品价格的小幅度变动将会使其关联药品的需求量出现大幅度的变动；而互补性需求量关系，则是指在购买者实际收入不变的情况下，虽然某项药品价格发生大幅度变动，但其关联药品的需求量并不发生太大变化。

（三）竞争状况

药品价格的上限取决于药品的市场需求，下限取决于该药品的成本费用。在这个价格上限与下限的幅度内，企业能把药品价格定的多高，取决于竞争者同种药品的价格水平。根据竞争的程度不同，医药企业定价策略会有所不同。按照市场竞争程度，可以分为完全竞争、不完全竞争与完全垄断三种情况。

1. 完全竞争

在完全竞争状态下，医药企业几乎没有定价的主动权。各卖主都是价格的接受者而不是决定者。在实际生活中，完全竞争在多数情况下只是一种理论现象，因为任何一种产品都存在一定的差异，加之国家政策的干预以及企业的不同营销措施，完全竞争的现象几乎不可能出现，但是，如果出现了完全竞争，企业可以采取随行就市的营销价格策略。

2. 完全垄断

完全垄断是指一种商品完全由一家或几家企业所控制的市场状态。在完全垄断状态下，医药企业没有竞争对手，可以独家或几家协商制定并控制市场价格。在现实生活中，完全垄断只有在特定的条件下才能形成，然而，由于许多国家的反垄断立法、消费者的抵制以及商品间的替代关系，一个或几个医药企业完全垄断价格的局面一般不易出现。但是，如果出现了完全垄断，则非垄断企业在制定营销价格时一定要十分谨慎，以防垄断者的价格报复。

3. 不完全竞争

不完全竞争是在市场经济体制下普遍存在的典型竞争状态。在这种状态下，多数医药企业都能够积极主动地影响市场价格，而不是完全被动地适应市场价格。同时，医药企业在制定营销价格时，应认真分析竞争者的有关情况，采取相应的营销价格策略。

（四）国家政策

国家对企业定价都有不同程度的约束，特别是关系国计民生的医药企业，医药企业在定价时，应主要考虑国家指导性计划和市场调节等因素。

国家指导性定价是指国家物价部门和业务主管部门规定定价权限与范围，指导价格制订和调整的医药企业定价方式，其定价方式有以下四种。

1. 浮动定价

它是指国家规定医药产品的基准价格、浮动幅度和方向，由医药企业在规定范围内自主作价。

2. 比率控制定价

它是指国家规定医药产品的差价率、利润率与最高限价范围，由医药企业自行灵活地确定价格。医药产品价格可采用高进高出，低进低出或高进低出等形式，但不得超过规定的控制比率。

3. 行业定价

它是指为了避免同行业医药企业在生产和流通中盲目竞争，国家采取计划指导，由同行营销者共同协商制订医药产品的统一价格，并由协商者共同遵守执行。这能防止价格向垄断转化，有利于市场竞争。

4. 医药市场调节定价

它是指在遵守政策和法规的前提下，根据市场供求状况、市场竞争程度、消费者行为及医药企业自身条件等因素的变化趋势，由营销者自行确定药品价格。这种定价主要适用于生产分散、营销量大、品种规格繁多、供求情况复杂、难以计划管理的医药产品，且主要依靠价值规律自发地调节医药产品价格。市场调节定价有下列两种形式。

（1）协议定价，是指买卖双方在不受第三者情况下，相互协商议定医药产品价格。

（2）医药企业议价，是指实行部分指令性计划价格医药产品的医药企业，在完成国家任务后，超产部分，医药企业根据市场状况确定其价格。这是国家为了增强医药企业活力，提高医药企业劳动积极性所采用的一种鼓励性措施。

案例

东阿阿胶的价格策略

李时珍在《本草纲目》中，将阿胶、人参和鹿茸列为中药三宝。阿胶因具有补血滋阴、润燥、止血等功效，成为人们争相购买的产品。

然而，近年来常有不法商贩掺假驴皮熬制阿胶的事件被爆出，阿胶行业正经历着一场信任危机。阿胶行业一系列乱象的背后，正印证着驴皮资源短缺这一尴尬的现实。而在驴皮资源不断紧缺的情况下，最近10年阿胶产业在中国却得到了高速的发展。2015年，国内阿胶产业总值达到300亿元。

作为中国阿胶产业巨头，东阿阿胶2015年的营收超过50亿元，一度占据了国内阿胶产值的1/6左右。有分析师指出，10年时间里，这家公司提价16次。从2005~2015年，东阿阿胶的销售收入从9.4亿元变成了54.5亿元，增长了4.8倍；净利润从1.14亿元变成了16.4亿元，增长13.4倍。

时代周报记者统计，除了东阿阿胶外，资本市场还有同仁堂、太极集团、佛慈制药和九芝堂等上市公司从事阿胶产业。

因此，原料驴皮成为资本抢占的“香饽饽”，很多公司在偏远地区圈地养驴。东阿阿胶掌握了很多的养殖基地，其中包括自建的如蒙东、辽西等地；另外是与当地养殖场合作，东阿阿胶提供冻精等技术支持，并对基层人员进行培训；再者，则是与地方政府合作，做扶贫项目等。

据媒体报道，山东阿胶行业协会根据100多家阿胶生产企业的年生产量报表推算，阿胶年总产量至少在5000吨以上，而按照每年正常出栏120万头计算，再加上驴皮进口因素，全年可生产的阿胶总数量也就3000多吨。经过对比这两组数据，可以暴露出惊人的真相：多出来的这2000吨阿胶，到底是用什么制成的？而即便是在这3000吨的正常阿胶产量中，又有多少是纯驴皮制成的呢？

如此算来，全年可供制胶的驴皮，只够实现当前产量的六成左右。在供需矛盾的情况下，驴皮价格逐年大幅攀升。据业内人士测算，原料驴皮价格每年以23%的速度增长，一张驴皮价格在2000~3000元，而一张马、骡子皮才200元，猪皮和一些制作皮鞋、皮包剩下的下脚料更便宜。据媒体报道，受暴利驱使，一些厂家在阿胶原料中掺假的行为时有发生。由于价格相对低廉，这些伪劣阿胶产品通过贴牌或者散卖等形式，销售到偏远的终端地区。目前，市面上的阿胶分药用和食用两大类，阿胶产品主要有阿胶块、阿胶口服液、阿胶糕、阿胶枣等，这些产品鱼龙混杂，有的阿胶糕甚至根本不含阿胶成分。

据东阿阿胶总裁介绍，2002年，东阿阿胶就发现了驴皮资源的紧缺，便想到了建立养驴基地，“我们坚持了14年，进行了各种尝试，把驴开始从役用向商用转化。到今天，我们已经建了20个毛驴药材标准养殖示范基地。”可是，这对于急于扩张的东阿阿胶来说，还依然不够，“我们不仅在国内养驴，还在澳洲养。这也是我们产业扩张的计划，面向海外进行投资、并购。这也是我们全球化的产业链布局。”

（资料来源：刘徽. 医药市场营销技[M]. 西安：西安交通大学出版社，2016.）

第二节　医药企业定价的目标及方法

一、医药企业定价的目标

医药企业定价目标是企业在对其生产或经营的产品制定价格时，有意识地要求达到的目标和标志，它是指导企业进行价格决策的主要因素。定价目标取决于企业的总体目标。同一企业在不同的时期，不同的市场条件下，都可能有不同的定价目标。医药企业的定价目标一般包括以下五种，维持企业生存、当期利润最大化、市场份额最大化、产品质量领先和企业形象最佳化。

1. 维持企业生存

医药企业选择谋求生存，一般是一个短期目标。如果企业医药的生产能力相对现有的需求过剩，又不得不面对激烈的医药市场竞争，同时患者选择和需求急剧变化时，企业就要把维持生存作为企业的主要目标。只要药品的价格能够弥补可变成本和一部分固定成本，企业就可以继续生存下去。

2. 当期利润最大化

医药企业要想实现短期利润最大化，必须首先估计不同价格情况下市场购买本企业药品的总数量和企业自身的生产成本，然后选择能够实现短期利润最大化、销售现金收入最大化或者是投资回报率最高的价格。但是，实现这类目标可能会牺牲医药企业长期的发展目标，并且这种方法往往忽视其他营销组合变量的约束，忽视竞争者反应影响和相关法律法规对药品价格的管制等问题。

3. 市场份额最大化

医药企业之所以会有时选择市场份额最大化目标，往往是因为企业大量生产会大幅度地降低药品的单位生产成本，并且企业能够获得较高的长期利润。制药企业采纳市场渗透定价法，是基于假定市场对该药品价格敏感度较高，制定尽可能低的价格，以期望销量较大。这种战略适用的情况一般是：患者和顾客对该药品价格敏感度高，所以低价能够促进企业销量增加；生产经验的积累将会降低单位药品的生产和分销成本；足够低的价格能够使企业夺得竞争对手的市场份额，甚至把一部分竞争者挤出市场。

4. 产品质量领先

企业利用顾客的求名心理，制定一个较高的产品价格高价格本身就是产品质量信誉的一种表现，高价格起到了保持产品内在质量和外部形象的双重作用。

5. 企业形象最佳化

良好的企业形象是企业的无形资产。企业形象好，能得到消费者的长期依赖，获得较好的长期利益，此时制定的价格与企业整体定位要一致，与目标市场顾客的需求相一致，并遵循社会和职业的道德规范，负起相应的社会责任，企业不可能以暴利来制定价格策略。

二、医药企业定价的方法

医药企业可以采取的定价方法有很多，根据企业的定价目标以及影响企业的定价因素，可归纳出三种基本的定价方法，即成本导向定价法、需求导向定价法和竞争导向定价法。

（一）成本导向定价法

成本导向定价法是以产品的全部成本为定价基础，在成本的基础上加上企业的目标利润。由于产品的成本形态不同以及在成本基础上核算利润的方法不同，成本导向定价法具体可以分为以下三种。

1. 成本加成法

这种方法主要基于对企业内部的考虑，计算公式为：

药品价格=生产成本×(1+加成率)

例如：

某企业药品生产成本20元，毛利率为25%，此药品价格为：

20×(1+25%)=25(元)

2. 目标利润定价法

这种方法是根据企业的总成本和计划完成的总销量，并在此基础上加上预期的固定利润。这个利润不随成本的变化而变化，计算公式为：

药品单价=(固定成本+变动成本+目标利润)/产量

例如：

某医药企业年固定成本1000万元，单位变动成本为20元，年产量为50万件，企业的年目标利润为200万元，该产品的价格为：

(1000+20×50+200)/50=44(元)

这种方法适用于追求长期利润、市场占有率较高或具有垄断性质的企业定价。其优点是可以保证实现既定的目标利润，并考虑到销量对制定价格的影响，但忽略了竞争和需求对价格的影响。

3. 盈亏平衡法

盈亏平衡法又叫量本利定价法，这种方法以总成本和总收入保持平衡为定价原则。当总成本等于总收入时，企业利润为零收支平衡，此时的价格使企业不盈不亏为保本价格。

通常盈亏平衡点的计算公式为：

销售量×保本价格=固定成本+变动成本

此公式可以推导为：

保本价格=固定成本/销售量+单位变动成本

如果企业考虑预期利润，则可将计算公式变为：

药品单价=(固定成本+利润额)/销售量+单位变动成本

例如，某医药企业年固定成本为60000万元，预期销量5万件，单位变动成本200元，需要实现利润200万元，则此时产品的单价为：

(500+200)/5+200=340(元)

这种方法的优点是企业可以在较大范围内灵活掌握价格水平，而且运用简便，但前提是首先应掌握企业总成本、预期销量、预期利润等，并以产品能够全部销售出去为前提。

4. 边际贡献法

这种定价方法也称边际成本定价法，即医药企业在定价时只计算变动成本，而不计算固定成本，在变动成本的基础上加上预期的边际贡献。边际贡献是指企业增加一单位产品的销售，所获得的收入减去边际成本(单位可变成本)的数值。用公式表示为：

$$边际贡献=单位产品价格-单位可变成本$$

从而可以推出单位产品价格的计算公式：

$$药品单价=单位变动成本+单位边际贡献$$

例如：

某医药企业的年固定消耗为20万元，每件产品的单位可变成本为40元，计划总贡献为15万元，当销售量预计可达1万件时，其单位产品价格为：

$$150000/10000+40=55(元)$$

这种定价方法的优点是易于各产品之间合理分摊可变成本；低于成本加成法的定价，能大大提高产品的竞争力；根据各种产品边际贡献的大小安排企业的产品线，易于实现最佳产品组合。这种定价方法一般在卖方竞争激烈时采用。

成本加成法的优点是计算简便，特别是在市场环境基本稳定的情况下，可以保证企业获得正常利润。缺点是只考虑了产品本身的成本和预期利润，忽视了市场需求和竞争等因素。因此，无论在短期或长期都不能使企业获得最佳利润。

(二) 需求导向定价法

这种方法主要考虑企业外部因素，即以产品在市场上的需求强度为定价基础。事实上，价格最终是由消费者来认可的，因此企业在确定价格水平时，重点考虑的是消费者对价格的需求程度。

1. 认知价值定价法

所谓认知价值定价法，就是根据消费者对商品价值的理解程度来制定价格的一种方法。消费者在购买商品时，往往会根据其对商品价值的认知和感受而不是实际成本来决定付出的价格。同时，消费者还要在同类商品间进行比较，选择那些既能满足需求，又符合其支付标准的商品。商品的价格水平和消费者对商品价值的理解大体一致时，消费者就会顺利购买。

认知价值定价法的关键是医药企业获得消费者对有关商品价值理解的准确资料。企业如果过高估计消费者的认知价值，便会定出偏高的价格；如果过低地估计消费者的认知价值，则会出现偏低的价格。为了准确地把握消费者的认知价值，企业必须进行市场调查和研究。为了加深消费者对商品价值的理解程度，医药企业在定价前，应做好商品的市场定位。突出商品形象，提高购买率。

2. 反向定价法

该方法是指企业依据消费者能够接受的最终销售价，计算成本和利润后，逆向推算出产品的批发价和零售价，按照不同的比率对不同的中间商倒算折扣率。

例如：

市场上消费者如果对某品牌的医药产品可接受价格是300元，这种药品零售商的经营毛利润为20%，批发商的批发毛利润为5%。

零售商可接受的价格=消费者可接受价格×(1-20%)

=300×(1-20%)=240(元)

批发商可接受的价格=零售商可接受价格×(1-5%)

=240×(1-50%)=228(元)

3. 需求差异定价法

需求差异定价法是指消费者根据消费商品、消费地点、消费时间不同而产生的需求差异程度的不同来制定商品价格的方法。医药企业在使用这种定价方法时，要充分考虑消费者的需求、消费者的心理、商品品质、时间差别、地区差别等，灵活运用价格差异，以达到促销的目的。

（三）竞争导向定价法

1. 随行就市定价法

随行就市定价法是指企业按照行业的平均价格来制定价格的方法。由于人们往往把平均价格水平认为是“合理价格”，所以容易被消费者接受。另外，这种定价方法可以避免挑起竞争，降低竞争带来的风险。同时，还能保证企业获得合理的利润，在难以计算成本或是竞争势态不确定时，随行就市按现行价格定价往往是行之有效的方法，因为这样的价格格局反映了医药行业企业对于市场公允价格的默认和共识，而且还不会破坏现有的医药行业均衡。

2. 竞争价格定价法

与随行就市定价法相反，竞争价格定价法是一种主动竞争的定价方法。一般为实力雄厚，或独具产品特色的企业采用。一般的定价步骤是：

(1) 将市场上竞争产品价格与企业估算价格进行比较，分为高于、低于、一致三个层次。

(2) 将企业产品的性能、质量、成本、式样、产量与竞争企业进行比较，分析造成价格差异的原因。

(3) 根据以上综合指标确定本企业产品的特色，优势及市场定位。在此基础上，按定价所要达到的目标，确定产品价格。

(4) 跟踪竞争产品的价格变化，及时分析原因，相应调整本企业价格。

3. 密封竞标定价法

这是中国医疗机构普遍实行集中招标采购药品以来医药企业必须采用的定价方法。这种定价法主要用于投标交易方式。政府、医院和各级医药零售商采购制度的改革，公开招标采购大宗药物成为行业通行的采购方法，投标定价因而成为一种医药企业不得不重视的定价方法。

案例

炮灰产品与利源产品

炮灰产品：有充当炮灰的属性，一般具有很高的比较优势，甚至价格低于成本价，市场杀伤力巨大。它是企业生存的利器，具有稳定市场占有率，巩固市场地位，为后续利源产品打开局面的作用。

利源产品：菲利普·科特勒认为利基是更窄地确定某些群体，这是需求没有被服务好的小市场，或者说"有获取利益的基础"。它是企业通过更加专业化的细分，进行市场定位的差异化产品，是企业利润的主要来源。所谓利基产品自然是差异化产品，是通过更加专业化的经营来获取最大收益的一种策略。利源产品与利基产品类似，但是对产品的差异化要求较低。如果消费者对同质产品的价格或部分功能不敏感，企业可以悄悄地获得高利润，那么这个产品就是利源产品。但是同质产品作为利源产品并不稳定，一旦消费者对价格或产品功能敏感，它就会成为炮灰产品，而且这个过程应该稳定，对于固定的老顾客需求给出合理解释。

比如超市中生鲜蔬菜、瓜果、粮油米面等基本为炮灰产品，吸引消费者前来购买；超市中位于中间货架上的商品很多都是利源产品，在不动声色地赚钱。

广州白云山医药集团股份有限公司生产的常规板蓝根颗粒，价格适中，效果可靠，有着良好的口碑，这就是炮灰产品。而有的产品定价加高，如截至2015年底金戈一年销售破7亿元，这就是利源产品。

（资料来源：刘徽．医药市场营销技术[M]．西安：西安交通大学出版社，2016.）

第三节　医药企业定价策略

一、医药企业新产品定价策略

新产品定价的难点在于无法确定消费者对于新产品的理解价值。如果价格定高了，难以被消费者接受，影响新产品顺利进入市场；如果定价低了，则会影响企业效益。常见的新产品定价策略主要有三种，即撇脂定价策略、渗透定价策略和满意定价策略。

（一）撇脂定价

新产品上市之初，将新产品价格定得较高，在短期内获取厚利，尽快收回投资。这一定价策略就像从牛奶中撇取其中所含的奶油一样，取其精华，所以称为撇脂定价策略。撇脂定价是企业利用高价产生的厚利，使企业能够在新产品上市之初，即能迅速收回投资，减少了投资风险，这是使用撇脂定价策略的根本好处。

这种策略适用于产品差异化大、价格弹性小、以少量生产为对象的一类、二类新药。但由于存在国家政策的指导作用，价格偏离成本的程度不可能太高。

（二）渗透定价

这是与撇脂定价相反的一种定价策略，即在新产品上市之初将价格定得较低，吸引大量的购买者，扩大市场占有率。利用渗透定价的前提条件有新产品的需求价格弹性较大；新产品存在着规模经济效益。

采用渗透价格的企业无疑只能获取微利，这是渗透定价的薄弱处。但是，由低价产生的两个好处是：首先，低价可以使产品尽快为市场所接受，并借助大批量销售来降低成本，获得长期稳定的市场地位；其次，微利阻止了竞争者的进入，增强了自身的市场竞争力。

这种定价策略多用于价格弹性大、大量生产为主的三类、四类新药，以及仿制药和有广阔需求的产品。

（三）满意定价

满意定价策略既不是利用价格来获取高额利润，也不是让价格制约占领市场。满意定价策略尽量降低价格在营销手段中的地位，重视其他在产品市场上更有力或有成本效率的手段。当不存在适合于撇脂定价或渗透定价的环境时，公司一般采取满意定价。可谓厂家、患者、竞争者三方都比较满意，这种策略也成为“平价销售策略”，对于医药行业来说，政府平衡性政策的指导方向就在于此。

以上三种定价策略的价格制定方法如表 6-1 所示。

表 6-1　医药企业新产品定价策略

定价方法	价　格	目　的	条　　件
撇脂定价	高价格	尽早收回开发成本	价格弹性小，少量生产为对象的产品，以及市场进入壁垒高的产品
渗透定价	低价格	尽快扩大市场份额	价格弹性大，大量生产为对象的产品，以及有广阔需求的产品
满意定价	适中价格	兼顾利润与市场份额	政府加强引导的产品

二、心理定价策略

心理定价策略是企业运用心理学原理，针对消费者在购买过程中的心理状态，来确定药品价格的一种策略。这是一种非理性的定价策略，但在现代经济市场中，往往可以激发和强化消费者的购买欲望，因此，有其重要的位置。针对消费者不同的需求心理，可采用五种形式、即整数定价、尾数定价、声望定价及习惯定价以及最小单位定价。

1. 尾数定价

尾数定价也称零头定价或缺额定价，即给产品定一个零头数结尾的非整数价格。大多数患者在药房购买药品时，乐于接受尾数价格，如药品的价格定为9.98、1.99等。消费者会认为这种价格经过精确计算，购买不会吃亏，从而产生信任感。同时，价格虽离整数仅相差几分或几角钱，但给人一种便宜感，符合消费者求廉的心理愿望。一般来说，需求价格弹性较大的药品宜采用这种策略。

2. 整数定价

整数定价与尾数定价正好相反，企业有意将产品价格定为整数，以显示产品具有一定质量。整数定价多用于高档药品、具体特殊功能的药品和价值大的药品。对于价格较贵的医药产品，顾客对质量较为重视，往往把价格高低作为衡量产品质量的标准之一，容易产生“一分价钱一分货”的感觉，从而有利于销售。

3. 声望定价

声望定价是利用企业的信誉，或是为了树立药品的高档形象，故意将某些药品的价格制定得比一般药品高，以迎合消费者的价高质必高的心理。在这种心理驱动下，某些药品的价格尽管很高，但在市场上仍经久不衰。声望定价适用于：第一，名牌药品，消费者有仰慕名牌的心理，并以价格的高低来衡量药品的质量；第二，有礼品用途的药品，因为这些药品带有“炫耀性”，价格低，无法满足消费者的心理需要；第三，稀有药品。

采用声望定价策略应注意：第一，要确保药品质量上乘；第二，严格掌握声望定价与同类普通药品价格的差价，不可过高；第三，不能只靠已有的声望维持高价，要不断提高质量，加强售后服务，巩固消费者的信任感和安全感。

4. 习惯定价

在市场上，有些药品的功能、质量、替代品等情况已为消费者所熟悉，而且消费者对其价格已习以为常，家喻户晓。对这类药品，例如常年销售的家庭必备药品，企业制定价格时最好尽量顺应消费者的习惯价格，不能轻易改变，否则会引起消费者的不满，导致购买的转移。即使发生了通货膨胀或药品成本变化，也不宜提价。最好的做法是改变包装或改变药品的内在成分以变相提价，如一种感冒药原来是每盒10包装，售价是20元，现在改为每盒9包装，售价是18.8元。

从表面看，似乎很合理，实际上每包冲剂却涨价了。

5. 最小单位定价

价格过高，常常使人望而生畏，不敢问津。若用较小单位标价，会给人以便宜的感觉，从而促进交易。例如，某种名贵中药材标价每 10 克 6 元会比标价每公斤 600 元更容易让消费者接受。

三、折扣折让策略

折扣折让是降价的特殊形式，是指在原定价格基础上给予购买者一定的价格优惠，以吸引其购买的一种价格策略。这里主要介绍与药品相关的几种形式。

1. 现金折扣

现金折扣是对迅速支付账款的购买者的价格优惠，因此也叫付款期折扣。例如，“2/10，30 天付款”，意思是账款在 30 天内付清，但若在 10 天内付款，则给予 2%的折扣。这种折扣策略在许多行业都非常盛行，它有助于改善销售者的现金流动性，降低呆账风险及收款的成本。实行现金折扣的关键是合理确定折扣率。一般来说，折扣率不能高于企业由于加速资金周转所增加的盈利，同时，折扣率应比同期银行存款利率稍高一些。

2. 数量折扣

数量折扣是指企业对购买药品数量大的顾客给予价格优惠。其目的是鼓励顾客大量购买从而降低企业在销售、储运、记账等环节中的成本费用。这种折扣策略可以刺激顾客在固定的地方订货与购买，培养顾客的购买忠诚度。

数量折扣又可分为两类。一类是累计数量折扣，即在一定时期内购买药品累计达到一定数量所给予的价格优惠。这种方法在批发及零售业务中都经常采用，可以鼓励客户长期购买本企业药品。另一类是非累计数量折扣，即一次购买某种药品达到一定数量或购买多种药品达到一定金额所给予的价格优惠。这种折扣策略可以鼓励客户大量购买，从而增加销售量，增加盈利。

3. 功能折扣

功能折扣又称贸易折扣或交易折扣等，是指企业根据中间商担负的不同功能及对企业贡献的大小来给予不同的折扣优待。例如，给予批发商的折扣要大于零售商，规模大的零售商能比规模小的零售商更便宜地买到某一药品。

功能折扣的具体做法有两种：一种是先确定药品的零售价格，然后再按照不同的比率对不同的中间商倒算折扣率。

例如：

某企业生产的某种药品的零售价为 30 元，贸易折扣为 40%和 10%，则表示零售商享受的价格为 30×(1−40%)= 18(元)，批发商享受的价格是在此基础上再折扣 10%，即 18×(1−10%)= 16.2(元)。

另一种是先确定药品的出厂价，然后再按不同的差价率顺序相加，依次制定出各种批发价和零售价。

例如：

某企业生产的某种药品的出厂价为10元，给批发商的差价率为19%，给零售商的差价率为37%，则批发价为10×(1+19%)=11.19(元)，零售价为：10×(1+37%)=13.7(元)。

4. 季节折扣

季节折扣是对在淡季购买药品的购买者的价格优惠。采用这种策略可以鼓励客户早进货、早购买，减轻企业的仓储压力，加速资金周转。还可以使企业的生产和销售不受季节变化的影响，保持相对稳定。例如，对一些滋补药品的销售就可以采用这一策略。

5. 促销折让

促销折让是指生产企业对为其药品进行广告宣传、布置专用橱窗等促销活动的中间商给予减价或津贴，作为对其开展促销活动的报酬，以鼓励中间商积极宣传本企业的药品。这种策略特别适合于新药的导入期，其实质是企业为开拓药品市场而支付的费用。

第四节 医药价格调整策略

一、降价及提价策略

(一) 降价策略

这是定价者面临的最严峻且具有持续威胁力量的问题。

医药企业降价的原因很多，有企业外部需求及竞争等因素的变化，也有企业内部的战略转变、成本变化等，还有国家政策、法令的制约和干预等。这些原因具体表现在以下几个方面。

(1) 医药企业急需回笼大量现金。

对现金产生迫切需求的原因既可能是其他产品销售不畅，也可能是为了筹集资金进行某些新活动，而资金借贷来源中断。此时，医药企业可以通过对某些需求的价格弹性大的产品予以大幅度降价，从而增加销售额，获取现金。

(2) 医药企业通过降价来开拓新市场。

一种产品的潜在顾客往往由于其消费水平的限制而阻碍了其转向现实顾客的可行性。在降价不会对原顾客产生影响的前下，企业可以通过降价方式来扩大市场份额。不过，为了保证这一策略的成功，有时需要以产品改进策略相配合。

(3) 医药企业决策者决定排斥现有市场的边际生产者。

对于某些产品来说，各个企业的生产条件、生产成本不同，最低价格也会有所差异。那些以目前价格销售产品仅能保本的企业，在别的企业主动降价以后，会因为价格的被迫降低而得不到利润，只好停止生产。这无疑有利于主动降价的企业。

(4) 医药企业生产能力过剩，产品供过于求，但是企业又无法通过产品改进和加强促销等工作来扩大销售。在这种情况下，企业必须考虑降价。

(5) 医药企业决策者预期降价会扩大销售，由此可望获得更大的生产规模。

特别是进入成熟期的产品，降价可以大幅度增进销售，从而在价格和生产规模之间形成良性循环，为企业获取更多的市场份额奠定基础。

(6) 由于成本降低，费用减少，使企业降价成为可能。

随着科学技术的进步和企业经营管理水平的提高，许多产品的单位产品成本和费用在不断下降，因此，医药企业拥有条件适当降价。

(7) 政治、法律环境及经济形势的变化，迫使企业降价。

政府为了实现医药产品价格总水平的下调，保护患者的利益，往往通过政策和法令，采用规定毛利率和最高价格、限制价格变化方式、参与市场竞争等形式，使医药企业的价格水平下调。

(二) 提价策略

提价确实能够增加企业的利润率，但却会引起竞争力下降、消费者不满、经销商抱怨，甚至还会受到政府的干预和同行的指责，从而对企业产生不利影响。虽然如此，在实际中仍然存在着较多的提价现象。其主要原因是：

(1) 应付产品成本增加，减少成本压力。

这是所有产品价格上涨的主要原因。成本的增加或者是由于原材料价格上涨，或者是由于生产或管理费用提高而引起的。医药企业为了保证利润率不致因此而降低，便采取提价策略。

(2) 为了适应通货膨胀，减少医药企业损失。

在通货膨胀条件下，即使企业仍能维持原价，但随着时间的推移，其利润的实际价值也呈下降趋势。为了减少损失，企业只好提价，将通货膨胀的压力转嫁给中间商和消费者。

(3) 医药产品供不应求，遏制过度消费。

对于某些产品来说，在需求旺盛而生产规模又不能及时扩大而出现供不应求的情况下，可以通过提价来遏制需求，同时又可以取得高额利润，在缓解市场压力、使供求趋于平衡的同时，为扩大生产准备了条件。2003 年 SARS 期间生产板蓝根冲剂、维生素 C、口罩等医药产品的企业一度提高了产品的价格。

为了保证提价策略的顺利实现，有以下情况企业可以考虑提价，产品在市场上处于优势地位；产品进入成长期；季节性商品达到销售旺季；竞争对手产品提价。此外，在方式选择上，医药企业应尽可能多采用间接提价，把提价的不利因素减到最低程度，使提价不影响销量和利润，而且能被潜在消费者普遍接受。

二、消费者对价格变动的反应

(1) 在一定范围内的价格变动是可以被消费者接受的；提价幅度超过可接受价格的上限，则会引起消费者不满，产生抵触情绪，而不愿购买企业产品；降价幅度低于下限，会导致消费者的种种疑虑，也对实际购买行为产生抑制作用。

(2) 在产品知名度因广告而提高、收入增加、通货膨胀等条件下，消费者可接受价格上限会提高；在消费者对产品质量有明确认识、收入减少、价格连续下跌等条件下，下限会降低。

(3) 消费者对某种产品降价的可能反应是：产品将因质量低劣而被淘汰；企业遇到财务困难，很快将会停产或转产；价格还要进一步下降；产品成本降低了。而对于某种医药产品的提价则可能这样理解：很多人购买这种产品，我也应赶快购买，以免价格继续上涨；提价意味着产品质量的改进。

三、竞争者对价格变动的反应

虽然透彻地了解竞争者对价格变动的反应几乎不可能，但为了保证调价策略的成功，主动调价的企业又必须考虑竞争者的价格反应。没有估计竞争者反应的调价，往往难以成功，至少不会取得预期效果。

如果所有的竞争者行为相似，只要对一个典型竞争者做出分析就可以了。如果竞争者在规模、市场份额或政策及经营风格方面有关键性的差异，则各个竞争者将会做出不同的反应，这时，就应该对各个竞争者分别予以分析。分析的方法是尽可能地获得竞争者的决策程序及反应形式等重要情报，模仿竞争者的立场、观点、方法思考问题。最关键的问题是要弄清楚竞争者的营销目标：如果竞争者的目标是实现企业的长期最大利润，那么，本企业价格降低，它往往不会在价格上作相应反应，而在其他方面做出努力，如加强广告宣传、提高产品质量和服务水平等；如果竞争者的目标是提高市场占有率，它就可能跟随本企业的价格变动，而相应调整价格。

四、企业对策

竞争对手在实施价格调整策略之前，一般都要经过长时间的深思得失，仔细权衡调价的利害，但是，一旦调价成为现实，则这个过程相当迅速，并且在调价之前大多要采取保密措施，以保证发动价格竞争的突然性。企业在这种情况下，贸然跟进或无动于衷都是不对的，正确的做法是尽快迅速地对以下问题进行调查研究，竞争者调价的目的是什么？竞争者调价是长期的还是短期的？竞争者调价将对本企业的市场占有率、销售量、利润、声誉等方面有何影响？其他企业对竞争者调价行动有何反应？企业有几种反应方案？竞争者对企业每一个可能的反应又会有何反应？

在回答上述问题时，企业还必须结合所经营的产品特性确定对策。一般来说，在同质市场上，如果竞争者降价，企业必须随之降价，否则大部分的顾客将转向价格较低的竞争中。如果面对竞争者提价，本企业既可以跟进，也可以暂且观望。如果大多数企业都维持原价，最终将迫使竞争者把价格降低，使竞争者涨价失败。在异质市场上，由于每个企业的产品在质量、性能、品牌、服务等方面存在着明显的差异，所以面对竞争者的调价策略，医药企业有着较大的选择余地。

同步检测

一、单项选择题

1. 企业为适应和满足消费者“不在于价格的多少，而在于商品能否显示其身份和地位”的消费心理，最适宜用(　　)法。

A. 尾数定价　　B. 招徕定价　　C. 声望定价　　D. 反向定价

2. 当企业打算和同行和平共处、且自身产品成本的难以估算时，往往采取(　　)的定价方法。

A. 逆向　　B. 投标　　C. 竞争价格　　D. 随行就市

3. 当产品市场需求弹性较大且在成本方面有一定优势时，企业便具备了(　　)的可能性。

A. 渗透定价　　B. 撇脂定价　　C. 声望定价　　D. 招徕定价

4. 以消费者对商品价值的认知和理解程度作为定价依据的定价法是(　　)。

A. 反向定价法　　B. 理解价值定价法

C. 需求差异定价法　　D. 竞争价格定价法

5. 按单位产品总成本加上一定比例的预期利润或再加上税金的定价方法称为(　　)定价法。

A. 成本加成　　B. 目标利润　　C. 认知价值　　D. 收支平衡

6. 企业的产品供不应求，不能满足所有顾客的需要，企业应该通过(　　)来遏制需求，获取高额利润，为扩大生产提供条件。

A. 降价　　B. 提价　　C. 维持价格不变　　D. 降低产品质量

7. 在企业定价方法中，目标利润定价法属于(　　)。

A. 成本导向定价　　B. 需求导向定价

C. 竞争导向定价　　D. 市场导向定价

二、多项选择题

1. 影响企业定价的因素有(　　)。

A. 固定成本　　B. 变动成本　　C. 市场需求　　D. 市场竞争

E. 国家政策

2. 医药企业定价的目标有(　　)。

A. 维持企业生存　　B. 当期利润最大化

C. 市场份额最大化　　D. 产品质量领先

E. 企业形象最佳化

3. 在企业定价方法中，属于成本导向定价法的有(　　)。

A. 成本加成法　　B. 目标利润法　　C. 盈亏平衡法　　D. 边际贡献法

E. 竞争价格定价法

4. 在企业定价方法中，属于需求导向定价法的有(　　)。

A. 认知价值定价法　　B. 反向定价法

C. 需求差异定价法　　D. 边际贡献法

E. 竞争价格定价法

三、案例分析

降价，是药店价格竞争的唯一手段吗？

价格竞争不是孤立的，而是建立在竞争的商圈中，降价便是来自零售药店外部的价格竞争。随着零售药店的发展，药品降价销售、促销销售等以降价为主线来吸引顾客的营销手段也被普遍运用，价格策略、价格形象的树立、降价手段的精心设计等科学合理的方法逐渐替代了原来粗暴单一的降价策略。

掌握顾客心理分析，可以让药店的价格战从红海走向蓝海。但在实际操作中，药店经营者常常会忽略一些常识性的问题。药店吸客，就是要让顾客感觉到“钱花少了，却更健康了”。

药店经营，突出低价效应和氛围十分必要，但绝非一味地靠价格便宜来打动顾客。

树立价格形象，让商品“不贵”。降价一方面可以带来即时人流及销量的提升，另一方面可以帮助药店树立长期的价格形象。如何有效利用产品降价这种最直接、最有效的方式来树立药店价格形象，是连锁药店面对的重要问题。产品降价要科学、合理地开展，明白降价的目的及预期。

降价分为两种目标：①提升销量；②吸引竞争商圈的顾客。而药品在消费者心目中形成的价格形象才是药店商品价格唯一的衡量标准。降价有两条法则，第一，降到最小货币单位或低于最小货币单位：老百姓大药房在新店开业和店庆时，打破常规，将金嗓子喉宝降价为1元钱，成为首创，是医药圈典型的降价案例。第二，让商品从“贵”变得“不贵”：当我们发现门店效益下滑、业绩不理想的时候，首先想到的不应该是调整货架，也不必扩大促销规模或去打价格战，更不能“只见树木不见森林”，一味地根据销售排行去淘汰滞销品，引进新品。如果我们不知道商品结构和价格带出了问题，我们就不可能知道到底该引进什么商品，从而被供应商牵着鼻子走，结果淘汰一个滞销品又引进一个更不好卖的商品，周而复始。

珍珠明目滴眼液的零售价格非常混乱，高低差异很大。某药店卖两种厂家相同规格的珍珠明目滴眼液，一个是零售价格1元，另外一个12元，请问哪种卖得好？答案是都卖得不好。如果引进一个相同规格的珍珠明目滴眼液，零售价格为7元，则相对于其他两个价格的产品，7元的珍珠明目滴眼液会卖得较好。这就是药品和其他快速消费品价格策略的不同之处。

不盲目“便宜”，掌握价格弹性规律

药店在顾客心里树立良好的价格形象，与商品价格的升降调整不无关系。经营者需要熟练掌握运用产品“价格弹性”的管理手段来进行价格调整。药品是一种特殊商品，是顾客和患者必需的刚性需求产品，应综合药店商圈、药店品牌、药店药学服务的专业性等诸多因素进行考量。药店中的每种商品都有自己独特的需求价格弹性。如保健品因价格下降10%导致需求量增加20%，则其需求价格弹性即为2；某心血管药品因价格下降10%导致需求量增加1%，其需求价格弹性即为0.1。在药店经营的品类中，价格弹性相对较大的品类有保健品和非药品类别，以及具有保健性质的滋补类药品。

总而言之，药店商品降价首先要明确降价的目的，针对畅销品种进行降价更需要策略，如优质客户——慢性病顾客的用药吸引；品类降价要和商圈竞争联系起来，注重季节性品种的降价；最重要的是，经营者必须牢记，价格竞争不是孤立的，而是建立在竞争的商圈中，不要一味盲目地“便宜”。

（资料来源：http://mt.sohu.com/20161028/n471670140.shtml）

问题：1. 药店为什么要打价格战？

2. 价格战对药店的发展壮大带来哪些影响？

四、实训

为医药企业的药品进行定价

某医药企业最近研制出一个治疗脚气的全新产品。产品类别为抗真菌类药品，属非处方药品。其产品特点是：快速杀灭真菌并持久抑制再生，止痒，减少复发，治疗期短，一天2次，通常疗程为一周。该产品主要成分为盐酸特比萘芬，在国际上属于新一代药品，价格较高。与竞争品牌相比较，该产品需要的剂量更小即可达到杀菌抑菌的作用。生产该产品的成本大约每克0.1元，产品的销售途径为全国各大药店及医院，目标受众为18~58岁的脚气患者，尤其是脚气的重度患者，他们有多年的患病史，经常复发，脚气长时间困扰着他们的生活，带来了相当大的精神负担，而且他们对于目前的药品不满意，一直在积极地寻找更有效的药物。在拥有一个好的产品的前提下，该企业面临的调整是：如何迅速有效地在目标对象中建立知名度，在竞争激烈的市场上成功上市，占有一定的市场份额。那么如何为自己的产品制定一个合适的价格策略呢？

1. 实训目的

掌握药品定价的因素、目标、方法及策略。

2. 实训内容

为上述医药企业的产品制定合适的市场价格。

3. 实训步骤

（1）学生以小组为单位，通过药房的实地调研或者网上资料的查询，收集所需资料。

（2）收集资料后，分析该药品的成本、企业目标、营销组合中的其他要素、顾客需求、竞争对手及政策法规等因素；并结合企业自身的定价目标及方法，形成分析报告。

（3）根据分析报告，共同讨论并制订出本小组的定价策略，要求合情合理。

4. 实训体会

通过实训，掌握影响企业定价的因素、目标、方法及策略。

5. 实训作业

以每个小组为单位分别提交所收集到的资料，并撰写分析报告，以PPT的形式呈现。

实训考核内容和标准

每个小组提交的资料	撰写分析报考	PPT呈现
30	30	40

第七章 医药营销渠道策略

知识目标

(1) 掌握渠道、医药渠道的基本概念。
(2) 了解医药渠道的功能和一般流程。
(3) 掌握新型渠道模式。
(4) 掌握医药渠道成员的选择。
(5) 了解影响医药营销渠道选择的因素。
(6) 掌握中间商的激励和医药渠道管理。

能力目标

(1) 能够分析医药企业采用的营销渠道类型。
(2) 能够根据医药企业的实际问题选择适当的营销渠道。
(3) 能够找出医药渠道冲突中的问题。

引例

江中制药，渠道变革

2008年下半年，曾创造了健胃消食片单品销售神话的江中，突然出现了多家合作十几年的商业客户解约的情况。究其原因，江中产品一直采取现款现货，但由于渠道混乱、窜货乱价，利润被消弭殆尽，经销8000万元江中产品，利润竟然不到80万元，甚至更低。不仅如此，终端药店也存在低价销售、负推荐等诸多问题，产品覆盖在二、三级市场下降了5%~15%，直接造成企业业绩停滞不前，甚至下降。

江中对问题的本质进行分析后发现，企业给各经、分销商签订高额任务目标才是他们违规的动机，而且市场又缺乏规则，无人维护。这迫使江中开始了以大禹治水之“疏顺导滞”为“道”、以交通秩序的系统管理办法为“术”的渠道变革。

江中变革的第一步是梳理渠道：将之前的400多家渠道商缩减为23家，并取消了给各经、分销商签订的高额任务目标。接下来，针对问题对渠道进行整顿规范就成为工作重点。为了加强对客户流向的管理，江中允许客户跨区域销售，但是规定经销商只能向指定的省外分销商发货，严格控制省内发货量，禁止分销商向外省发货。江中还实行了防止市场窜货的产品代码制度，在每一外箱盒上都打上定位码，产品出库就扫码，系统将自动识别定位码，出现问题自动报警。加强对客户出入库的管理也是防止窜货的途径之一。签约经销商和分销商的仓库管理员都要做好每一天、每一箱货物、发往每一家分销商或下游客户及终端的流向登记。针对倒票问题，江中专门建立了倒票区域管理系统，并对重点倒票区和黑名单客户进行分类特殊管理方法。例如，在河北、安徽、山西等倒票严重区域，江中会设置一家不倒票的规范经销商，下游签订几家规范经销商，同时，签订一家能够提供真实流向的倒票分销商，满足不需要票的终端；对于多次出现倒票、窜货的客户，江中将其列入黑名单，禁止所有签约客户向其发货。为保证措施顺利执行，公司还建立了专门的督察队伍，全国巡查。并组建了500人的队伍专门管理终端，检查窜货、低价等违规事项。为保证最终的效果，处罚机制同样必要。如果经销商出现了以下情况，就会受到不同程度的处罚，如低价出货，安全库存低于3天而不回款进货，销售数据未能及时提供或造假；还包括控货违规的情况，如经销商向下游非签约客户超过协议发货数量，或向“黑名单”客户发货。处罚措施视情节轻重而定：对于客户，分为扣除当月、半年或全年返利，中止合作、列入黑名单通报全国等处罚等级。对于市场人员，江中会处罚省经理一个月基薪、处罚省经理半个月基薪及主管一个月基薪，或者解聘，视情况而定。同时，江中还建立了市场人员举报的激励和压力制度，避免不举报或市场之间私了而影响客户利益。

江中集团渠道变革不仅使窜货、倒票、低价等问题迎刃而解。而且成效直接显现在企业和客户的销售额上：变革3年，江中的销量增长了10.2亿元，年均增幅25%；客户业绩成倍增长，利润由原来的0~1%增长至5%~8%，从而使客户满意度大幅提高。而江中2010年广告投放则减少320%。

（资料来源：http：//3y. uu456. com/bp_ 1mkdb0kbaq1wxgu8jpts_ 2. html）

第一节　医药营销渠道概述

由于受产品特性、市场因素、企业因素、分销商因素和环境因素制约，大多数生产者不会直接将产品销售给最终用户，而是选择一些中介机构去完成产品的销售，这些中介机构就组成了营销渠道，又称贸易渠道或分销渠道。

在我国现有医药市场中，大部分的产品具有同质化，企业竞争的焦点集中在医药产品的分销渠道上。分销渠道是实现药品交换、价值体现、提高效益、信息传递及服务保证的重要载体，是医药市场营销的核心环节之一。医药企业能否拥有畅通、高效的分销渠道，决定了市场营销成败的关键。

医药产品是一种特殊商品，关系到人民的生命财产安全，受到国家严格的监控，我国《药品经营质量管理规范》(GSP)，规范了药品的渠道运作与市场销售行为，医药分销渠道具有特殊性，与其他产品的分销渠道有着显著的差别。

案例

山东非法疫苗案

2016年3月，山东警方破获案值5.7亿元非法疫苗案，疫苗未经严格冷链存储运输销往24个省市，含25种儿童、成人用第二类疫苗。此次涉及疫苗买卖线索的共有北京、福建、江西、重庆、浙江、四川等24个省份近80个县市。

自2011年以来，在未获取任何药品经营许可的情况下，犯罪嫌疑人庞某和孙某母女两人，联系国内十余个省(市)的100余名医药公司业务员或疫苗非法经营人员，购入防治乙脑、狂犬、流感等病毒的25种人用第二类疫苗或生物制品，加价销给全国24个省的300余个疫苗非法经营人员和少量疾控部门基层站点。此案中购入疫苗花费共计2.6亿元，销售金额3.1亿元，违法所得近5000万元。

疫苗安全事关亿万群众的生命健康，然而非法经营疫苗系列案件却严重影响了百姓对疫苗质量安全的信心。为此，国务院公布并施行了《国务院关于修改<疫苗流通和预防接种管理条例>的决定》(以下简称《条例》)，坚持问题导向，坚持突出重点，着力完善第二类疫苗的销售渠道、冷链储运等流通环节法律制度，建立疫苗全程追溯法律制度，加大处罚及问责力度；取消疫苗批发企业经营疫苗的环节，明确将疫苗的采购全部纳入省级公共资源交易平台，第二类疫苗由省级疾病预防控制机构组织在平台上集中采购，由县级疾病预防控制机构向疫苗生产企业采购后供应给本行政区域的接种单位。由疫苗生产企业直接向县级疾控机构销售和配送第二类疫苗，简化了流通环节，有助于对第二类疫苗的流通进行监管。同时，规范疫苗采购渠道，强化配送管理，也保证了第二类疫苗采购的公开、透明、规范。

疫苗对温度敏感，而且历经生产、运输、储存、接种等多个环节，在任何一个环节，都可能会因温度过高而失效或减效，需要通过全程冷链来保证疫苗质量和效果。为此《条例》强化了疫苗全程冷链储运管理制度，明确配送责任，强化储运的冷链管理，要求疫苗储运全过程不得脱离冷链，并定时监测记录温度，部分疫苗还应加贴温控标签，同时在疫苗接收环节增设索要温度监测记录的义务。《条例》还规定，国家建立疫苗全程追溯制度。相关企业和单位应记录疫苗流通、使用信息，实现疫苗最小包装单位的全程可追溯；对出现包装无法识别、来源不明等情形的疫苗，要如实登记并向药品监管部门报告，由监管部门会同卫生主管部门监督销毁。

一、医药营销渠道的概念和特征

（一）概念

医药市场营销渠道是指医药产品或服务从生产者（医药生产企业）向医药单位或患者转移过程中所经过的一切取得所有权（或协议所有权转移）的商业组织和个人。简言之，就是医药产品从生产领域进入消费领域的途径。医药市场营销渠道的起点是医药生产者，终点是医药消费者。

（二）特征

医药产品只有从生产者转移到医疗单位或者患者手中，才能真正实现使用价值。然而，由于医药产品是关系生命健康的商品，为了保证用于防病治病的医药商品质量的安全性、疗效的可靠性与使用的经济性，各国政府都会采取相应的政策与法律手段干预或限制医药商品的流通活动。因此，医药营销渠道的运作和建设与一般商品的营销渠道相比较有很大的区别。医药营销渠道具有以下特点。

1. 严格管制营销渠道成员资格

为确保医药产品质量和消费者用药的安全性，国家对药品生产、经营企业实行严格的准入制度，根据相关法律、法规的规定，除营业执照外，药品生产企业需要通过 GMP 认证，药品经营企业需要通过 GSP 认证，除此之外，还规定了药品经营企业的开办条件、药品销售人员的条件，如药品零售企业销售药品应按照 GSP 进行，处方药必须凭借处方在职业医师的指导下才可以进行调配和销售。

2. 医药产品分销渠道进入壁垒较高

由于政府严格控制医药营销渠道成员资格，所以进入药品营销渠道的程序复杂，门槛高，进入者需要有较强的经济实力、资质人才配备和经营管理能力。此外，不同类型的药品需要在相应的特殊渠道中经营，有些特殊渠道并没有对社会开放，如根据新修订的《国务院关于修改<疫苗流通和预防接种管理条例>的决定》，普通疫苗需在疾病预防控制体系中运行，该体系不会向社会开放。

3. 选择渠道类型的自由度相对较小

由于准入条件和管理制度的限制，医药产品营销渠道所选择的经营范围有限，有些特殊药品如（麻醉药品、放射性药品、医疗用毒性药品和精神药品）由药监部门指定的经营机构进行销售。因此，这些渠道成员通常具有特许专营，甚至垄断经营此类特殊药品的能力。

二、医药营销渠道的作用

在医药企业价值链条中，营销渠道担负着非常重要的功能，营销功能如图 7-1所示。

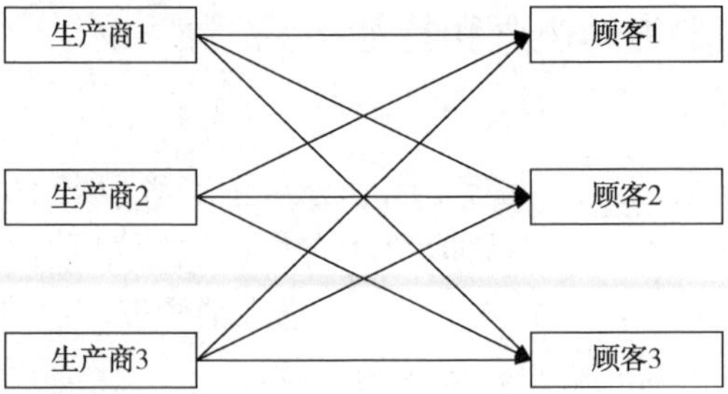

(a)没有分销商的交易次数为9

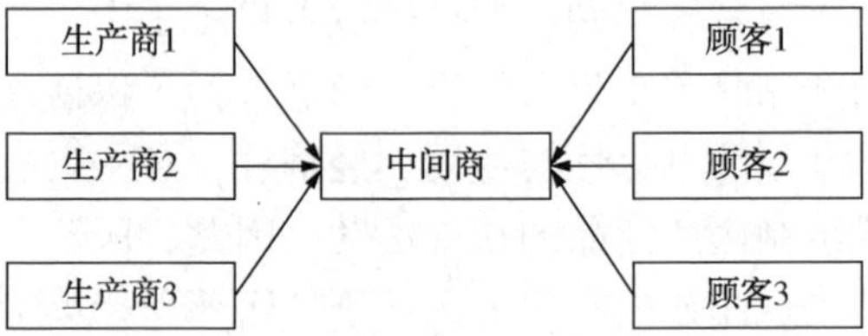

(b)有分销商的交易次数为6

图 7-1　使用分销商的效果

（一）集散作用

医药渠道商业把生产厂家与购买者连接起来，一方面将一家的产品流向众多医药产品使用者，另一方面使众多厂家的商品集中流向商业渠道。商业渠道成为医药产品的集中和分散的场所。

（二）配置作用

营销渠道可以增加各种医药产品的编配。一家商业公司少则有几百个品种规格的药品，多则上千个品种。目前，医疗机构使用的药品品规有 16000 多个，一家三级、二级医院有 1000 余个品规药品，乡镇卫生院或者社区服务中心有几百个品规药品，村卫生室或社区服务站有 100 个左右的药品。医药企业可以配置适当数量的药品，以便满足消费者和医疗机构的需要。

（三）降低交易成本的作用

渠道能减少交易次数，降低交易的成本。虽然分销商正面临来自网络销售模式和直销模式的巨大挑战，但它永远不会消失，因为它的存在使社会交易次数减少，交易成本降低。

从图 7-1 可以看出，由于使用分销商，三个生产者到三个顾客的交易次数从 9 次减少到 6 次，从而大大降低了交易成本。

（四）运输和储存的作用

渠道企业还承担着商品的运输和库存作用。药品需要通过物流实现在地区之间或者一定区域内的转移活动。它是联结生产和消费的枢纽，是商品流通的重要环节。而存储是包含了库存和储备在内的一种广泛的经济现象，是一切社会形态都存在的经济现象。营销渠道通过运输和储存，促进和保障了药品的正常生产和使用。

（五）沟通的作用

渠道商业是敏感的神经感应器，能及时反映最终购买者的信息，也可以通过市场调研医药企业收集信息。同时，渠道也是信息的发布者，为购买者提供相应的信息。

（六）服务的作用

一般来说，分销商可以代替医药制药企业向消费者提供各种各样的售前、售中、售后服务。

（七）融资的作用

医药销售渠道中代理商可能想制造商垫付药品的资金，对医药制造企业而言是有融通资金的作用。

（八）承担风险的作用

分销商在执行营销渠道任务的过程中，也承担着风险，包括市场风险、库存风险、资金风险等，这在买断经营中尤为明显。

三、医药营销渠道的一般流程

在医药产品通过营销渠道从制造商流向消费者的过程中，涉及五种不同的流程，即商流、物流、资金流、信息流、促销流。图 7-2 展示了医药营销渠道的一般流程。

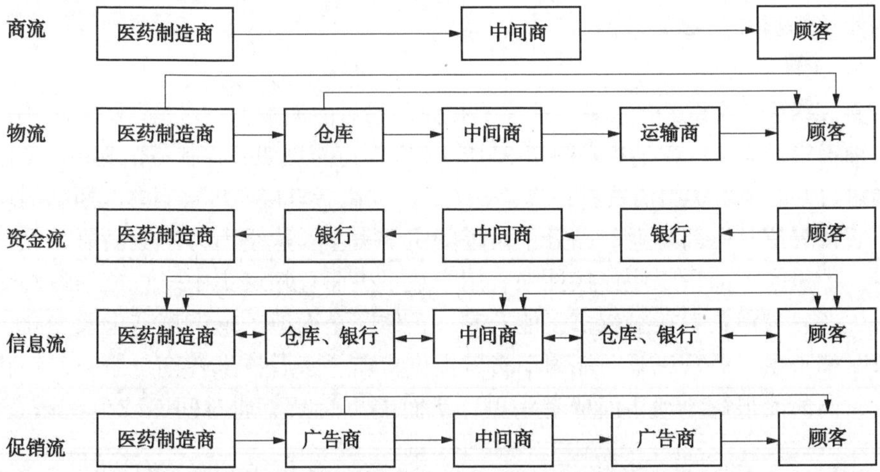

图 7-2　医药营销渠道流程

四、医药营销渠道的类型

在现代商品经济社会中，由于受到国家政策、产品自身因素、市场营销经验、经济实力、管理水平等方面的限制，绝大多数的药品都需要中间商来参与，并将生产出来的药品转移至消费者手中。根据不同的标准，可以将分销渠道划分为不同的类型，如图 7-3 所示。

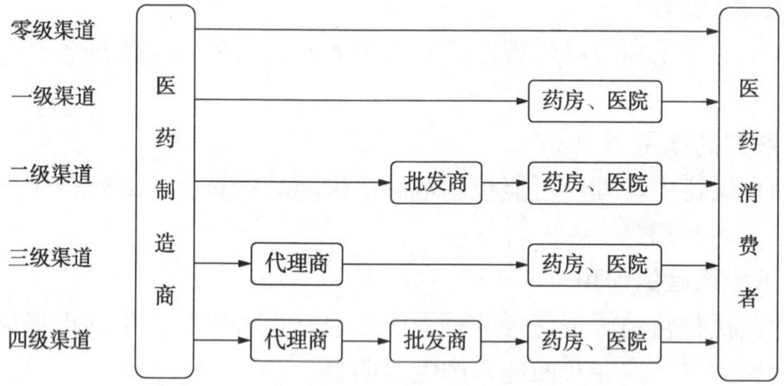

图 7-3　医药营销渠道构成图

为进一步考察医药营销渠道的结构，营销渠道的划分一般从有无中间环节、中间环节的多少及每一环节含中间商数量的多少等几个方面着手。

(一) 直接渠道和间接渠道

按照医药产品从医院生产者到达消费者的过程中中间商的多少来分类，可以分为直接渠道和间接渠道。

1. 直接渠道

直接渠道是指医药产品从生产者直接流向最后的消费者。这是营销渠道中最短的一种销售渠道。也就是我们图 7-3 中的零级渠道。例如一些制药企业将生产的药品通过自办的药店卖给消费者，或者一些医院向患者直接出售自制的医药制剂。

直接渠道是医药工业产品分销渠道的主要类型。这是因为工业品需求品种规格少、数量大、前后工序连接性强、用户数量少而且相对集中。直接渠道的优点是：生产者与消费者接触较多，能及时、具体、全面地了解市场需求及变化，从而及时调整生产经营决策，能为消费者提供售前、售后技术咨询、服务；销售环节少，商品能很快地到达消费者手里，从而缩短商品流通时间，减少流通费用，提高经济效益。

当然，直接渠道也有其不足：直销生产者要设置销售机构、销售设施和配备销售人员，这不但会增加相应的销售成本，还会分散生产者的精力。此外，生产者还要负担储存费用、商品损耗。如果市场供求变化影响了商品价格，由于库存产品所有权在生产者手中，因此生产者要承担市场风险。

2. 间接渠道

间接渠道是指医药产品从生产者流向消费者的过程中经过一层以上中间商转手的销售渠道。图7-3中，除零级渠道外，其他渠道都是间接渠道。间接渠道是医药分销的主要类型，这是由国家药品的特殊性和国家的政策法规所决定的。

间接渠道的优点是通过中间商交易，减少了相应的交易次数，节省了生产企业花费在销售上的人力、物力、财力；可以借助中间商的销售经验、销售网络和商誉，扩大商品销售范围，提高市场占有率；可以减少资金占用，增加生产资金投入，减少生产者经营风险。

间接营销渠道也有不可避免的缺点：由于中间商的介入，增加了相应的销售环节，延长了商品流通时间。一般来讲，中间商不可能对其经销的所有商品知识、技术要求都了如指掌，故难以为消费者提供完善、周到的售前、售后技术服务工作。另外生产者与消费者之间有了许多“隔温层”，因而生产者对市场变化反应迟钝，常有明显的滞后性。

（二）长渠道和短渠道

按照药品流通过程中中间环节的多少，营销渠道又可以分为长渠道和短渠道两类。

1. 长渠道

长渠道是指医药生产者在产品销售过程中利用两个或两个以上的中间商分销商品。长渠道的优点是：渠道长、分布广、触角多，能有效地覆盖目标市场，扩大自己的产品销售。通常销售量大、销售范围广、单位价值低的药品适合采用长渠道策略。但长渠道也有其不足之处：由于长渠道涉及的中间商多、环节多，从而使销售成本增加，最终造成药品销售价格提高，从而削弱了药品的价格竞争力；中间环节多、信息路线长、失真率高，会影响生产者决策；中间环节多，商品运输距离远、时间长、货物配送成本高，也容易增加药品的损耗；各渠道环节中工商之间、商商之间难以建立密切的合作关系。

2. 短渠道

药品生产者在销售过程中只使用一个环节或者没有经过中间环节的营销渠道称为短渠道。短渠道的优点是：中间环节少，商品流通时间短、流通费用低，能增强药品的价格竞争力；有利于生产企业了解市场信息，及时决策；也利于生产者与中间商合作。短渠道的主要弊端是：由于渠道短，市场覆盖面相对较小，不利于药品的大量销售，因而只适合单位价值高的新特药品、进口药品等的销售；此外由于流通渠道短，市场稍有变化，就可能直接波及生产者，因而生产者经营风险也较大。

（三）宽渠道与窄渠道

医药营销渠道的宽度是指营销渠道中每个层次使用同种类型中间商数目的多少。多者为宽，少者为窄。

1. 宽渠道

在每一个产品流通环节上选用两个以上同类型的中间商分销产品则称为宽渠道。采用宽渠道分销的优点在于：药品可以大批量的迅速进入市场，增加销售量；同类中间商互相竞争，可促进整体营销效率的提高；有利于生产企业对渠道成败进行评价、取舍。在目前的市场条件下，OTC 药品和处方药生产者多采用这种渠道。宽渠道的缺点主要表现在：中间商与生产者的合作关系不密切，很难保证中间商对生产企业的忠诚度，他们在分销过程中有可能不专注于产品销售，不愿付出更多的费用和精力，从而影响药品的销售甚至是企业形象。此外，生产企业难以对营销渠道进行有效控制。

2. 窄渠道

药品生产者在每一层流通环节只选用一个中间商来销售自己的产品，这种营销渠道一般称为窄渠道。窄渠道最大优点是生产者与中间商协作关系紧密，生产企业对中间商的支持力度相对较大，易于控制、管理中间商。缺点是生产者对中间商的依赖性太强，一旦关系发生变化，生产企业将面临难以预料的市场风险。这种营销渠道类型适用于单位价值高的进口药品和新特药品的销售。

各种药品营销渠道各有千秋，医药企业在选择合适的药品营销渠道时就可以有所参考，帮助企业更加容易完成企业的营销任务。

五、新型营销渠道模式

20 世纪 80 年代以来，分销渠道系统突破了由生产者、批发商、零售商和消费者组成的传统模式和类型，有了新的发展，其中具有代表性的有垂直渠道系统、水平渠道系统、多渠道营销系统等。

（一）垂直渠道系统

这是由生产企业、批发商和零售商组成的统一系统。垂直分销渠道的特点是专业化管理、集中计划，销售系统中的各成员为共同的利益目标，都采用不同程度的一体化经营或联合经营 。它主要有三种形式：

1. 公司式垂直系统

它是指一家公司拥有和统一管理若干工厂、批发机构和零售机构，控制分销渠道的若干层次、甚至整个分销渠道，综合经营生产、批发、零售业务。这种渠道系统又分为两类：工商一体化经营和商工一体化经营。工商一体化是指大工业公司拥有、统一管理若干生产单位、商业机构，如美国火石轮胎橡胶公司拥有橡胶种植园、轮胎制造厂，还拥有轮胎系列的批发机构和零售机构，其销售门市部(网点)遍布全国。商工一体化是指由大零售公司拥有和管理若干生产单位。

2. 管理式垂直系统

制造商和零售商共同协商销售管理业务，其业务涉及销售促进、库存管理、定价、商品陈列、购销活动等，如宝洁公司与其零售商共定商品陈列、货架位置、促销、定价。

3. 契约式垂直系统

它是指不同层次的独立制造商和经销商为了获得单独经营达不到的经济利益、而以契约为基础实行的联合体。

(二) 水平式渠道系统

它是指由两家以上的公司联合起来的渠道系统。它们可实行暂时或永久的合作。这种系统可发挥群体作用，共担风险，获取最佳效益。

(三) 多渠道营销系统

它是指对同一或不同的分市场采用多条渠道营销系统。这种系统一般分为两种形式：一种是生产企业通过多种渠道销售同一商标的产品，这种形式易引起不同渠道间激烈的竞争；另一种是 生产企业通过多渠道销售不同商标的产品。

第二节　医药渠道成员的选择

通过前面对医药营销渠道的了解，我们知道营销渠道的选择即涉及渠道的长度、宽度和广度，又涉及整个营销渠道系统的构成和模式。到底什么样的营销渠道模式才是最好的渠道模式呢？市场经验证明，没有一个适合所有企业的最佳模式，每个企业需要根据自身的条件选择适合自己的营销渠道成员。

小链接

网上药店

网上药店是消费者在互联网上自主购药、自主下单的在线消费模式。2005 年 9 月 29 日，国家食品药品监督管理总局正式公布了《互联网药品交易服务审判暂行规定》，规定中指出在网上销售药品必须具有《互联网药品信息服务资格证书》和《互联网药品交易服务资格证书》，两证缺一不可，我国网上药店业务从 2005 年 12 月 1 日开始实施。

网上药店可以经营药品、保健品、药妆品、母婴用品等大健康概念的各类商品，药品种类达到万种以上。

（资料来源：国家食品药品监督管理总局网站）

一、医药渠道成员的构成

医药渠道成包括医药生产者、中间商、医药消费者及其他辅助成员。

（一）医药生产者

1. 医药生产者的含义

医药生产者是指提供医药产品或医疗服务的机构或组织，如哈药六厂、云南盘龙药业等制药企业。它们是分销渠道的起点，能对分销渠道的选择和控制起着决定作用。

2. 医药生产者的类型

根据医药生产者参与分销业务的程度，医药生产者可分为不同的类型。

1）专业型生产者

它们专注于某种医药产品的生产，没有涉及分销业务。其渠道的选择与管理均委托给医药中间商，这种类型的生产者数量相对较少，大多是中小型的生产企业，其产品的品种、疗效及用途比较单一。

2）OEM 型生产者

OEM，即贴牌生产，是指一些制药企业为了获得向药店优先推荐的优势，与一些大型医药连锁药店通过分工合作生产一些药品。一般来说，这些药品在这些药店的销售量相对较高。

3）复合型生产者

不仅从事生产活动，而且还参与医药产品的分销业务，如建立自己的销售网络直接销售产品。复合型生产者往往资金比较充足，产品品种比较多，企业经营范围比较广，通常通过新建、兼并及重组等方式进行前向一体化，达到控制医药销售终端的目的。

（二）医药中间商

医药中间商可以从不同的角度进行分类。按是否拥有商品所有权可以分为经销商和代理商；按其在流通过程中的不同作用可以分为批发商和零售商。

1. 经销商与代理商

1）医药经销商

医药经销商是拥有一定资金、场地、人员的法人，在其经营过程中，通过购进商品和销售商品实现商品所有权的转移，获得相应的经济利润。经销商是医药市场营销渠道中的一个广泛群体，利用经销商促进销售也是营销渠道中最为常见的营销模式，医药市场中主要由医药商业公司、医疗机构、社会药店、医院药房等组成。

经销商与代理商的主要区别是它拥有产品的所有权，通过转售产品或服务营利，通常经销商的经营风险大于代理商的经营风险。它与代理商的区别还在于，代理商更偏重于某一领域的同类医药产品，如医疗器械代理商或者药品代理商；而经销商经营的产品种类更多，业务繁杂，可能医疗器械与药品同时经营，如药店。

在职能分配上，一般由生产企业负责市场开发，经销商负责产品的销售。借助经销商健全的销售网络，生产企业通过与之建立良好的合作关系，形成能够共存共荣的联合体，从而促进经销商完成生产企业在目标市场的销售目标。经销商也可通过其销售网络为生产企业搜集市场信息，及时地反馈给生产企业，以推动产品开发和技术改进。但是这种销售模式也有着不可忽视的弱点，经销商发达的销售网络在扩大生产企业市场范围的同时也预示着生产企业难以全面控制经销商。一旦与经销商发生冲突，生产企业的销售网络就很容易遭到破坏，甚至瘫痪。所以生产企业要保证经销商为企业销售发挥作用，关键是要有一定的经销商约束政策对之加以管理和控制。

2）医药代理商

医药代理商则是在商品流通中为购销双方提供穿针引线服务，促成商品交易的实现，获得一定的服务手续费或佣金。医药代理商是指受委托人委托，替委托人采购或销售医药产品并收取佣金的一种中间商。它不拥有药品的所有权，只是在买卖双方之间扮演媒介的角色，通过促成交易赚取手续费或者佣金，一般由医药商业公司或个人组成。

2. 批发商与零售商

1）医药批发商

医药批发商处在商品流通的起点，其经营特点是批量购进、批量销售。医药批发商是专门从事药品批量买卖的中间商，目前批发商主要分为商业批发商、代理批发商和生产企业的销售部门三种类型，它们在营销职能方面存在较大的差异。

商业批发商，又被称为经销批发商，是指具有法人资格的独立批发企业。这是批发商的主要类型，目前医药市场上主要由各级各类医药商业经营批发公司组成。其收入来源主要是商品批发的价格差。

代理批发商，是不取得商品所有权的批发商类型。其收入来源主要是委托人提供的佣金，在商品的经营中往往不承担风险。

生产企业的销售部门主要是由生产企业自设销售组织，专门经营本企业产品的批发销售业务，虽隶属于生产企业但又独立于生产企业的独立部门。这种类型多见于医药工业品市场。无论是哪种类型的批发商，其本质都是相同的，是主要从事批发经营的商业组织，不直接服务于最终消费者。

2）医药零售商

医药零售商是向最终消费者提供医药产品或医疗服务的组织和个人，一般是指零售药店、医院药房及第三终端(第三终端是指城市社区诊所、县镇乡医院卫生院与药店、乡村地区的诊所、防疫站、农村计生站、卫生室)等。医药零售商的经营特点是处于商品流通的最终环节；销售对象是直接消费者；经营特点是批量进货、零星销售，交易次数多，金额小；其经营场地与服务质量的高低，对药品销售的影响很大。

(三) 医药消费者及其他辅助成员

医药消费者或用户是分销渠道中最后一个环节，也是医药渠道所要服务的最终对象，包括患者、健康需求者。任何一条高效的分销渠道，其设计的原则均是以有效满足最终消费者或用户的需求为基本目标。

除了上述分销渠道成员外，还有一些为渠道成员提供各种服务的公司或机构，如银行、保险公司、营销调研公司、广告公司等，它们虽然不直接参与医药产品的转移，但在医药产品转移的过程中也起到了非常重要的作用，它们被称为分销渠道的辅助成员或组织。

二、影响医药营销渠道选择的因素

(一) 产品因素

1. 药品价格

一般来说，医药产品单价越高，越应注意减少流通环节，否则会造成销售价格的提高，从而影响销路，这对生产企业和消费者都不利。而单价较低、市场较广的产品，则通常采用多环节的间接分销渠道。

2. 药品的体积和质量

产品的体积大小和轻重，直接影响运输和储存等销售费用，过重的或体积大的产品，应尽可能选择最短的分销渠道。对于那些按运输部门规定的起限，超高、超宽、超长、超重的医疗器械等，尤应组织直达供应。小而轻且数量大的产品，则可考虑采取间接分销渠道。

3. 药品的易毁性或易腐性

有些医药产品有效期短，储存条件要求高或不易多次搬运者，应采取较短的分销途径，尽快送到消费者手中。

4. 药品的适用性

药品的适用性较广，宜选择间接渠道、宽渠道；相反，则可采用直接渠道、短渠道甚至是直接渠道。

5. 定制品和标准品

定制品一般由产需双方直接商讨规格、质量、式样等技术条件，不宜经由中间商销售。标准品具有明确的质量标准、规格和式样，分销渠道可长可短，有的用户分散，宜由中间商间接销售；有的则可按样本或产品目录直接销售。

（二）市场因素

1. 购买批量大小

购买批量大，多采用直接销售；购买批量小，除通过自设门市部出售外，多采用间接销售。

2. 消费者的分布

消费者主要集中在某一地区，可采用短渠道或直接渠道。相反，如果消费者分布均匀，则需要更多发挥中间商作用，采用长而宽的分销渠道。

3. 潜在顾客的数量

若消费者的潜在需求多、市场范围大，需要中间商提供服务来满足消费者的需求，宜选择间接分销渠道。比如一些常用药，如感冒类用药。若潜在需求少，市场范围小，生产企业可直接销售。

4. 消费者的购买习惯

消费者的不同购买习惯，如购买数量、购买地点的不同，都会影响企业营销渠道的设计，企业要设法满足不同消费者的需求，增加企业产品的销售量。

（三）企业自身因素

1. 资金能力

如果医药企业本身资金雄厚，则可自由选择分销渠道，可建立自己的销售网点，采用产销合一的经营方式，也可以选择间接分销渠道。企业资金薄弱则必须依赖中间商进行销售和提供服务，只能选择间接分销渠道。

2. 销售能力

如果医药生产企业在销售力量、储存能力和销售经验等方面具备较好的条件，则应选择直接分销渠道。反之，则必须借助中间商，选择间接分销渠道。另外，企业如能和中间商进行良好的合作，或对中间商能进行有效地控制，则可选择间接分销渠道。若中间商不能很好地合作或不可靠，将影响产品的市场开拓和经济效益，则不如进行直接销售。

3. 可能提供的服务水平

中间商通常希望生产企业能尽多地提供广告、展览、修理、培训等服务项目，为销售产品创造条件。若生产企业无意或无力满足这方面的要求，就难以达成协议，迫使生产企业自行销售。反之，提供的服务水平高，中间商则乐于销售该产品，生产企业则选择间接分销渠道。

4. 发货限额

医药生产企业为了合理安排生产，会对某些产品规定发货限额。发货限额高，有利于直接销售；发货限额低，则有利于间接销售。

（四）中间商因素

不同类型的中间商在执行分销任务时各自有其优势和劣势，分销渠道设计应充分考虑不同中间商的特征。一些技术性较强的产品，一般要选择具备相应技术能力或设备的中间商进行销售。有些产品需要一定的储备，如需冷藏的药品，就需要寻找拥有相应储备能力的中间商进行经营。零售商的实力较强，经营规模较大，企业就可直接通过零售商经销产品；零售商实力较弱，规模较小，企业只能通过批发商进行分销。

（五）有关法律法规

企业选择分销渠道必须符合国家有关政策和法令的规定，相关的政策法规有《药品管理法》、医疗保险制度、GSP 认证规定等。例如，某些按国家政策应严格管理的医药产品或计划分配的医药产品，企业无权自销和自行委托销售；某些医药产品在完成国家指令性计划任务后，企业可按规定比例自销。另外，如税收政策、价格政策、出口法、商品检验规定等，也都影响分销途径的选择。

三、医药营销渠道的设计

对医药企业来说，如果目标市场和产品定位均已确定，企业面临的下一个问题就是渠道设计问题。渠道设计要根据影响医药营销渠道选择的因素，做出决策。

（一）确定渠道的基本模式

医药企业在设计药品分销渠道时首先要对如下问题做出选择。

（1）药品的最终销售地点，是通过零售药店销售还是医疗机构销售，或者既在零售药店销售又在医疗机构销售。

（2）是否使用中间商，是企业自建分销网络将药品销售给零售药店、医疗机构，还是通过中间商实现上述目标，或者既用中间商销售，自己也销售。

（3）中间商的类型和数量，如果决定选择中间商，那么选用什么类型和多少数量的中间商。

（二）确定中间商的类型

企业在设计渠道时要考虑选择哪个类型的中间商更有利于产品分销任务的完成。生产企业在选择中间商时往往还要受自身条件的限制，也就是说，企业吸引合格的中间商的能力是有区别的，具有声誉好、效益佳产品的企业有很多备选中间商，默默无闻实力弱的小企业难以吸引优秀的中间商。具体来说，企业选择中间商类型时主要从以下几个方面进行考虑。

1. 经销商

主要指医药产品分销区域内的商业批发公司、零售药店和医疗机构。企业规模的大小和其产品常常决定了企业选择怎样的经销商。在选择经销商时应主要考察其经营历史和经营现状，具体包括经销商的地区销售优势、产品种类销售优势、产品政策，还应该包括经销商的财务状况和管理水平、销售技术和服务水平等，尤其是企业不能忽视对经销商的忠诚度的考察。

2. 代理商

尤其在专业性要求很高的医药产品分销领域，对于那些资金实力不足，分销和管理能力比较弱的医药生产企业，或者实力强大的公司在某一个销售量很低的非重点区域来说，采用专业代理商是比较好的选择。专业代理商一般在某领域的药品分销有自身优势，有助于产品迅速进入市场，帮助企业回避交易风险，而且可以由代理商提供技术支持和服务，降低销售成本。在选择代理商时应主要考察以下因素：代理商的经营优质、销售网络、财务能力和管理水平、技术水平、诚信等。有时候代理商是否有政治和社会影响力也是需要生产企业考虑的非常关键的因素。

（三）确定中间商的数目

当确定使用中间商以后，医药生产企业分销决策者还必须决定在每一渠道层次上使用中间商的数目，即决定渠道的宽度。这主要取决于医药产品本身的特点、市场容量的大小、要求面的宽窄以及企业整体经营目标等因素。在分析设计时，根据中间商的数量，通常有三种类型可供选择。

1. 密集型分销

即寻找尽可能多的中间商，无论谁申请经销自己的产品，只要具备相应的资格，医药企业都予以批准。企业可利用尽可能多的分销网点，使渠道尽可能加宽，让每一个潜在消费者都能接触到医药产品，从而以扩大销售量取胜。医药市场中的常用药品、保健品都适合采用这种分销形式，给消费者提供最大的购买便利。

2. 独家型分销

家在某地区仅选定一家中间商负责其产品分销，通常双方协商签订独家经销合同。所谓独家经销，是指生产企业要求该经销商不得再经营其他竞争产品。通过授权独家销售，生产企业希望经销商在销售活动中更加积极，而且能够在价格、促销、信用、技术支持服务方面对中间商的政策加强管控。独家分销是最窄的分销渠道，通常适用于新产品或品牌性强的产品的销售。独家分销对生产者和中间商都存在利与弊。对生产者而言，有利于提高产品形象和获得较高利润，不利之处是过度或完全依赖中间商，中间商能否很好地发挥作用，直接关系生产者的生存与发展。对中间商而言，独家经销风险较大，因为经销药品是否具有良好的市场潜力和销售形势，也直接关系中间商的命运。两者可谓一荣俱荣、一损俱损。

3. 选择型分销

这是介于上述两种形式之间的分销形式，利用中间商的数量不止一个，但对那些有意愿参与产品分销的中间商并不全都加以利用，而是有条件地选择其中几家经销自己的药品。大多数医药产品都可以用这种形式的渠道，因此无论是信誉良好且成立已久的企业，还是刚刚起步的新企业，都可以采用选择型分销。这样企业不必再为中间商数目众多，中间商不肯协调而耗费很大的精力，同时企业又能集中精力与确定的中间商发展良好的合作关系，并可激励其努力工作，以提高企业销售水平。相对独家经销方式，它的优势有市场覆盖面广，有利于扩大销路和开拓市场，促进中间商之间展开销售竞争。相比密集分销方式，它又能节约费用、降低成本，并易于控制中间商的销售活动，而不必分散太多的精力。

（四）规定渠道成员的权利与义务

医药企业在确定了中间商的类型和数目以后，接下来的工作便是明确各分销渠道成员的权利与义务，主要内容有价格政策、销售条件、经销区域或特殊服务等。

价格政策是决定生产者与中间商双方经济利益的关键。生产企业所制定的价格和折扣计划必须获得中间商认可，使他们相信这些政策的公平性，这样他们才能在实际工作中去严格执行，价格政策的制定需要考虑众多因素，如企业产品特征、市场供求关系、同行业平均水平与商业惯例等。

销售条件中最为重要的是明确的付款条件和生产者担保，为促进货款及时回笼，企业可制定一些奖励措施，如现金折扣、优先供货等。生产者保证在何种条件下企业允许退货、途中损耗的分担等。其目的是解除中间商的后顾之忧，积极主动地销售本企业的药品。

在中间商权利与义务中，经销区域权也是一个关键要素。企业需根据具体情况明确划定各个经销商的销售区域，以防因窜货问题而造成市场秩序混乱，必须制定明确的惩罚条件，以避免这种现象的发生。

一些特殊的服务条例也必须在与中间商签订的经销合同中明确，尤其是采取独家经销渠道的，否则项目不明、责任不清，必然影响双方的经济利益与合作关系。

四、医药渠道成员选择的标准

医药企业要对分销系统的渠道成员进行必要的评估，根据评估结果进行优化选择。选择的标准有三种，即经济标准、控制标准及适应性标准。

1. 经济标准

每一种分销渠道模式都会产生不同水平的分销量、分销成本及分销效率，因此企业的决策标准应是用较小的成本产生理想的经济效益。

2. 控制标准

中间商不同、分销渠道长短不同，其控制的难易程度也有所不同。因此，要将可控性作为一项重要的评估标准。一般来说，对大型中间商控制能力较弱，而对中小中间商的控制能力较强；分销渠道越短，越可控，分销渠道越长，对其的控制力度越弱。

3. 适应性标准

由于医药企业所处的市场营销环境是不断变化的，某种分销渠道或许在某段时期内比较适合，但随着环境的变化，可能会出现效率低下的问题，因此还要不断进行调整和改进，以适应市场环境的变化。

第三节 医药营销渠道的管理

当企业设计并选择了适合本企业的分销渠道以后，就需要在分销活动中对客户进行具体的管理工作。其内容包括选择渠道成员、激励渠道成员、评估渠道成员、调整渠道成员。

一、选择渠道成员

选择营销渠道的成员主要是选择医药中间商，即选择代理商、医药批发商和医药零售商，渠道成员选择的好坏直接影响医药产品在当地的销售工作，如果选择不当，轻则影响销售业绩，重则败坏企业的声誉。一般选择的标准包括中间商的声誉、经营能力、经营范围、协作精神、业务人员整体素质和未来的销售潜力等。医药生产企业在选择渠道成员时必须结合自身的综合因素来选择合适的经销商。

渠道成员的选择是一个双向选择的过程，医药生产企业在选择医药中间商时倾向于选择声誉好、经营能力强、业务人员整体素质高的中间商；而中间商倾向于选择产业优质、产品获利能力大的医药生产企业。在选择渠道成员时，可以从以下几个方面对渠道成员情况进行评估。

（一）经营资质

中间商必须具有相应的资质才能从事医药产品经营销售活动，在选择渠道成员时需审核法人证明、《营业执照》《经营许可证》《GSP 认证证书》及组织机构代码等。

（二）经营特征

医药产品生产企业选择中间商的目的在于依靠经销网络实现快速铺货，所以要考虑中间商的服务区域、营销能力、营销网络、经营理念、经营方向、企业规模等经营方面的内容。

（三）业务现状

指备选的中间商以往的经营业绩、市场占有率、同类产品的经营情况、资信实力、管理能力、业务人员的素质、与本企业的合作意愿等。

二、激励渠道成员

渠道成员的激励是指在中间商选定之后，为促进渠道成员实现渠道目标，使之不断地提高业务水平，生产企业采取的各种激励措施的总和。医药生产企业激励渠道成员应该本着互利合作的精神和互助的原则，对业绩良好的中间商应该及时奖励，以争取建立长期合作关系。

为激发渠道成员的经营积极性，生产者对中间商采用的激励措施很多。通常有直接激励和间接激励。

（一）直接激励

直接激励是指通过给予渠道成员物质或金钱的奖励来激发其积极性，从而实现公司的销售目标。在营销实践中，生产企业多采用价格折扣的形式对业绩好的渠道成员给予奖励，具体措施如下。

（1）根据市场需要及时向经销商提供适销对路的药品，并协助企业做好相应的药品市场开发工作。通常 OTC 药品需要做大众促销工作，对于处方药品生产企业通常需派专业营销人员进行目标医疗机构的销售推广。

（2）制定合理的药品价格与折扣政策。合适的药品价格不仅有助于市场销售，而且会使中间商获得相应的利润。因而在制定价格时，应充分考虑企业成本与消费者的承受能力，同时根据实际销售业绩，给予中间商合理的价格折扣，通常有累计折扣和数量折扣两种，这是鼓励中间商积极销售本企业药品的有效手段。

（3）对于 OTC 药品可通过生产者负担广告费用，或者与中间商合作广告等形式，扩大企业和品牌的知名度，以促进市场销售。对于处方药品生产企业则应在能力范围内负责医院推广工作，或与中间商负责医院的推广工作，而由生产企业承担相应的费用，以促进临床使用量的提高。

（二）间接激励

间接激励是指通过非物质或非金钱奖励来激发渠道成员的经营积极性和销售热情。常用的措施如下。

（1）药品生产企业可提供技术指导、宣传资料、举办药品展示会、指导商品陈列、帮助零售商培训销售人员或邀请中间商派人员参加生产企业的业务培训等，以支持中间商开展业务活动，提供专业水平，改善经营管理，促进药品销售。

（2）生产企业需建立规范的客户管理制度，对原本分散的客户资源进行科学的动态化管理，协助分销人员及时了解中间商的实际需要，通过良好的沟通建立相互信任、相互理解的业务伙伴关系。

(3) 建立企业战略联盟，是指生产企业和渠道成员为了完成统一目标而结合起来的分销统一体，双方协商制定销售目标、存货水平、广告促销计划等。其目的是生产企业以管理权分享来促进经销商经营效率的提高，以期待建立长期稳定的合作关系。

三、评估渠道成员

医药企业对分销渠道成员的评估，可以通过对分销渠道成员已经销售的药品数量、产品的库存状态、售前售中售后服务和回款情况的调查，来评估合同履行情况。医药企业评估现有的药品分销渠道成员时，还必须定期评估中间商的绩效，如果某一渠道成员绩效过多地低于既定标准，需要找出原因，同时还应考虑补救方法。检验和评估分销渠道成员，目的是确保营销活动顺利而有效地进行。评估分销渠道成员一般考虑以下几种情况。

(一) 渠道成员构成分析

医药企业在一定时期内对某个区域或者全部区域的分销渠道成员的产品销售和回款情况进行统计分析，将中间商分为不同类型，并区分不同程度的重要性，以便企业在以后的分销工作中有所侧重，将优势资源集中投入到重要的分销渠道成员身上。

(二) 渠道成员交易业绩分析

医药企业应随时掌握各分销渠道成员的销售额及回款情况，计算出各渠道成员占本企业销售额总数的比重，通过比较实际的业绩和目标直接的差距，找出原因，并采取相应的措施来维护企业整体营销的稳步增长。

(三) 销售和回款构成分析

将企业销售的各种产品按销售额和回款额从高到低排列，分别计算出各类产品的销售额及回款额占总销售额和回款额的比重，对比公司销售、回款计划，找出差距与分析问题所在，配合企业增销策略的调整，确定今后的工作重点。

(四) 忠诚度和满意度分析

渠道成员的忠诚度是指他们对生产企业或者某个产品的忠诚程度、持久性、变动情况等，如中间商是否履行了分销合同，是否积极参与或配合企业的产品宣传推广工作等。顾客满意度分析重点在考察最终消费者或者用户对中间商提供的服务或技术支持的满意程度。

四、调整渠道成员

医药企业的管理者不仅要做好分销渠道的建设和运行管理，当市场环境发生变化或者企业营销战略发生调整时，还需根据分销渠道成员的实际情况及时进行调整，分销渠道成员调整的主要策略如下。

（一）增加或减少渠道环节

即原有分销渠道基本类型不变，根据需要适当增减渠道环节，以达到优化资源配置，提高运营效率的目的，如在原有的区域市场内增加或取消代理商等。一般情况下，为了适应激烈的市场竞争，企业多采取减少渠道环节的做法，也即目前分销渠道由金字塔式向扁平化方向转变的新趋势。在进行具体渠道调整时，企业需要对通过增减渠道环节可能给企业盈利带来的影响进行比较做出决策。

（二）增加或减少渠道成员

即保持原有的渠道模式不变的情况下，增加或者删减个别分销渠道成员。不管是增加还是删除个别渠道成员都需要企业认真权衡其带来的影响。对分销渠道成员进行综合分析和评估后，如果某一渠道成员绩效低于既定标准，需找出原因，同时还应考虑补救方法，对合作意愿不强的渠道成员应及时整顿甚至淘汰。

（三）对原有渠道进行彻底调整

一般来说，医药企业采取这种策略是因经营理念、商业模式的变化等原因，全面放弃原有的分销渠道，重新设计和构建未来的分销渠道。

案例

某医药企业优化分销渠道

某医药企业是一家大型医药骨干企业，曾被评为全国500家最佳效益企业，拥有十多个畅销品种。近年来，该企业的销售业绩每年都保持着30%以上的增长速度，但在销售快速增长的同时，该企业的分销渠道管理出现了严重的问题。

为了了解情况，该企业组织了五个调查小组深入到全国各大区域与一线业务人员、区域经理、大区经理分别进行了座谈及征求各方意见。经过两个多月的调查分析后，认为分销渠道中存在的问题主要表现在：商业客户过多，这是导致分销渠道管理人员精力分散和资金周转率低的主要原因；企业人员对商业客户过多将产生的危害性缺乏充分的认识即缺乏必要的商业开会控制流程；另外，部分实力弱、规模小、信誉差的商业客户长期占用资金，回款周期过长，也是导致企业资金周转率低的主要原因，这些客户占坏账、呆账比例的80%以上。

在发现问题后，该企业营销总部制定了“义利兼顾、稳步推进”的分销渠道合作伙伴优化策略。第一，减少厂家直接供货的一级经销商数量，原则上不再向二级以下经销商直接送货；第二，建立商业客户资信评估系统，从企业内部严格控制商户开户，并严格限制一级经销商的数量；第三，建立坏账预警机制，为了有效防止新的坏账、呆账发生，建立新的坏账责任人制度，将坏账责任明确到人。

经过近3年的稳步推进，一级经销商数量减少到原经销商总数20%，降低了分销渠道治理的难度，经过资信评估和考核后的一级代理商均实力较强，资信良好，新的坏账预警机制有效地防止了新的坏账，呆账的发生。

（资料来源：李伟．医药市场营销[M]．北京：科学出版社，2017.）

思考：

1. 请结合案例，分析该医药企业分销渠道管理的问题出在哪里？
2. 请结合案例，分析该医药企业采取了什么方法调整分销渠道成员。

第四节　医药营销渠道冲突管理

一、医药渠道冲突的概念

医药营销渠道冲突是指同一个渠道的成员之间在追求各自的利益和实现特定销售目标的过程中，某一成员认为渠道中的其他成员所采取的做法和措施阻止或妨碍了该成员目标的实现，从而引发的矛盾。医药渠道冲突管理是医药营销渠道管理的重要内容之一，成员之间的关系如果…将会直接影响渠道目标的实现和使渠道管理失控，最终影响整个渠道的分销效率和企业的经营利润。

二、医药渠道冲突产生的原因

营销渠道存在的基础是专业化分工所带来的相互依赖，只有依靠分销渠道中各成员的专业化分工，彼此团结协作才能最终实现产品或服务的价值，完成渠道目标。然而渠道中各成员的相互独立性，又决定了它们都力图获得利润最大化。这就意味着渠道冲突的存在是必然的，往往渠道成员间的相互依赖性越强，渠道冲突产生的可能性就越大。但是医药营销渠道冲突产生的原因多种多样，概括起来有以下几点。

1. 角色及期望不一致

分销渠道成员对分销医药产品时的角色定位和对另一方成员的责任及期望的理解不一致。如零售药店认为药品厂商对其广告支持、促销等活动是一种义务或者是责任，而药品生产厂商有时因资金原因不可能给予零售药店太多的广告支持或促销费用。

2. 决策分歧

决策分歧是指分销渠道成员某项决策会影响到其他分销成员的利益。如药品批发商没有执行相关的药品批零差价，会引起部分零售药店的不满意。

3. 目标错位

医药批发商或代理商的目标是零售商拥有更多的存货、更多的促销支出、更低的毛利；而零售商的目标是更高的毛利、更快的周转、更低的促销支出。当这些目标值超出彼此所能够承受的范围时，冲突就会发生。

4. 沟通障碍

当一方存在不满情绪时，如果信息沟通不当，会发生冲突；当冲突产生时，如果信息沟通出现问题，往往会导致冲突升级。

5. 资源稀缺

当制药企业某种药品畅销时，在平衡分销渠道成员利益时可能会出现不公平的现象，会导致其他分销成员的不满或者是抱怨。如批发商会因生产企业供应不及时，产生抱怨等。

6. 价格、折扣原因

各级批发价的价差往往是渠道冲突的原因。大多数医药产品生产企业不仅关心其产品的销售情况，更关心其价格的保持与维护。对于经销商来说，会根据自身利益的不同及时调整产品价格，而价格变动无常往往会影响产品的形象与定位。因此，价格的不同往往导致冲突发生。

7. 中间商经营竞争

对于药品中间商来说，以利益为导向，会经营盈利性较大的产品，而对于某些生产商来说，不希望中间商经营其他竞争对手的产品，因此会发生冲突。

8. 渠道调整与控制矛盾

对于医药生产企业来说，会根据市场环境的变化，调整中间商的数量，或者改变其权利或义务等；而对于中间商来说，不希望增加同级中间商的数量或者是增加其义务和责任，因此会出现调整与控制方面的矛盾。

三、医药渠道冲突的类型

依照不同的划分标准，渠道冲突有多种分类方法。其中最常见的是从渠道成员之间关系的协调性与竞争性的角度出发，将渠道冲突分为水平渠道冲突、垂直渠道冲突、多渠道冲突三种。

1. 水平渠道冲突

水平渠道冲突指的是同一渠道中发生在同一层次的分销渠道成员之间的冲突。如果分销渠道中只存在一个中间商，往往不会存在水平渠道冲突。水平冲突发生的原因主要是医药企业没有对目标市场中间商所负责的区域进行合理规划。常见的水平冲突表现有：同一层级的药品价格定价不协调，某些分销渠道成员为了自身利益可能会损害其他成员的利益，以及同层次的代理商或批发商之间跨区域销售，因窜货问题或压价销售产生冲突。

2. 垂直渠道冲突

也称为渠道上下游冲突，指同一渠道中不同层次的渠道成员之间的利益冲突，比水平冲突要更常见。这种冲突主要发生在医药生产企业与批发商、批发商与零售商之间，在垂直渠道中，渠道的层次越多冲突可能就越大。例如在价格方面，零售商或批发商会抱怨医药生产企业在价格方面控制太紧，利润少，在这方面很容易产生冲突，也比较常见；在药品推广方面，医药生产企业对中间商提供的服务(如广告、推销等)太少，可能引起冲突；服务方面的冲突主要表现在服务水平、服务对象之间存在不同的意见，难以达到意见一致。资源分配方面的冲突，在分销过程中上游分销商不可避免地要从下游经销商争夺客户，这会大大挫伤下游分销渠道成员的积极性。

3. 多渠道冲突

医药企业建立多渠道营销系统后，不同渠道成员处于同一目标市场时所产生的冲突就是多渠道冲突，有时候也被称为交叉冲突。例如，价格方面的冲突，不同渠道的医药产品进货价的差异，导致渠道成员之间的售价差异而产生矛盾；服务方面的冲突，由于不同的渠道成员在服务水平方面存在不统一，容易导致发生冲突；道德方面的冲突，如某些分销商在销售中弄虚作假，损害了企业形象或品牌形象，也就间接损害了其他的渠道成员的利益。

当冲突发生时，医药生产企业要重视引导渠道成员之间进行有效竞争，有时渠道冲突并不一定只对企业的渠道系统的发展造成不利影响，在特定条件下，有些渠道冲突会更好地促成企业分销目标的实现。此外，在互联网时代的今天，除了以上三种主要的渠道冲突形式之外，渠道冲突出现了一种新的形式，即传统渠道与电子商务渠道间的冲突。

四、医药渠道冲突的协调

1. 协调水平冲突

水平冲突主要发生在价格方面，产品定价之前应该由医药企业和渠道成员之间共同协商，最后联合定价，确保同一渠道模式中，同一层次的渠道成员之间的药品价格一致。医药企业和分销渠道成员之间建立综合监督团队，对区域价格和服务等方面进行监督和管理，对违反相关约定的应给予严厉处罚。

2. 协调垂直冲突

处理垂直冲突需要医药生产企业加强与分销渠道成员之间的沟通。在价格方面，医药生产企业可与分销渠道成员共同协商制定联合定价，力求医药企业、中间商和消费者对制定的药品价格都满意。在药品的推广方面，医药生产企业和渠道成员之间共同商议推广方案，合理分摊推广费用。在服务方面，医药企业与分销渠道成员签订售前、售中和售后服务协议，以此达到服务质量和服务目标的相对统一。

3. 协调不同渠道间的冲突

对于多渠道冲突，在价格方面，除可以采取同水平冲突相似的策略之外，为防止零售商进价的差异，医药生产企业直接售货给零售商的出厂价应参照分销渠道成员售给零售商的批发价格。另外，还要对分销渠道成员进行严格的管理和评估，规范经营行为，保持不同渠道之间药品价格和服务的一致性与协调性，减少冲突的发生。

案例

某医药企业分销渠道变革

某医药企业的健胃消食片曾创造了单品销售神话，突然出现了多家合作关系密切的商业客户解约的情况。经调查主要是因分销渠道混乱、乱价窜货、中间商销售产品利润低，包括终端药店也存在低价销售、负推荐等诸多问题，直接导致企业业绩停滞不前甚至下滑。该企业对各级中间商的违规动机进行分析后，发现造成分销渠道混乱的原因是与经销商签订高额销售任务。面临着无人维护、又缺乏规范的市场，企业不得不对分销渠道进行治理。

该企业梳理分销渠道，一是取消与各代理商签订的高额任务目标，二是将400多家分销渠道成员缩减至23家。为了加强对客户流向的管理，企业允许代理商跨区域销售，但禁止向外省发货，代理商只能向指定的省外发货，并严格控制省内发货量。三是为了防止市场窜货，企业在每一箱外盒上都打上定位码。

为了保证措施顺利执行，该企业建立了专门的督察队伍和处罚机制，督查队伍负责检查窜货、低价等违规事项。处罚措施视情节轻重而定，处罚包括：扣除当月、半年或全年返利，中止合作，列入黑名单通报全国等处罚等级。同时，企业还建立了市场人员举报的激励和压力制度，避免不举报或市场之间私了而影响客户利益。

企业渠道变革三年，不仅使窜货、低价等问题得到解决。其销量增长了10.2亿元，年均增幅25%；利润有原来的0~1%增长至5%~8%，广告投放则减少了320%。

（资料来源：李伟．医药市场营销[M]．北京：科学出版社，2017.）

思考：

1. 请结合案例，分析该医药企业渠道冲突的原因？
2. 请结合案例，分析该医药企业是如何治理渠道冲突的。

六、医药渠道窜货管理

窜货，又称冲货、跑货或倒货，指在分销渠道中的医药销售机构或分销成员因利益的驱动，以低于医药企业规定的价格将其医药产品跨区域进行销售的行为。窜货行为是现阶段中国绝大多数医药企业分销渠道管理中会遇到的问题。业内人士把他视为“洪水猛兽”，如果经常发生窜货现象，会导致中间商对产品失去信心，造成假药流入市场，使消费者对品牌丧失信心，对医药企业的品牌和市场造成巨大的破坏。要解决窜货问题，需要先找到窜货的原因、类型，才能在此基础上寻找窜货问题的解决方案。

（一）窜货的原因

医药产品分销渠道中窜货的原因有医药生产商的自身原因，也有医药经销商的原因，医药产品分销中窜货的具体原因主要有以下几点。

1. 价格管理系统混乱

地区经济发展不平衡，导致不同地区市场发育不平衡，医药生产企业在不同市场或区域实行差别定价时，不同区域的中间商从医药企业进货价也会存在差异，这样就很容易导致低价进货的中间商向其他市场或区域窜货。另外，分销成员把医药生产企业提供的促销费、广告费、补贴费用等用来弥补降价销售带来的损失，如分销成员故意压价销售，容易造成市场价格竞争，甚至价格战。

2. 不合理的销售目标

一些医药生产企业希望在短期内迅速提高市场占有率，不顾当地市场容量及经销商的分销能力，盲目给经销商制定较高的销售目标。当经销商不能完成销售任务时，往往都是向周边区域倾销产品，从而导致窜货的发生。

3. 销售激励不合理

为了调动中间商的销售热情，提高产品的销售量，企业会在销售政策中设定一些奖励，奖励政策有年终奖励、返利、补助、价格折扣等。一般分销成员的销量和所获得的奖励是正相关的。这种奖励形式虽能调动渠道成员的销售热情，但这一政策也存在弊端，某种程度上催化了经销商的窜货行为，有些经销商为了博取这些奖励，开始向其他辖区窜货。

4. 经销权混乱

有些医药企业为能够在短期内获得较高的利润，疏于长远考虑，在同一个目标市场选择尽可能多的医药经销商销售其药品，允许其同时运作。而药品是特殊商品，需求缺乏弹性，中间商的增多并不意味着销量的增加。在竞争异常激烈的情况下，反而容易导致价格战的出现，甚至一些中间商为了生存，将目光转移至药品适销的区域，导致窜货现象的发生。

5. 其他原因

如医药企业缺少防止窜货的管理制度、监督不力、中间商的忠诚度差、管理水平低等。如某公司曾因市场监控不力，信息沟通系统产生严重偏差，导致窜货现象严重，其销售网络严重失控，最终使公司运作陷入困境。

（二）窜货的类型

按窜货的不同动机和对市场的不同影响，可将窜货分为以下三类。

1. 自然性窜货

自然性窜货是指渠道成员以正常价格销售产品获得利润时，无意识地向自己的销售区域以外的市场销售产品的行为，只要有市场的分割，自然窜货现象就很难避免。主要是向相邻辖区的边界附近互相窜货，或是在流通型市场上，产品随物流走向而倾销到其他地区。如果其销量大，不加强控制和管理，就会对其他渠道成员的利益造成影响，甚至发展成恶性窜货。

2. 良性窜货

良性窜货指医药生产企业在开发市场的初期，会倾向于选择一些流通能力较强的中间商来配合开拓市场，在销售过程中，使其产品向非重要经营区域或空白市场销售的现象。在市场开发初期，此种窜货有助于扩大市场覆盖、提高产品销量，但是由此形成的价格体系却处于自然状态，在日后经营时应该注意对药品进行统一定价。

3. 恶性窜货

恶性窜货是指渠道成员因利益驱动，有目的地以低于医药生产企业规定的价格向其指定区域之外的药品市场销售产品。恶性窜货对已经建立起来的分销渠道具有极强的破坏力，是危害企业销售网络生存的最大隐患之一。恶性窜货扰乱价格体系，损害其他渠道成员的利益，易使渠道成员失去信心并最终放弃经销，甚至可能导致分销系统崩溃，损害企业产品的品牌形象。

（三）治理窜货问题的对策

要解决窜货问题，维护销售的正常秩序，使产品健康、稳定地发展，必须进行严格的事前、事中、事后控制。事前控制的关键是设计合理的分销体系、制定完善的渠道销售政策、合理划分销售区域；事中控制主要是监控经销商的销售情况和经营状况；事后控制主要是对出现窜货问题的经销商严格处罚，维护市场正常的经营秩序。具体来说，可以从以下几个方面入手。

1. 产品源头标记

在实际销售过程中，有时候难以区分是窜货销售还是正常销售的问题。目前有一项新技术，叫双向数码系统，医药生产企业可以对销往不同区域的产品在包装上进行标记，该系统通过计算机来产生一组唯一的大小标签数码数据，然后在条码打印机上打印出分别对应企业大小包装的自制标签，这些大小标签数码数据将存于中心数据库，出库时进行扫描，每一件产品所销往的地区和经销商的记录都将存于中心数据库，再结合使用语音技术和互联网技术，医药企业不仅可以方便地查询到该批产品是否为窜货，还可以使消费者通过互联网或电话随时随地查询商品的真伪。

2. 明确有关窜货奖惩条款

制定相应的规章制度，医药生产企业可以与各个区域占主要市场份额的渠道成员进行协商，在渠道成员没有异议的前提下，将禁止跨区域销售条款写入合同，并严格执行。当渠道成员发生跨区域销售时，医药生产企业必须有明确的处罚政策可以参考，对违规者处以高额罚款，情节严重者，立即停止向其发货，可取消其销售资格并更换渠道成员。若有渠道成员发现其所属的区域内有窜货现象发生，可以向医药生产企业提供可靠依据，经核实之后，可以给予相应的奖励或补偿。

3. 设定合理价格

拥有一个合理的、稳定的价格体系是分销渠道良好运营的前提，医药生产企业在制定价格时，尽可能减少产品的地区价格差异，可以参考渠道成员的意见，尽量做到公平、公正，确保每一层次、每一环节的渠道成员都能够取得相应的利润。对每一层级的价格执行情况必须进行严格的监控，这样可以在一定程度上防止渠道成员越级或跨区销售。

4. 合理划分区域和市场

企业应该对市场进行合理的划分，在确定渠道成员之前，先对渠道成员的销售实力、销售区域、该区域的需求量等进行考察，药品销售尽可能使区域内只有一个一级经销商或代理商，可以防止水平渠道的恶性竞争，避免因价格战而使企业的利益和品牌受损。

5. 加强监管力度

医药生产企业可挑选出一些具有较强责任心的员工，设立专门的市场监控部门，建立员工监管制度，对渠道成员的销售行为，不定期地由监管部门的人员去各个市场进行实地调查，包括货源和售价等。使窜货问题能得到及时发现、及时反馈、及时解决，如发现窜货现象，一定要严肃处理。

总之，窜货行为从某种程度而言是难以避免的，窜货现象与市场发展程度具有十分密切的联系。通常，医药生产企业的产品目标市场覆盖面越广，销量越大，分销渠道发生窜货的可能性就越大。医药生产企业要争取与渠道成员建立长久的发展关系，明确各自的利益，一起担负经营过程中可能产生的风险，减少窜货的发生，使每个渠道成员都能得到可观的经济回报。

同步检测

一、单项选择题

1. 分销渠道指的是(　　)。

A. 产品由生产者向消费者转移过程中所经过的路径

B. 产品由生产者向消费者的转移

C. 产品由经销商向消费者的转移

D. 产品由经销商向消费者转移过程中所经过的路径

2. 治理窜货问题，可以从以下几个方面入手(　　)。

A. 产品源头标记　B. 明确有关窜货奖惩条款

C. 设定合理价格　D. 合理划分区域和市场

E. 加强监管力度

3. 面广价低的常用药适合采用(　　)。

A. 独家分销　B. 选择性分销　C. 密集性分销　D. 代理性分销

4. 中间商同时经营多家生产厂商的同类产品，是实施(　　)战略的体现。

A. 单一产品　B. 多种产品　C. 混杂产品　D. 多家产品

5. 体积大的重型医药产品，一般应采取(　　)。

A. 短渠道　B. 长渠道　C. 宽渠道　D. 多渠道

二、多项选择题

1. 医药营销渠道的一般流程包括(　　)。

A. 商流　B. 物流　C. 资金流　D. 信息流

E. 促销流

2. 医药营销渠道的宽度是指营销渠道中每个层次使用同种类型中间商数目的多少，下列属于营销渠道宽度的有(　　)。

A. 宽渠道　B. 窄渠道　C. 长渠道　D. 短渠道

E. 直接渠道

3. 医药渠道冲突产生的原因有(　　)。

A. 角色及期望不一致　B. 决策分歧

C. 目标错位　D. 沟通障碍

E. 资源稀缺

4. 垂直渠道系统包含哪些形式(　　)。

A. 公司式　B. 管理式　C. 契约式　D. 水平式

E. 多渠道式

5. 在对渠道成员的激励中，属于间接激励的有哪些(　　)。

A. 价格折扣　　B. 举办展示会

C. 指导商品陈列　　D. 帮助培训销售人员

E. 技术指导

三、案例分析

医药电商领域典型案例分析

2010 年 iHealth 药宅配网获数十万美元天使轮融资，是中国医药电商首例投融资案例。随着国家政策的放开，尤其是 2014 年《互联网食品药品经营监督管理办法(征求意见稿)》颁布，允许处方药在网上售卖，医药电商呈现快速发展趋势。

1. 九州通医药网：垂直 B2B 交易平台

九州通医药电子商务交易平台是九州通医药集团旗下以医药批发、现代医药物流为主的大型 B2B 医药交易网站，为医药行业提供商品采购、物流配送等服务。2000 年，九州通就成立了电子商务公司，获得互联网药品交易服务资格证书(B2B 模式)。

九州通医药电子商务交易平台在销产品主要分为西药、中药、医疗器械、计生用品和其他生活产品五大类，销售板块包括活动专区、展销会、九州特供和热卖推荐四大板块，主要提供医药批发 B2B 服务。背靠国内最大民营“药批”九州通医药集团，庞大的数据库支撑成为强劲竞争优势。

商业模式：一是会员服务，以会员费的形式收取费用，为会员提供产品推广及信息相关服务；二是展示类网络广告，包括横幅推广、产品展台等服务；三是展会业务，包括实体展会与线上展会，以参展费的形式收取费用，为客户提供交易平台服务。

2. 好药网：医药电商 B2B 平台

好药网是北京万邦康健科技有限公司运营的医药电商 B2B 网站，成立于 2014 年 4 月，已获得国家食品药品监督管理总局颁发的互联网药品交易服务资格证书，目前公司业务以医药批发、现代医药物流为主，主要通过商品进销差价来获得盈利。

从战略布局看，好药网的未来发展战略主要有三方面：一是区域布局，目前除了河南外，好药网同时向山东、辽宁两省进行业务拓展，已于 2015 年底完成整体的系统及资源对接。二是供应链优化，好药网河南地区的下游药品终端采购商有 4000~5000 家(其中三级医院 300 家，单体药店和中小药品批发各 2000 余家)，而在即将对接完成的辽宁及山东地区仍有大量终端采购商，预计对接完成后好药网整体将为1.5万家终端采购商提供服务。好药网通过将众多采购商的分散而小额的药品采购需求集中起来(即"打包团购"模式)，向药企批量集中采购，一方面可以增加上游药厂的销售额，另一方面可以降低下游采购商的药品采购成本，从而整体提高行业的运行效率，促进药品批发市场的良性发展。三是品类扩展，目前药品(含西药、中成药)在整体销售额中占比超90%，未来在持续强化药品销售的情况下，将继续开拓医疗器械等产品的销售。

3. 天猫医药馆：医药综合B2C交易平台

淘宝商城医药馆于2011年6月初试水，由于缺乏相应资质被迫暂停营业，后于2012年2月正式上线，并改名为"天猫医药馆"，是目前中国医药电商最大的综合B2C交易平台，2014年4月并入阿里健康。天猫医药馆为买卖双方提供商家入驻开店、平台运营、营销推广、资金结算及物流配送等服务。

目前，天猫医药馆已取得互联网药品信息服务资格证，截止到2015年6月底，314家获得网上药店牌照的企业中，有194家在天猫医药馆开设有官方旗舰店，占比达61.98%。医疗器械、OTC药品、计生用品、保健用品及医疗服务为天猫医药馆主要销售品类。

盈利模式：一是佣金收入，作为平台，天猫医药馆提供一个交易市场，买家和卖家可以在这个平台上交易，交易成功之后，向卖家收取一定比例的佣金；二是广告营销收入，为卖家提供提高产品曝光的营销工具，包括定价广告、竞价广告、展示计划等，从而获得广告收入。

4. 好药师：医药电商自营式B2C

好药师网上药店(北京好药师大药房连锁有限公司)是九州通医药集团的全资子公司，营销网络覆盖全国70个城市，是一家以西药、中药和医疗器械批发、物流配送、零售连锁以及电子商务为核心业务的股份制企业，2009年，九州通获得B2C资质，开始布局药师医药电商业务。背靠国内最大民营"药批"九州通医药集团，好药师在发展初期，强强联合京东逐鹿市场，是京东最大的医药电商单体店，经过4年合作，现开始进行多平台发展战略。

目前，好药师已入驻1号店、亚马逊、易讯网、当当网等国内主流电商平台，同时与京东、天猫建立了长期稳定的良好合作关系。现阶段B2C销售和O2O服务是其核心业务，企业分京东旗舰店、天猫旗舰店、官方网站和O2O四个业务模块。依靠九州通医药集团线下1.7万家药店基础(自营+合作)，好药师快速推进"线上线下联动式用药"的医药O2O服务，充分利用九州通全国物流体系以及现有的药店客户资源，实现线上到线下的"药急送"服务。

业务发展：一是平台布局以京东为主，多元化发展；二是2014年发力官网建设；三是与移动医疗风口企业合作，2014年与春雨合作药品植入，2015年联手平安好医生共建药房；四是与赛柏蓝进行微商合作，好药师是药品提供方、配送方，赛柏蓝提供企业资源和用户资源。

5. 康爱多：B2C 官网+网购平台+移动端布局

康爱多网上药店隶属于广东康爱多连锁药店有限公司，拥有 5 家大型 O2O 网上药店线下体验馆，是一家以 B2C 医药电子商务为主要发展业务的医药零售企业，2010 年获得互联网药品信息服务许可证。截止到 2015 年 6 月份，康爱多在 PC 端、移动端、微信等渠道提供较为成熟的购买问询及交易服务，现阶段企业估值约 50 亿。

借由互联网发展红利，深耕微信、微商城、康爱多掌上药店，探索医药电商新模式。同时与天猫建立了长期稳定的良好合作关系，天猫旗舰店在销产品种类主要包括医疗器械、计生用品、日常医药和隐形眼镜四大类。2015 年 6 月 23 日，康爱多宣布拟申请新三板挂牌。

商业模式：一是销售价差，商家通过控制品类销售价格来赚取差价，从中获得利润；二是从商家抽成，买家和卖家通过康爱多提供的平台进行交易，交易成功之后，向卖家收取一定比例的交易抽成；三是广告营销收入，为卖家提高产品曝光，从而获得收入。

6. 壹药网：独立物流高效配送，药品品类占优势

壹药网(原 1 号药网)隶属于广东壹号大药房医药连锁有限公司，前身是 1 号店的医药频道，从 1 号店独立后，壹药网凭借多年积累的医药行业、电商运营、物流及其他各方面经验独立运营，并于 2015 年 1 月完成 C 轮融资，融资金额为 4. 5 亿元。公司总部位于上海，在广州、北京设有分公司，2010 年获得国家食品药品监督管理总局颁发的互联网药品交易许可证。

2015 年 6 月"壹药网"与广东省第二人民医院合作，通过双方推出的网络医院平台，患者可以在网上挂号，通过视频、语音等工具，向医生讲述自己的病情；医生可以通过网络听诊器等工具对患者病情进行诊断，并开具药单及购药，一站式解决看病购药全过程。

壹药网作为广州壹号大药房医药连锁有限公司重点业务之一，与移动端 1 号药店共同推动公司 B2C 业务部分发展。除 B2C 外，广州壹号大药房医药连锁有限公司还有 B2B、服务终端和线下实体药店三部分，大健康布局全面，推进产业链上下游的打通。现阶段服务业务中的线上问诊移动端 App 易诊表现突出，在同类 App 中处于领先位置。

7. 叮当快药：线下快速覆盖，线上借力平台

叮当快药原名叮当送药，2015 年 3 月更名为叮当快药，是基于药店 O2O 服务的互联网医药信息展示平台，提供医药咨询、药品订购及药品快速送达等服

务。截止到2015年9月，叮当快药用户量近300万，其线下合作药店目前超过500家。

仁和集团通过叮当快药、和力物联网、叮当医药、叮当云健康等互联网产品，来打造“M2F(Manufacturers to Factory)+B2B+B2C+O2O”的产业链全环节覆盖模式，从而构建“叮当大健康生态圈”。而在此生态圈中，叮当快药作为服务消费者的最后一公里，最终与产品端、流通渠道相照应，是仁和全产业链生态闭环中的重要一环，叮当快药的发展受到仁和集团在资金及资源方面的大力支持。同时，叮当快药通过电子围栏技术，进行空跑和压力测试，从而保证28分钟送达；在具体实施中，通过拆分优化配送环节、流程培训、系统规范、GSP进销存系统及对合作药店进行实时监测和考核等方式，对整体O2O服务进行规范，以保证用户体验。

8. 老百姓网上药店：线下基础强大，携手美团试水“医药+团购”模式

老百姓网上药店由老百姓大药房连锁股份有限公司旗下老百姓电子商务有限公司推出并运营，运营中心位于北京，仓储中心位于湖南长沙。目前老百姓网上药店提供多渠道购买服务及交易问询，PC端方面，垂直B2C和平台B2C发展基本均衡，平台B2C合作以天猫和京东为主。移动端方面，基于App、H5和微商城进行营销推广。老百姓网上药店目前最大的利润来源为商品差价，未来将以同步发展自有品牌产品和对线上资源进行整合营销为主要方向，老百姓网上药店背靠老百姓大药房连锁股份有限公司强大线下基础，2015年携手美团网开展战略合作布局O2O，试水“医药+团购”模式。

（资料来源：http：//www. beeui. com/p/3107. html）

讨论：医药电商领域的发展，对医药企业渠道建设的影响？

四、实训

分销渠道设计

1. 实训目的

由于企业的销售政策、药品类别及市场条件的差异，药品销售渠道有许多类型，不同类型的渠道占用企业不同的资源，也给企业带来了不同的利润。通过实训要求学生能较好地掌握为企业选择一条占用最少资源并带来最大利润的渠道类型的技巧。

2. 实训内容

甲厂是生产“羚羊感冒胶囊”的企业，其规格为0.1g×12粒/盒，600盒/件，服用后无特殊服务的要求，价格适中，有效期3年，运输中不易损坏、流失或腐

烂变质，且该药品处于成熟期，市场形势比较乐观，整个经济形势景气，目标市场的占有量较多但地点分散，且购买数量少，购买频率高。企业的资本实力一般，计划提高企业技术开发与生产能力，增强企业的核心竞争力，所以较多地考虑增强批发商、零售商的合作关系，而相应地减少流通领域的投入。

企业选择哪种分销渠道类型，既有一些来自药品本身、市场和企业的硬性约束因素，也有相当大灵活选择的余地。请根据所学知识分析甲药厂的状况，为其选择一条分销渠道类型，并说明原因。

3. 实训步骤

(1) 学生以小组为单位，提出不同的意见，最后得到最优方案；

(2) 本项目与教学时间同步。

4. 实训要求

(1) 了解直接渠道和间接渠道的优缺点；

(2) 为甲药厂的“羚羊感冒胶囊”分别建立一条直接和间接分销渠道；

(3) 写出实训报告。

5. 考核评分

考核项目	配分	得分
建立一条直接渠道	30 分	
建立一条间接渠道	30 分	
写出完整有说服力的实训报告	40 分	

（资料来源：高环成. 药品市场营销原理与实务[M]. 西安：第四军医大学出版社，2015.）

第八章 医药促销策略

知识目标

(1) 了解医药促销的含义和作用。

(2) 掌握医药促销组合的四种方式。

(3) 了解影响医药促销组合的因素。

能力目标

(1) 能够熟练运用医药促销策略解决实际问题。

(2) 能够根据医药企业的实际问题选择适当的促销方案。

(3) 能够能人员推销方案设计方法解决实际问题。

引例

江中集团将2002年确定为“渠道扫荡年”，决定深挖渠道：寻找市场薄弱点、空白点，健全地市级及县级市场客户网络，配合渠道专项促销活动支持。

江中集团的“渠道扫荡年”收获颇丰，市场迅速启动。这一年，江中健胃消食片的销售额达到4亿多元。2003年，销售额更是高达7亿元，创下了OTC类单一药品销售额的奇迹。在2004年第十一届广告节上，江中集团选送的作品——江中健胃消食片《抢占“日常助消化药”第一品牌》广告片夺得艾菲奖(EFFIE AWARDS)实效奖。艾菲奖创立于1968年，由美国纽约营销协会特别设立，其目的是表彰每年度投放广告达到目标并获得优异成绩的广告主、广告公司。艾菲奖创立以来，已经发展到全世界26个国家，成为目前世界上唯一一个以广告效果为主要评审依据的权威广告奖项。

与艾菲奖相比，戛纳、克里奥等国际广告奖项更侧重于广告创意，较少考虑广告给广告主带来的实效，因此，评奖中经常出现获奖广告片“叫好不叫座”的现象，经常是广告公司风光拿奖，广告主却收效甚微。而艾菲奖对参赛作品要求的是整个广告运动，包括广告运动目标、广告策略、广告形式、媒体选择以及广告最终给广告主带来的效果，尤其集中关注广告带来的实际市场效益。因此，可以说，赢得艾菲奖就意味着赢得了市场挑战的成功。

资料来源：(http://doc.qkzz.net/article/6bab1eea-5d5b-4508-9f1f-a0fa013ef3c3.htm)

第一节 医药促销组合

促销是企业市场营销活动的基本策略之一，它是指企业以各种有效的方式向目标市场传递有关息，以启发、推动或创造对企业产品和服务的需求，并引起购买欲望和购买行为的综合性策略活动。一般包括广告、人员推销、销售促进和公共关系等具体活动。促销实际上就是在销售者和潜在购买者之间，进行影响态度和行为的信息传播。从本质上讲，促销就是信息交流和传递的过程。

一、医药促销的含义

医药促销是指医药企业通过种种可能的方式把企业的有关信息传递给目标市场，使目标市场对企业产生信任感，认识到企业生产的医药产品及其服务给自己带来的利益，激发需求并最终引起消费者购买欲望，促进其完成购买行为的一系列活动的总称。

医药企业日常生产经营过程中存在着两种不同的信息沟通行为，一方面医药企业需要通过各种渠道将市场信息引入企业的产品开发、生产与销售过程中来，保证生产经营的产品及营销组合策略符合市场的需求；另一方面，医药企业也要把药品经营信息通过种种方式传递给中间商和消费者，使目标市场更多更好地了解本企业、了解本产品，从而帮助消费者做出最佳的购买决策。这个由内向外传播营销信息的过程，就是医药产品的促销过程。

此外，医药产品消费的特殊性决定了医药企业要面临更为复杂的营销信息沟通过程，信息传递对象除中间商、消费者和社会公众外，还有对患者用药持有处方决定大权的医生这一特殊公众。在处方药市场中，医生是医药企业产品促销中不容忽视的信息沟通环节与传播对象。

二、医药促销的作用

医药促销在整个医药市场营销活动中扮演着极其重要的作用，具体体现在以下三方面。

（一）实现医药企业与目标市场的信息沟通

医药促销活动扮演着联结医药企业和消费者、中间商的信息桥梁角色。通过行之有效的促销活动，现实顾客和潜在顾客可以充分了解企业产品及其服务的有关信息。企业也可以获得第一手的反馈信息，准确了解市场需求，及时调整企业的经营行为。

（二）促进药品的推广

药品作为一种特殊商品，科技含量高，普通消费者对药品知识了解少。因此，医药企业要抢占先机，充分运用促销工具向批发商、零售药店、广大临床医师、最终消费者进行推广，把药品的作用机制、临床疗效等信息传递给他们，从而刺激市场需求。

（三）增强医药企业的核心竞争力

在市场竞争日益激烈的情况下，企业面临的竞争对手众多，而中国大部分制药企业生产的药品属于非专利药，没有明显的特色，企业可以通过开展促销活动传递产品特征和企业形象，把自己的产品与竞争品牌区分开来，使消费者了解到本企业的产品可以为他们带来的附加利益，从而塑造和提升企业的品牌价值，增强企业的核心竞争力。

三、医药促销组合

它是指医药企业将人员推销、广告、销售促进（营业推广）和公共关系四种基本促销方式有机结合成为一个策略系统，使企业的全部活动相互配合与协调，以最大限度地发挥整体效果，顺利实现企业目标。

不同的促销方式有着不同的作用和特点，它们可以和一定的销售目标相联系，也有着自身的优缺点，如表 8-1 所列。

表 8-1　四种促销方式

促销方式	优　点	缺　点
人员推销	直接沟通信息，反馈及时，可当面促成交易	招用人员多，费用高，接触面窄
广告	传播面宽，形象生动，节省人力，媒体形式多种多样	只针对一般消费者，难以立即成交
销售促进	吸引力大，激发购买欲望，可促成消费者即时冲动购买行动	接触面窄，有局限性，有时会降低商品价格
公共关系	影响面广，信任度高，可提高企业知名度和声誉	花费力量较大，效果难以控制

四、影响医药促销组合的因素

促销组合是有计划、有目的地把人员推销、广告、公共关系、营业推广等方式结合起来，综合运用，形成完整的促销策略。医药企业对促销组合的选择、编配和运用，要受企业的促销目标、产品性质、市场性质、产品生命周期等多种因素的影响。

（一）促销目标

医药企业在不同时期和不同的市场环境下制定不同的促销目标，从而影响促销工具组合选择，因为促销目标不同，促销组合就会大相径庭。比如某医药企业的目标是迅速增加销售额，扩大市场份额，促销组合应侧重于广告和销售促进；另一家医药企业在成立之初的目标是迅速提高公众对其企业和产品的认知度，其促销组合就会依赖公共关系、广告和人员推销。

（二）产品性质

对于不同性质的药品，促销方式应有所不同。一般来说，医药消费者市场买主数量众多，地理区域分散，对技术性能要求不高，产品售价较低，最适宜的促销方式首先是广告，其次分别为营业推广、人员推销和公共关系中的宣传报道。相比之下，医药组织市场的买主数量较少，地理分布集中，对产品的技术性能要求不一，产品价值又高，人员推销则是主要的促销方式。企业推销人员可以与医药组织市场的客户面对面直接对话，介绍医药产品性能、特点，进行现场示范，解答客户问题，说服客户购买企业产品。这种情况下，广告通常作为配合人员推销的一种促销辅助方式。

（三）市场性质

医药企业要根据市场的性质来设计促销组合策略，即应按照市场的类型、规模及地区分布情况等，有侧重地选用不同的促销组合手段。一般来说，对于家庭、个人等分布广泛、潜在数量很大的消费者，应当以广告、营业推广为主要销售促进形式，充分发挥广告宣传范围广、营业推广能够激发购买行为等特长，来吸引广大的购买者。而对于消费者是企业、经销商等相对集中、数量有限的目标市场，则应以人员推销为主要销售促进手段，发挥其介绍情况详细，可直接解答技术问题，并能保持良好关系等优势，来吸引目标顾客。同时，辅之以广告、营业推广等形式促销。公共关系对各种市场都适用，尤其是在购买者比较集中、数量有限的情况下，作用更加显著。

（四）产品生命周期

医药企业对处在生命周期不同阶段的产品，促销活动的目标与侧重点往往不同，促销方式的组合也不一样。一般来说，在产品处于介绍期时，企业的促销目标主要是提高产品的知名度，因而，促销方式以广告为主，辅以相应的宣传报道。为了鼓励消费者试用产品，可在销售地点进行适度的营业推广活动。当产品进入成长期后，促销目标是要增加消费者的兴趣，促使他们购买企业产品。因此，广告仍是企业促销活动的主要手段，但在内容与形式上应有所改变，比如以说服型广告为主，在产品的成熟阶段，促销目标是要培养消费者对企业牌号的偏好，增加产品的使用量，广告促销作用有所下降，营业推广作用逐步增强。当产品处于衰退期时，促销目标是要维持市场销量，因而营业推广是企业促销活动的主要方式，广告促销作为辅助手段起到提醒消费者购买的作用。

（五）促销费用

促销费用预算的多少，直接影响销售促进方式的选择，因为有的方式费用较高，而有的则较低，而且不同的销售促进方式在不同时期的促销效果也是不同的。一般来说，人员推销费用最高，广告次之，公共关系、营业推广因具体方式不同，其费用也有高有低。企业应在促销费用总额既定的情况下，选用适当的促销手段，把有限的财力用好，达到最佳组合效果。

（六）促销总策略

企业促销总策略有“推动”和“拉引”之别。所谓推动的策略，就是以中间商为主要促销对象，把产品推进分销渠道，甚至最终推向消费者和用户。所谓拉引策略，则是以最终消费者为主要促销对象，吸引消费者向中间商施加压力，询购某一特定药品的一种策略；也就是由消费者向零售药店和医疗单位询购，零售商向批发商要货，批发商向制造商进货的过程。“推动”和“拉引”策略如图 8-1 所示。

很显然，如果企业实行的是“推动”策略，那么人员推销和营业推广的作用更大；要采用“拉引”策略，则广告的作用最大。

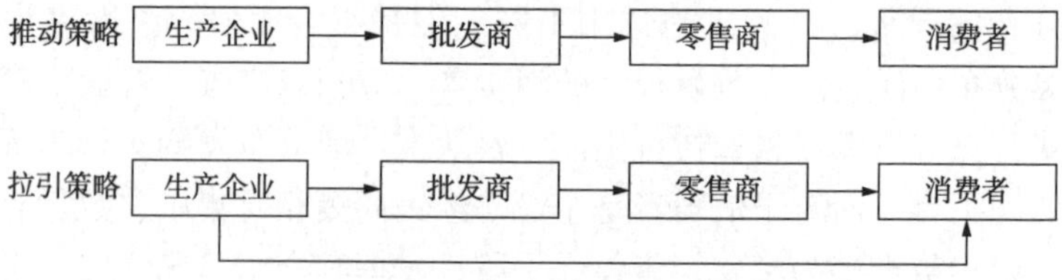

图 8-1　“推动”和“拉引”策略

（七）其他营销因素

促销组合的效能大小不仅在于各种促销手段本身的配合使用状况，还取决于产品开发、渠道选择、定价策略等企业营销组合其他因素的协调状况，也就是说，在其他营销策略既定时，促销组合的选择必须同期相适应。

总之，只有在充分了解各种促销方式的特点，并考虑促销组合的各种因素的前提下，有计划地将各种促销方式加以适当搭配，形成一定的促销组合，才能取得最佳的促销效果。

第二节　医药人员推销

人员推销是最古老的促销方式之一，但直至今日仍为企业广为采用。特别是产业市场和中间商市场，人员推销有着不可替代的优势。

营销链接

医药销售问话三原则

在日常营销中，平庸的营销是客户要什么就拿什么，而真正的营销高手能够善于从专业的角度和客户利益的角度通过问问题挖掘客户的需求，并针对客户需求提供专业的意见、解决方案以及增值服务，从而快速建立客户信任和信赖，与客户建立良好关系，大幅度提升成交率和成交质量。因此，在营销的过程中问话的设计尤为关键，能否很好地通过问问题挖掘需求引导成交是平庸与优秀营销的根本分水岭。

第一，让客户多说。

在一开始接待客户的时候一定要以开放式的问题让客户多说，因为这样才能对客户表达出来的信息进行收集分析和处理，得出有效的需求切入点，你让客户说得越多，你就越了解对方的需求。另外，客户多说满足了客户表达的欲望，在客户表达的过程中你不断地对客户表示认同和赞美，这样就会得到一个很好的效果，那就是：你让客户说得越多，客户就越喜欢你。

第二，沉默是金。

一个好的医药营销人员一定不要喋喋不休，很多时候一定要在提问后保持沉默，这样就会将压力抛给客户，这样客户就会在你的问题的引导下思考并回答。注意：如果沉不住气，不掌握对话的主动权，那你一开始就输了！

第三，坚信客户。

一个优秀的医药营销人员一定会让“坚信客户一定会购买”的思想来贯穿营销全过程，擅长在营销过程当中用肯定的句式不断展示客户服用以后的效果来引导客户成交。另外，还需始终站在客户利益的角度，专业地呈现。一个优秀的医药营销人员在营销过程中要不断展示出我们的方案给客户提供的价值和好处，这样才能打动客户。

（资料来源：http：//c. chinamsr. com/thread-17798055-1-1. html）

一、医药人员推销的含义

医药人员推销，是指医药企业派出营销代表直接与中间商、现实或潜在顾客进行面对面接触、洽商，通过双向的信息沟通和交流，促进商品和服务的销售，并且通过信息的反馈来发现和满足顾客需求的促销方式。

人员推销在促销领域发挥着重要的作用，其最大的特点是：双向信息交流，针对性强，有助于营销人员及时掌握顾客的需要，随时调整自己的推销方案，在争取顾客偏爱、建立顾客购买信心和促成当面迅速成交等方面效果显著。不足之处在于推销费用高、推销范围有限、优秀的营销人员不易寻找等。

二、医药推销人员的定位和职责

在我国，现目前医药企业人员推销一般是由医药促销代表完成。按照国际制药企业协会联盟对医药代表的定义，医药代表是隶属医药品生产或经营公司，以正确使用和普及医药品为目的，代表公司同医疗人员接触，提供有关医药品的质量、有效性、安全性等信息服务并负责信息收集、信息传递等工作的业务人员。

（一）医药推销人员的定位

1. 医师用药的指导专家

医药代表应熟悉产品的作用机理、药理毒理、用药禁忌等，为医师提供专家级咨询，促进临床用药的合理、安全、有效，拓宽医务工作者的知识面，提升医务人员在该领域的学术水平。

2. 药品临床表现信息的搜集者

医药代表应当能与医师、药剂师建立良好的长期业务关系，从中搜集药品的临床表现包括药品不良反应的发生，为企业产品的完善提供准确的信息。

3. 药品推广的主力军

临床医生新药知识大部分来自医药代表，医药代表应通过为医师和患者提供咨询，消除其用药疑虑，促进新药推广普及，及时解除病人痛苦。

（二）医药推销人员的基本职责

医药促销代表在负责区域内科学推广公司产品，确保在实现销售目标的同时，建立公司产品在医生心目中的药品定位。首先医药代表必须熟悉每一个产品的产品知识，保证准确无误地向客户传达药品的信息，树立公司的专业、负责的良好形象；医药代表必须学习并掌握每一个产品的有效的销售技巧，通过对客户专业化地面对面拜访和产品演讲，说服客户接受公司的产品；医药代表必须在所辖区域努力完成公司下达的销售目标；医药代表作为企业的代表必须积极地与医院、商业等客户建立良好的合作关系，并保持密切联系；医药代表必须亲自制定并实施所辖区域的行动计划，积极组织医院内各种推广活动；医药代表必须坚持以最低成本创造最大的销售额和市场份额。

三、医药促销人员推销的对象

人员推销首先要确定好推销的对象。目前，我国医药促销代表推销的对象主要有四类，即医药批发企业、医药零售企业、医院和消费者。

（一）医院

促销人员向医院推销的主要产品是处方药，可以说是药品的临床推广，是一种通过对专业人士用药知识的宣传从而带动药品的销售营促销方式。由于我国医药卫生体制的特点，其中医院的药品消费占国内药品消费总量的80%左右，因此作为医药促销代表就首先要了解医院及其相关知识。医院的药品销售具有以下特点购买量大，面对最终消费者，在处方药方面具有权威性，对非处方药也具有非常大的影响力。由于处方药不能由患者自由选择，而是由执业医生开具处方使用，因此医生对处方药的选用具有决定性作用。同时，由于患者比较信赖医生，医生也能极大地影响非处方药的使用。定点医院对医保用药目录内的药品使用具有相当大的控制力。

（二）医药零售商（药店）

目前我国药品零售市场份额逐步增大，药店服务日益受到消费者的青睐，而制药企业要提高药品在药店的销量，就必须注重医药促销代表对药店的推销。

（三）医药批发商

医药批发商具有以下特点：一是购买量大，由于医药批发商需要大量供给给医药零售商、医疗单位等，所以它一般是大量的交易；二是有自己固定的销售渠道；三是有自己的销售网络和销售队伍；四是一般不会轻易更换自己的合作伙伴。

（四）消费者

这里的消费者是指医药产品的真正需求者，即患者。患者的购买行为最容易受具有一定医学、药学专业知识的人员的影响，如驻店代表、药店营业员、药店诊所的医生、医院的医生等。70%的消费者是在购买地决定购买何种产品以及购买数量，所以人员促销行为对某种药品的销售影响很大。

四、医药人员推销的过程

在医药促销过程中，每一个人都希望在最短时间内了解关键的信息，客户通常能接受的销售代表拜访时间是很短的，如何在短时间内完成你的推销目的，这就是专业的药品销售技巧要解决的核心问题。医药产品人员的推销过程与内容并无固定的模式可循，但总的来说，通常要经过以下七个步骤，如图8-2所示。其中，拜访客户、讲解与展示和推销异议处理被称为推销的核心步骤。

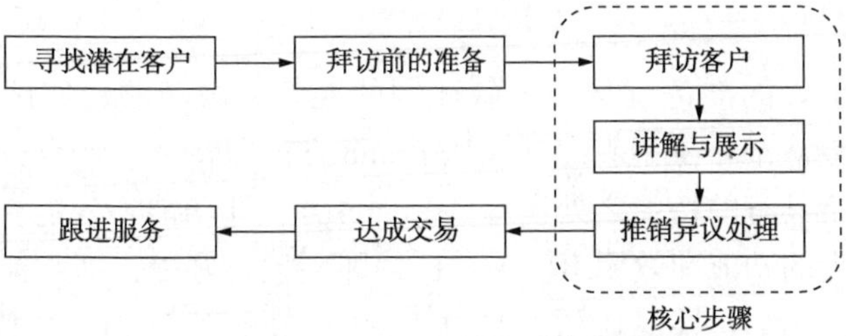

图8-2　推销的七个步骤

（一）寻找潜在客户

潜在客户是指可能成为现实客户的个人或组织。医药推销人员首先要从各种信息来源中寻找到潜在客户，有经验的推销员擅长利用现有客户的推荐来发掘新客户，因为现有客户的推荐具有很高的销售效果，有研究表明，一个老客户的推荐相当于12次推销人员的推销访问。

通过初步寻找，医药推销员还需要对潜在顾客进行进一步筛选，判断其是否具有真正的顾客资格，有一个非常实用的顾客筛选标准，即MAN原则。作为顾客的人(Man)是由金钱(Money)、权利(Authority)和需要(Need)三个要素决定的。三个要素必须同时具备，才是入选的顾客。在这个三个要素中，主要的因素是N，然后是M，最后是A。通过顾客筛选与鉴定，有利于发现真正合适的顾客，并避免无效的推销活动，以此节约推销经历、时间，提高推销效率。需求(Need)的判断是指事先确定顾客是否真正需要推销人员所推销的产品或服务，判断内容包括应明确顾客是否需要、何时需要及需要多少。顾客是否有需求，是推销能否成功的关键，如果推销员所选择的医院根本没有开设自己所推销药品的相应科室，相应患者也几乎没有，那么推销工作只会徒劳无助。对顾客支付能力(Money)的判断包括考察顾客的现有支付能力和潜在支付能力，具有购买需求和支付能力的顾客是最理想的顾客，此外，推销员还要善于发掘顾客潜在的支付能力，为推销提供广阔的市场。购买决策权的判断(Authority)是集团推销最重要的环节，推销首先应满足购买决策者的需要，因此，医药推销员必须了解医院等机构的内部组织机构、人事关系、药品购买决策系统和决策过程，判断谁是真正的决策者。

（二）拜访前的准备

医药销售员确定了预期顾客之后，并尽可能地了解预期顾客各方面的情况，分析他们的特定需求，如对现使用品牌产品的态度、谁是购药关键决策者、决策者个人性格和购买习惯如何。面对医生传递产品信息的医药代表，要花精力了解医生的一般情况，如家庭成员、爱好、收入、处方习惯、生日、籍贯等个人资料。在掌握了必要信息的基础之上，销售员应制定访问计划，确定访问时机、频率和方法等。

拜访前最重要的准备就是推销叙述词的准备。医药营销实践中，常常采用FAB叙述词的方法准备推销叙述词。F(Feature)，即特征、特点，指与其他产品相比，本产品所具有的特殊之处；A(Adventure)，即功能、效能，指由于上述特征、特点所产生的功能和效用B(Benefit)，即利益、好处，即功能功效给顾客带来的效用利益。例如，某品牌缓释降压片的FAB叙述词如下。F：口服缓释制剂。A：血浓度可以持续12小时。B：可以早晚各服一次，病人依从性好；避免峰波峰谷，平稳降压，感觉舒适；治疗方便。

（三）拜访客户

拜访顾客就是指推销员正式与潜在顾客进行接洽的推销活动，可采取电话访问、电子拜访和上门拜访等形式。在拜访活动中，推销员最好以整洁的仪表、得体的着装、礼貌的举止、明确的开场白争取给预期顾客留下良好的印象。在交谈过程中应随时注意顾客表情和举止的变化，争取进一步了解顾客需求。

电子拜访是国内外医药企业兴起的一种医药代表与医生接触的新方法，考虑到城市医院的医生工作节奏紧张，工作时间内没有足够的时间接受数量众多的产品信息沟通请求，医药企业可把新产品信息通过电子邮件发给医生；或为医生提供互动的网上服务，帮助医生接受医药产品继续教育；或为医生配置无线网络设备和可视沟通设备，利用这些设备召开网上可视电话会议，举行新产品介绍会，为医生获取新产品信息提供方便，节省了医药代表亲自拜访的成本。

（四）讲解与展示

推销员在讲解过程中应侧重于向顾客阐述产品给顾客带来的利益，而不仅仅是宣传产品价值和描述产品的特征。讲解与展示的过程，也是讲述 FAB 叙述词的过程。展示的目的是吸引并抓住顾客的注意力，提高他们的兴趣。医药代表应尽可能使用现代视听设备向医生传递信息，如采用动画的方式演示药物在体内作用的全过程，并利用电脑幻灯片当场进行示范。

作为一种最古老的推销方法，产品导向型推销法将顾客置于被动地位，销售人员使用刺激性的旅游和图片进行讲解，希望激起顾客的欲望，说服其购买。相比之下，推销员更应该根据实际情况，采用营销导向型的推销法，即在讲解之前先了解顾客的需要、习惯和态度，在采用固定的讲解模式阐述产品如何满足他们的需要；或是在推销现场，推销员鼓励顾客积极发言，自己扮演专业知识丰富的咨询员角色，帮助顾客解决临床用药的实际问题。

（五）推销异议处理

在推销过程中，推销员总会遇到顾客对产品提出反对意见的情况。因为产品总会存在一定的缺点，不可能满足所有人的需求。此外，医生出于原有的处方习惯，偏好市场原有的药品等，也会本能地产生抵触情绪，从而抵制新药。处理异议的最佳办法就是推销员争取积极主动，先发制人，抢先提出顾客可能提出的异议，并加以解释，解除顾客的疑虑，从而防止顾客提出异议后再辩驳顾客的意见。推销员应主动追问顾客，找出异议的根源，并做出相应的答复和处理意见。

（六）达成交易

推销员应通过观察顾客的言语、举止和表情等信号，判断达成交易的最佳时机是否到来，并适时抓住时机，提出建设性的决策并促使交易立即成交，可以通过价格优惠、免费额外赠送等销售促进手段，促使顾客立刻做出购买决策，从而达成交易。

（七）跟进服务

交易达成之后，推销员还要提供跟进服务，即与顾客积极保持联系，确认货物是否已经及时收到，了解医生、患者等顾客对所使用药品的效果是否满意，了解产品是否出现了问题，维系顾客关系，不断向顾客表示关心和问候，使顾客在将来很长时间内倾向持续购买本企业的医药产品。

第三节 医药广告

引例

《中华人民共和国广告法》(2015)对药品广告的规定

第十五条 麻醉药品、精神药品、医疗用毒性药品、放射性药品等特殊药品，药品类易制毒化学品，以及戒毒治疗的药品、医疗器械和治疗方法，不得作广告。

前款规定以外的处方药，只能在国务院卫生行政部门和国务院药品监督管理部门共同指定的医学、药学专业刊物上作广告。

第十六条 医疗、药品、医疗器械广告不得含有下列内容：

(一)表示功效、安全性的断言或者保证；

(二) 说明治愈率或者有效率；

(三) 与其他药品、医疗器械的功效和安全性或者其他医疗机构比较；

(四) 利用广告代言人作推荐、证明；

(五) 法律、行政法规规定禁止的其他内容。

药品广告的内容不得与国务院药品监督管理部门批准的说明书不一致，并应当显著标明禁忌、不良反应。处方药广告应当显著标明“本广告仅供医学药学专业人士阅读”，非处方药广告应当显著标明“请按药品说明书或者在药师指导下购买和使用”。

推荐给个人自用的医疗器械的广告，应当显著标明“请仔细阅读产品说明书或者在医务人员的指导下购买和使用”。医疗器械产品注册证明文件中有禁忌内容、注意事项的，广告中应当显著标明“禁忌内容或者注意事项详见说明书”。

第十七条 除医疗、药品、医疗器械广告外，禁止其他任何广告涉及疾病治疗功能，并不得使用医疗用语或者易使推销的商品与药品、医疗器械相混淆的用语。

第十八条　保健食品广告不得含有下列内容：

（一）表示功效、安全性的断言或者保证；

（二）涉及疾病预防、治疗功能；

（三）声称或者暗示广告商品为保障健康所必需；

（四）与药品、其他保健食品进行比较；

（五）利用广告代言人作推荐、证明；

（六）法律、行政法规规定禁止的其他内容。

保健食品广告应当显著标明“本品不能代替药物”。

第十九条　广播电台、电视台、报刊音像出版单位、互联网信息服务提供者不得以介绍健康、养生知识等形式变相发布医疗、药品、医疗器械、保健食品广告。

第二十条　禁止在大众传播媒介或者公共场所发布声称全部或者部分替代母乳的婴儿乳制品、饮料和其他食品广告。

第二十一条　农药、兽药、饲料和饲料添加剂广告不得含有下列内容：

（一）表示功效、安全性的断言或者保证；

（二）利用科研单位、学术机构、技术推广机构、行业协会或者专业人士、用户的名义或者形象作推荐、证明；

（三）说明有效率；

（四）违反安全使用规程的文字、语言或者画面；

（五）法律、行政法规规定禁止的其他内容。

广告是广告主为了某种特定的需要，通过一定的表现形式和媒体，公开而广泛地向公众传递信息的宣传手段。广告有广义和狭义之分，广义广告包括非经济广告和经济广告。非经济广告是指不以营利为目的的广告，又称效应广告，如政府行政部门、社会事业单位乃至个人的各种公告、启事、声明等，主要目的是告知。狭义的广告仅指经济广告，又称商业广告，是指以营利为目的的广告，通常是商品生产者、经营者和消费者之间沟通信息的主要手段，也是企业占领市场、推销产品、提供服务的重要形式，主要目的是扩大经济效益。

一、医药广告的含义

医药广告是一种传递医药产品或企业信息的活动，它是指医药企业通过支付一定的费用采取非人员促销的方式，通过各种媒体把医药产品的相关信息传递给目标消费者，目的在于提高企业形象和知名度，从而促进产品销售的过程。

二、医药广告的特点

（一）公众性

广告是一种高度大众化的信息传播方式，通常适用于大众化、标准化产品的宣传推广。在药品市场上主要适用于 OTC 药品的营销信息的传播。

（二）表现性

广告是一种富有表现力的信息传播方式，它通过对文字、音响以及色彩的艺术化运用，将企业及其产品的信息传播给社会公众。形象化、艺术化的信息传播，使公众更易于接受，所以广告是最有效的信息传播工具。

（三）渗透性

广告可多次重复同一信息，是一种渗透性较强的信息传递方式。

三、医药广告的作用

（一）促进对药品的了解

由于 OTC 药品的高速发展使得医药行业的广告战略尤为重要，这主要是由于人们对于药品的不了解，在众多的 OTC 药品中，每一种相应的病症对应的药品都有很多种，那么，如何在没有医生的指导下选择药品就成为难题。药品广告的出现，使得消费者知道并了解药品的药性以及功用，从而引导消费者选择这类药品。

（二）树立企业形象

人们通过广告了解产品，而又通过对产品的使用验证广告是否属实，甚至会对产品的生产企业有一定的了解。当人们认为这个企业的几种产品达到他们的满意时，就会对企业本身产生信赖，从而提升了企业的形象。

（三）改变人们的价值追求

广告通过媒体的力量，促使形成人们的爱好标准，影响消费者的态度。同时，广告在传播商品信息的同时宣传消费文化，它不断输出意识和观念，不断唤起人们对于新的需求的认识和接受。

广告是促销组合中的重要组成部分，也是现代企业进行促销的最有用的方法和手段。它在改进医药企业的形象、促进销售等方面具有无可替代的作用。

四、医药广告的类型

由于医药商品的种类非常繁多，同类的药品也有很多规格。而且消费者群体差异也非常大，因此，医药商品广告也就非常多了。根据不同的标准，广告可以分为许多种类型。

（一）按发布广告信息的方式不同分类

1. 影像广告

它是指通过电影、电视、录像、光盘等传媒而发布的广告。这是最常见的广告之一，具有费用高、范围广、速度快、影响面大、收效大等特点。

2. 听觉广告

它是通过各种声音而发布的广告，主要是通过广播、电台来完成。

3. 图文广告

它是指通过各种报纸、杂志、广告牌、广告栏、路牌、汽车、建筑物、物体等作为载体发布的广告。

（二）按广告诉求的方式不同分类

（1）理性诉求广告，是指以说服的方式、有理有据地论述商品或服务的优点和长处，让消费者自己作出判断性或选择的广告。

（2）感性诉求广告，是指用动之以情、晓之以理的方式感染消费者，促使消费者购买商品或接受服务的广告。

（三）按广告的直接目的不同分类

（1）商业性广告，是指通过广告直接刺激消费者，使消费者购买商品或接受服务的一种广告方式。这种广告要求能马上达到宣传效果，要迅速提高商品或服务的知名度。

（2）公关性广告，是指以树立组织良好形象、提高组织的声誉（知名度和美誉度）、增进公众对组织的信赖和支持为目的，从而促进组织整体目标的实现的一种广告方式。

（四）按直接接受的公众的不同分类

（1）消费者广告，是专门针对各种消费者的广告，主要是宣传一些消费品。

（2）经销广告，是生产厂家向经销商发出的广告，或批发商为了促成大批业务而发出的广告。

（3）工业广告，是指工业企业或商业企业向工厂发出的广告，主要是为了销售工厂必需的一些商品（如原材料、零部件等）的广告。

（4）专门广告，是指针对特定公众范围不宜扩大的广告。如为了宣传民族用品、妇女用品、地区性用品而发布的广告。

五、医药广告媒体及其选择

（一）广告媒体的种类

广告运用的媒体也是多种多样，大致有：报纸、杂志、广播、电视、电影、幻灯片、户外招贴、广告牌、霓虹灯、交通广告、传单、包装纸、商品陈列、现场 POP 广告、网络广告等。其中，最常用的媒体是报纸、杂志、电视、广播以及网络，它们各有优缺点，如表 8-2 所示。

表 8-2　广告媒体的优缺点比较

类　型	报　纸	杂　志	电　视	广　播	网　络
优点	迅速、及时，成本较低，传播面广，影响力大，时效性强，制作简单，灵活度高等	针对性强、持续时间长、易于保存、表现力较强、印刷精美	表现力强、形象直观生动、娱乐性强、宣传效果好、传播广泛	信息传播迅速及时、传播面广、费用较低、听众多、不受时空控制	受众范围广、交互性强、实时、灵活、成本低
缺点	表现能力差、持续时间短、要求读者有一定的文化、不易保存、感染力差	定期发行、灵活性差、信息传递不及时、覆盖面小、成本较高	时间短、费用高、选择性差、目标不具体	表现力差、时间短、不易记忆	监管滞后、无序竞争、效果难以评估

（二）医药广告媒体的选择

医药企业要想获得良好的广告效果必须综合考虑以下因素：

1. 医药商品的特征

不同的商品要选择不同的广告媒体。对于 OTC 产品、保健品、家用医疗器械宜选择影响面大的普通杂志、报纸、电视、广播等。对于处方药、化学试剂、中药材、大型医疗器械则宜采用专业性报纸、杂志等。

2. 媒体的特征和费用

不同的广告媒体有不同的特征，其费用的差异也很大。在选择媒体时一定要考虑媒体传播的范围与对象、媒体被收听或收看的情况、媒体的费用、媒体的信用、媒体的影响力等因素。

3. 目标消费者的特性

要想广告起到应有的作用，作广告必须有的放矢，必须考虑目标消费者的特性。特别是要了解消费者的消费习惯、购买力、偏好、对媒体的信赖程度等。如老年人爱听广播，小朋友爱动画片等。再如江中集团的广告策略，正是根据不同的目标消费者的特性去做广告，从而取得成功。

4. 市场的竞争情况

当竞争激烈时，医药企业应选择影响力大并且影响面广的广告媒体；当竞争不激烈的时候，对于广告媒体的选择则相对自由些。

当然，对于广告媒体的选择往往是综合性的，则几种媒体都一起使用，从而提高广告的总体效果。

六、医药广告的设计原则

医药产品是一种特殊产品，医药产品的质量至关重要，不负责任的广告会误导消费者，令消费者轻则浪费金钱，重则损害生命健康，甚至付出生命的代价。

（一）真实性的原则

这是医药产品广告的首要原则。这种真实性体现在：所传播的药品必须以药典或省级以上卫生行政主管部门核定的药品说明书为依据；讲究信誉；药品广告的信息内容必须真实；药品广告的形式必须真实。

（二）可达性原则

做广告的目的是为了促销，即必须让相应的公众接收到广告信息。因此，必须根据医药产品目标消费者的不同采用不同的广告设计。例如，针对小孩的药品必须根据小孩的特点去设计，动画的方式应该是首选。

（三）科学性原则

药品广告设计的科学性体现药品广告的计划完整性和策划创意的科学性、不能违背药学和医学的基本原理和常识、不能违背生物学与生理学的客观事实、广告传播的手段和制作技术要具有先进性与科学性、广告设计的程序要规范化。

（四）艺术性原则

药品广告本身是一门实用性很强的艺术。如何能以简明、准确、经济、全面、适当的力度高效率地达到预期的宣传效果，必须具有很强的艺术感染力。这种艺术性必须做到通俗性、魅力性、真实性、新颖性并举。

（五）合法性原则

法律对药品广告的要求比一般产品广告高得多，在做药品广告时不但要遵守一般广告的法律法规和从业原则，还必须遵守我国认可的国际性准则和针对药品的特有法律法规。例如，广告的内容必须真实、合法，以国务院药品监督管理部门批准的说明书为准，不得含有虚假的内容。药品广告不得含有不科学的表示功效的断言或保证；不得利用国家机关、医药科研单位、学术机构或者专家、学者、医师、患者的名义和形象做广告。

（六）经济性原则

做广告必须针对医药产品市场的生命周期、不同的消费群体来做，必须有经济预算，同时根据企业自身的财力来选择广告投放的方式。广告的费用与经济收益的取得必须成止比，收益越高越好。

第四节　医药销售促进

一、销售促进的含义

销售促进又称营业推广，是一种适宜于短期推销的促销方法，是企业为鼓励购买、销售商品和劳务而采取的除广告、公共关系和人员推销之外的所有企业营销活动的总称，它旨在激发消费者购买和促进经销商的效率，诸如陈列、展出与展览表演和许多非常规的、非经常性的销售尝试。

二、医药销售促进的特点

相比较其他的促销方式而言，医药销售促进具有以下几个显著特点：

（一）针对性强、销售效果明显

医药销售促进是一种以激励消费者购买和调动经销商经营积极性为主要目标的辅助性、短暂性的促销措施。大都是通过提供某些优惠条件，调动有关人员的积极性，刺激和诱导顾客购买。因而医药营业推广见效快，对一些消费者具有较强的吸引力。

（二）规则性和非经常性

医药销售促进是一种非人员的促销形式，大多数医药营业推广方式是无规则和非经常性的，它只是辅助或协调人员推销及广告活动的补充性措施。大多数公司采用推销人员或广告去推销商品，或采用广告和人员推销相结合的促销方式，几乎没有一家公司单凭医药营业推广去维持经营。

（三）短期效果

医药销售促进往往是企业为了推销积压产品，或尽快地批量推销产品，获得短期经济效益而采用的措施。但这种促销方式的效果往往是短期的，如果运用不当，容易使顾客产生逆反心理或使顾客对产品产生怀疑，这种做法有时会降低产品的身份和地位，甚至给人以产品质量低劣的印象，从而有损产品或企业的形象。因此，选择医药销售促进形式时应慎重。

三、医药销售促进的作用

（一）可以吸引消费者购买

吸引消费者购买是销售促进的首要目的，尤其是在推出新产品或吸引新顾客方面，由于销售促进的刺激比较强，较易吸引顾客的注意力，使顾客在了解产品的基础上采取购买行为，也可能使顾客追求某些方面的优惠而使用产品。

（二）可以奖励品牌忠实者

因为销售促进的很多手段，譬如销售奖励、赠券等通常都附带价格上的让步，其直接受惠者大多是经常使用本品牌产品的顾客，从而使他们更乐于购买和使用本企业产品，以巩固企业的市场占有率。

（三）可以实现企业营销目标

这是企业的最终目的。销售促进实际上是企业让利于购买者，它可以使广告宣传的效果得到有力的增强，破坏消费者对其他企业产品的品牌忠实度，从而达到本企业产品销售的目的。

四、医药销售促进的方式

（一）面向医药消费者

由于医药商品属特殊品，国家药监部门有明确的规定，即零售药店销售处方药和非处方药时，不得采用有奖销售、附赠药品或礼品的销售方式，违反者要进行相关的处罚。另外根据《药品管理法》规定，医药促销应当宣传和引导合理用药，不得直接或间接怂恿任意、过量地购买和使用药品。因此针对消费者销售促进的主要形式就是销售回馈与健康宣传活动。比如针对长期使用的药品，可以采用会员积分制，累的达到一定的积分可以换药品或者当现金使用，目的是培养顾客对药店或某药品的忠诚度，促进长期购买。

（二）面向医药中间商

1. 批发回扣

医药企业为争取批发商或零售商多购进自己的产品，在某一时期内给经销本企业产品的批发商或零售商加大回扣比例。

2. 推广津贴

医药企业为促使中间商购进企业产品并帮助企业推销产品，可以支付给中间商一定的推广津贴。

3. 销售竞赛

根据各个中间商销售本企业产品的实绩，分别给优胜者以不同的奖励，如现金奖、实物奖、免费旅游、度假奖等，以起到激励的作用。

4. 扶持零售商

医药制造企业对零售商专柜的装潢予以资助，提供 POP 广告，以强化零售网络，促使销售额增加；可派遣企业信息员或代培销售人员。制造企业这样做目的是提高中间商推销本企业产品的积极性和能力。

5. 展销会

医药企业应该都要参加每年举办两次的全国药品交易会并积极开展企业自身的新药交流会等，在会上集中展示企业的产品，能形成对促销有利的现场环境效应，对中间商有很大的吸引力，促进交易的实现。

（三）面对内部员工

对医药企业内部进行医药销售促进活动，旨在使销售活动顺利进行，明确销售重点所在，策划最佳医药销售促进活动、提高销售人员对产品特性的认识，了解医药销售促进计划，促使其有效开展医药销售促进活动。医药企业要想保持长期的激励效果，还需要建立良好的激励制度来促使销售人员能努力工作。激励制度一般是由药品销售定额和药品销售佣金两方面的内容组成。

(四) 针对医院

在针对医院的销售促进中，一般可以采取折扣，为医院、科室和医生个人在科学研究方面提供赞助，赠送公司礼品或纪念品等多种形式。

总之，医药企业对于各种医药销售促进策略的选择，应当根据其营销目标、产品特性、目标市场的顾客类型以及当时当地的有利时机灵活加以选用。

五、选择销售促进的步骤

(一) 确定销售促进目标

销售促进目标的确定，就是要明确促进的对象是谁，要达到的目的是什么。只有明确销售促进的对象是谁，才能有针对性地制定具体的销售促进方案，例如是为达到培育忠诚度的目的，还是鼓励大批量购买为目的？

(二) 选择销售促进工具

销售促进的方式方法很多，但如果使用不当，则适得其反。因此，选择合适的工具是取得销售促进效果的关键因素。企业一般要根据目标对象的接受习惯和产品特点，目标市场状况等来综合分析选择销售促进工具。

(三) 销售促进的配合安排

销售促进要与营销沟通其他方式如广告、人员销售等整合起来，相互配合，共同使用，从而形成营销销售促进期间的更大声势，取得单项销售促进活动达不到的效果。

(四) 确定销售促进时机

销售促进的市场时机选择很重要，如季节性产品、节日、礼仪产品，必须在季前节前做营业销售促进，否则就会错过了时机。

(五) 确定销售促进期限

确定销售促进期限即销售促进活动持续时间的长短。销售促进期限要恰当，过长，消费者新鲜感丧失，产生不信任感；过短，一些消费者还来不及接受营业销售促进的实惠。

第五节　医药公共关系

引例

企业危机公关成功案例—大白兔成功突围甲醛门

2007 年 7 月 16 日，菲律宾宣布，抽查市面多款中国企业食品样本后，发现中国上海冠生园公司生产的大白兔牛奶糖含有致癌物质——甲醛。此消息由菲律宾 GMA 电视新闻网公布后，国内外多家媒体做了报道，大白兔奶糖的食品安全在全球都受到广泛质疑，以致香港、广州部分超市也将大白兔奶糖撤柜，产品出口和销售受到严重影响。

大白兔奶糖在突然遭遇“甲醛门”事件后，冠生园公司积极应对，在4天时间内便成功“突围”，从此次危机事件的处理给了我们四点启示：应对危机公关必须主动、及时、统一、权威。

1. 主动：3日内完成沟通、检测、媒体公关。雷厉风行本身就是积极的信号，等到危机事件出现以后，不要拖，不要满不在乎，应该积极响应，这是非常重要的。该公司及时与相关联方进行沟通，了解彼此的信息，给了社会大众积极信号。

2. 及时：权威机关及时发声，快速消除疑虑。获知大白兔奶糖被禁售的消息后，上海市质监部门和国家质检总局及时派员在第一时间介入，出具了权威检测报告。

3. 统一：媒体报道客观公正，化危机为商机。“甲醛门”事件，尽管海外媒体炒得热火朝天，但国内传媒在对待这一民族品牌上，汲取了以往“见风就是雨”的教训，在报道时不是盲目跟风、夸大其词，而是遵循新闻“游戏规则”，冷静而又客观地在第一时间传递最新的来自权威管理部门和权威检测机构的消息，其实也为“大白兔”这一国内糖果第一品牌树立了正面的形象。

4. 权威：侧面突围，“第三方”鉴定功不可没。由第三方权威部门发布的、具有普遍公信力的数据以及对数据的客观解释性分析是应对国际危机事件中非常重要的一步棋。7月18日，新加坡政府的检验机构从冠生园新加坡经销商福南公司仓库中抽样大白兔奶糖进行检验，检测结果：大白兔奶糖不含甲醛，符合世界卫生组织的安全标准；7月19日，国际公认的权威检测机构 SGS(通标标准技术服务有限公司上海分公司)对大白兔奶糖检测得出结果：未检出甲醛(福尔马林)；7月20日，文莱卫生部发表声明，宣布经过检测表明，中国产的“大白兔奶糖”不含甲醛，完全可以放心食用……这些“完全一致”的检测结果，让中国产的“大白兔奶糖”含甲醛这一不实说法不攻自破。

这次“大白兔”突围“甲醛门”的成功实践告诉国内企业，永远都要有忧患意识，在平时就要注意培养和学习危机处理的意识和方法，练好基本功。只有这样，才能在关键时刻巧妙地化解危机。

一、医药公共关系的概念

医药公共关系是指医药组织为改善与社会公众的关系，促进公众对医药组织的认识、理解及支持，达到树立良好组织形象、促进商品销售为目的的一系列公共活动。

公共关系是一种隐性的促销方式，它是以长期目标为主的间接性促销手段。对于医药企业而言，塑造良好的形象是公共关系意识的核心，同时也是企业能够长远发展的根本的保证。因为医药企业生产的产品不是一般意义上的商品，而是能解痛去疾的药品。药品质量的好坏、疗效的确切与否，都直接关系到人民的健康与生命安全。因此，相对于其他行业而言，人们对医药企业的形象与名声往往更为关注。

二、医药公共关系的特点

（一）可信度高

对大多数受众而言，各种媒体上的有关医药企业的报道更为客观，而医药企业自己推出的广告则属于自吹自擂的主管信息，影响效果不如前者。

（二）传播能力强

很多受众对广告等信息传递方式本能地反感，并有意识地回避。而公共关系报道是以新闻形式出现的，受众一般不会对此反感，相反比较容易接受，所以传达力较强。

（三）成本较低

公共关系主要是利用信息沟通的原理和方法进行活动，它比广告成本少得多。对医药企业而言，从投入和产出之比来看，公共关系是所有促销方式中成本最低的。

三、医药公共关系的作用

（一）树立医药企业形象

企业形象是指企业内外广大公众对企业的看法、评价、标准和需求，是企业在社会公众心目中从内到外整体特征的综合印象。由于医药产品的特殊性，医药企业的企业形象医药企业要赢得公众支持，除了优质的产品外，还需要通过公共关系等手段在公众心目中树立良好的企业形象，提高企业知名度。

（二）开拓医药产品销路

通过公共关系活动，有利于沟通医药企业与公众之间的联系，对公众实施影响，为医药产品的销售创造良好的环境。

（三）创造良好的营销环境

通过公共关系可以使医药企业加强同外界的沟通与联系，有利于医药企业内部理顺关系，使全体员工以主人翁态度维护企业形象，共同创造宽松和谐的工作氛围，创造良好的内外环境。

公共关系作为促销组合因素之一，在刺激目标顾客对医药产品的需求，增加销售，改善形象，提高知名度等方面，起着十分重要的作用。

四、公共关系工具的选择

医药企业应围绕公共关系目标寻找或创造相关信息，并选择合适的公共关系工具进行及时有效的传播，常用的公共关系工具有以下几种。

（一）出版物

出版物是最常见的公关工具，医药企业可以利用自己制作或正式出版的各种印刷资料向公众传递信息，并以此作为信息桥梁与公众保持密切接触，吸引消费者对企业和产品的关注，帮助企业在社会公众面前树立和维护良好的形象。比如，市场营销人员可以利用企业年度报表，对外宣传企业的经营状况及发展前景、规模实力、经营政策及方针、现有产品的种类和产品的特点等。除此之外，可市场营销人员选择的出版物有企业年度报表、企业宣传册、企业自办杂志、各种信件、视听资料等。

（二）新闻报道

新闻报道又称公共宣传，是指通过大量新闻媒体免费报道企业或产品的活动，国外营销实践中，公共关系活动的目标是让新闻报纸等媒体成为企业免费的宣传大师。国外很多医药企业在新药上市之前，先以报纸新闻等公共宣传的方式披露新药在制剂技术和临床疗效方面的新突破，使得人们在看到新药产品广告之前就已经知晓了新产品。由于新闻媒体对大部分社会公众都极具亲和力，新闻报道不收取企业任何费用，很容易引起公众的信任感。所以，关于企业和产品的正面新闻报道的可信度大大胜过药品广告，是一种低投入、高产出的促销方法。医药企业还可以选择召开记者招待会、新闻发布会，邀请媒体工作人员到会，向他们散发书面和图片资料，及时把新闻价值的信息发布出去，或积极主动地把制作好的宣传册、电子资料等发往报社、杂志社、电台和电视台，借助媒体之力实现公共关系目标。

（三）事件

医药企业可以利用合适的事件来吸引公众对其新产品的注意，最常见的公共关系活动就是赞助特殊事件。例如，一位经全肠切除手术后的孕期女性，失去了经肠道摄入营养的可能，生命受到威胁，某医药公司获知此事后，决定为她终身免费提供静脉营养制剂、耗材和设备，在这家医药公司和医生的共同努力下，她完成了孕期营养治疗，顺利分娩产下健康婴儿，在世界医学史上创造了奇迹。而这家医药公司赞助的药品正是其上市不久的新产品——静脉营养系列产品。通过此项赞助事件不仅达到了宣传新产品的目的，还树立了企业关注社会利益、关注患者的良好企业形象。

借助或利用事件开展的公共关系活动，又称为事件营销，是指企业通过策划、组织和利用具有新闻价值、社会影响及名人效应的人物或事件，吸引媒体、社会团体和消费者的兴趣与关注，以求提高企业或产品的知名度、美誉度，树立良好品牌形象，并最终促成产品或服务的销售手段和方式。

（四）社会公益活动

利用社会公益活动取得营销成功的案例在医药行业屡见不鲜。医药企业可以提供经费支持目标市场所在地的公益事业，以赢得公众好感，达到提升企业良好形象的目的。向社会公益事业捐赠财物，体现了企业良好的社会责任感，也有利于媒体对企业进行正面宣传。比如某医药企业无偿向全国100个城市的5000家药店赠送价值550万元的非处方药，赠送所售收入全部用于对药店零售人员进行药品分类管理知识的培训。同时，该医药企业还投入2000万元资金启动“关爱西部健康行动”大型公益活动，先后向全国12个省份捐赠价值上千万元的药品，出资300万元人民币援建希望小学和乡镇卫生院。赞助医学和药学科研事业教育，也是医药企业常用的公共关系策略之一，通过在医药院校中设立以企业名称命名的奖学金和奖教金、直接资助某项科研项目、参与学科建设等赞助活动，扩大了医药企业的影响。

五、公共关系危机处理

公共关系危机，是企业在进行公共关系活动的时候，由于执行操作不当而引起的对企业有负面影响甚至带来灾难的事件和因素。而危机公关，则是企业在面对危机时应采取的公关措施，是企业针对危机所采取的一系列自救行动，包括消除影响、恢复形象等。

（一）正视危机

企业面对突如其来的危机，应做到临危不乱。要尽快分析危机产生的原因，牢牢抓住危机实质，在第一时间迅速做出判断，并制定相应的危机公关方案。

（二）积极主动化解危机

当危机不可避免发生后，面对媒介曝光，应尽快化解危机、危机化解的越早，产生的经济损失往往越小。企业应在第一时间澄清事实真相，及时控制事态，并及时与新闻界取得联系，准确、客观、公正地报道真实情况，以引导舆论、稳定人心、稳定局面，防止连锁反应，争取公众配合，为妥善解决问题渡过危机奠定基础。如果企业的产品、服务出了问题，就一定要保证及时给予解决。

推诿和含糊其词不但无助于危机的解决，还会留给新闻媒体和消费者不坦诚的感觉，增加处理危机的难度。

（三）化危机为商机

危机可以是陷阱，也可以是推动企业发展的助推器，好的处理方式将更有助于巩固品牌形象，扩大市场销售。失之东隅，也可能收之桑榆。一方面，它在不同程度上会导致产品销售额下降、产品市场份额减少、企业品牌形象受损，甚至企业亏损、倒闭、破产等不良后果；另一方面，危机同样存在可被企业借势的有利因素，危机就是“危险”和“机会”的统一体，这就是“危机中的商机”。所以危机公关既要着眼当前危机事件本身的处理，又要立足于企业形象的塑造，要从全面、整体高度进行危机公关，争取获得多种效果和长期效益。

（四）建立预警机制

在危机来临时刻，企业很容易陷入混乱，因此，对于一个企业来说，敏锐的公关危机意识和建立危机的预警机制是非常重要的。当危机发生的时候，作为企业方，最应该做的就是及时、积极、主动、坦诚地与政府、消费者、媒体、公众、供货商以及投资者等各“利益相关者”进行沟通，以沟通来增强事件的透明度，还事件一个本来面目，并告知企业为危机做了什么样的工作和下一步的行动计划，只有这样也才能获得最大程度的理解和舆论导向的同情和原谅。

危机并不可怕，可怕的是企业在经历危机后不反思、不醒悟、不整改。强化企业的危机意识，建立危机预警与应对体系，提升危机处理能力，才算是对危机公关画上了一个成功的句号。

同步检测

一、单项选择题

1. 医药企业派出营销代表直接与中间商、现实或潜在顾客进行面对面接触、洽商，通过双向的信息沟通和交流，促进商品和服务的销售，并且通过信息的反馈来发现和满足顾客需求的促销方式。这种促销策略是(　　)。

A. 广告　　B. 人员推销　　C. 销售促进　　D. 公共关系

2. 购买折让、免费货品、商品推广津贴、合作广告、推销金、经销商销售竞赛等属于针对(　　)的促销工具。

A. 中间商　　B. 消费者　　C. 推销人员　　D. 产业用品

3. 明确的发起者以公开支付费用的做法，以非人员的任何形式，对产品、服务或某项行动的意见和想法等的介绍的促销方法是指(　　)。

A. 广告　　B. 人员推销　　C. 销售促进　　D. 公共关系

4. 企业除了人员推销、广告、宣传以外的，刺激消费者购买和经销商效益的各种市场营销活动，例如陈列、演出、展览会、示范表演以及其他推销努力，这种销售策略是(　　)。

A. 广告　B. 人员推销　C. 销售促进　D. 公共关系

二、多项选择题

1. 制定促销决策时，企业首先会遇到的两个主要问题是(　　)。

A. 应花费多少投资来进行促销活动

B. 投资应如何在众多的促销工具间分配

C. 促销支出是否比用于新产品开发的效益好

D. 促销是否能引起消费者购买率上升

E. 以何种方式进行促销

2. 医药促销组合是指医药企业将(　　)四种基本促销方式有机结合成为一个策略系统，使企业的全部活动相互配合与协调，以最大限度地发挥整体效果，顺利实现企业目标。

A. 人员推销　B. 广告　C. 销售促进　D. 公共关系

E. 现场销售

3. 企业广告的主要媒体有(　　)。

A. 报纸　B. 杂志　C. 直接邮寄　D. 广播

E. 户外广告

4. 医药公共关系的特点主要有(　　)。

A. 可信度高　B. 成本较低　C. 传播能力强　D. 商品效应

E. 支付费用

三、案例分析

泰诺中毒事件

美国强生公司具有100多年的历史，由于在“泰诺”中毒事件中成功地处理了危机，在企业危机管理史上谱写了光彩夺目的一页，还获得了美国公关协会授予的最高奖——银砧奖。“泰诺”是美国强生公司生产的治疗头痛的止痛胶囊商标。这是一种家庭用药，在美国销路很广，每年销售额达4.5亿美元，约占强生公司总利润的15%。“泰诺”中毒事件是这样发生的：1982年9月29日至30日，有消息报道，芝加哥地区有人因服用“泰诺”止痛胶囊而死于氰中毒，开始报道是死亡3人，后增至7人。随着新闻媒介的传播，传说在美国各地有25人因氰中毒死亡或致病。后来，这一数字增至2000人(实际死亡人数为7人)。这些消息的传播引起约1亿服用“泰诺”胶囊的消费者的极大恐慌，一时舆论哗然，医院、药店纷纷把它扫地出门。民意测验表明，94%的服药者表示今后不再服用此药。强生公司面临一场生死存亡的巨大危机。

实际上，对回收的800万粒胶囊所做的实验，只发现芝加哥地区的一批胶囊中有75粒受氰化物的污染(事后查明是人为破坏)。但面对这一严峻局势，强生公司依然采取了以下决策：

(1) 成立了由公司董事长伯克为首的七人委员会，会员中有一名负责公关的副总经理。危机初期，委员会每天开两次会，对处理"泰诺"事件进行讨论决策。

(2) 经过调查，虽然只有极少量药(75粒胶囊)受到污染，但公司决策人毅然决定在全国范围内立即收回全部"泰诺"止痛胶囊(在5天内完成)，价值近1亿美元。同时，公司还花费50万美元通知医生、医院、经销商停止使用和销售。这一决策表明强生公司坚守了自己的信条："公众和顾客的利益第一"，不惜做出重大牺牲以示对消费者健康的关切和高度责任感。这一决策立即受到舆论的广泛赞扬，《华尔街周刊》赞称："强生公司为了不使任何人再遇危险，宁可自己承担巨大的损失。"

(3) 与新闻媒介密切合作，以坦诚的态度对待新闻媒介，迅速地传播各种真实消息，无论是好消息，还是坏消息。

(4) 敞开公司大门，积极配合美国公众和医药管理局的调查，在5天时间内对全国收回的胶囊进行抽检，并向公众公布检查结果。由于约强生公司在"泰诺"事件发生后果敢地采取了一系列正确的决策，赢得了公众和舆论的支持，使公司信誉的损失减少到最低程度。

"泰诺"事件发生后，美国政府和芝加哥地方当局发布了新的药品包装规定。强生公司抓住这一良机，进行了重返市场的公关策划，并为"泰诺"止痛药设计了防污染的新式包装，重将产品推向市场。为此，在世界著名公共关系公司博雅公关公司策划下，1982年11月11日，约强生公司举行了大规模通过卫星转播的记者招待会。会议由公司董事长伯克亲自主持，他感谢新闻界公正地对待"泰诺"事件，介绍该公司率先实施"药品安全包装新规定"，推出"泰诺"止痛胶囊防污染新包装，并现场播放了新包装药品生产过程录像。这次招待会发布的"泰诺"胶囊重返市场的消息传遍全国，美国各电视网、地方电视台、电台和报刊广泛报道，轰动一时。在一年的时间内，"泰诺"止痛药又占据了大部分的市场，恢复了其事件前在市场上的领先地位，强生公司及其产品重新赢得了公众的信任。

(资料来源：http：//www. lwlm. com/qitakuaiji/200508/18901. htm)

问题：作为公共关系管理的经典案例，谈谈公共关系危机处理的重要性？

四、实训

某药品的促销活动策划

1. 实训目的

通过对某药品整体促销活动的策划，使学生意识到促销的重要性，了解并掌握各种促销方式的优势、劣势，会根据实际情况采取相应的促销组合策略，以提高药品的销售业绩。

2. 实训内容

某制药公司是一家以生产 OTC 药品为主的企业，其中某药品（可自行确定一种）进入本地市场已有两年的时间，经过推广，积累了一定数量的患者，在同类产品市场中也占了一席之地，但随着竞争的加剧，消费的季节性，使得该产品销售受到了一定的影响，为此，借着店庆之际进行了一次促销活动，以求将不利因素的影响降至最低。活动方案如下：

第一步：确定促销活动目的，选定参与促销活动的药品。

第二步：根据促销目的和参与促销活动的具体药品，拟写促销活动具体方案内容，包括：①明确促销对象，了解其消费心理；②确定活动主题，可根据所选的药品定位而具体确定；③确定促销活动的具体形式：如购买优惠、礼品赠送、免费检测及专家诊断指导等；④确定具体的活动时间、活动地点、分工安排、媒体渠道、预算促销活动的成本及优惠幅度；⑤估算促销的效果。

第三步：促销活动的实施，本小组成员根据分工充分做好各自负责的工作准备，按要求实施具体的促销活动方案。

第四步：根据促销目标及估计的促销效果，对促销活动进行评估，并形成促销活动的总结报告。

3. 实训步骤

（1）将学生分成若干组，每组 6~8 人，按操作步骤具体实施。

（2）认识到促销的重要性，掌握整体促销活动策划步骤。

（3）根据题意和所了解掌握的资料，自行确定一种药品。

（4）制定的促销活动策划方案中要包含多种促销方式。

（5）模拟促销活动方案试验，可邀请“消费者”（由其他同学扮演）对不同的促销方法进行评价。

4. 实训作业

实训课题从确定促销活动的目标、药品、实训分工、具体实施到活动总结报告的撰写，主要由学生小组自己负责。教师在实训中起到指导作用，项目结束时，进行实训交流，师生共同评价工作成果。

考核内容：是否按时完成实训课题，有无明显缺陷，在实施中有无创新，全组成员参与情况等，实训评价表如下所示。

实训评价表

考核项目	考核标准	配分	得分
调查准备	资料收集齐全	20	
制定促销活动方案	表达较有条理，活动设计可行，无明显缺陷	30	
模拟宣传	模拟效果好，表现积极	30	
团结协作	组内成员分工合理，团结协作	20	
总计		100	

参 考 文 献

[1] 唐代芬 . 营销师高级营销员(国家职业资格四级)考试复习教程[M]. 重庆：重庆大学出版社，2013.

[2] 菲利普 · 科特勒 . 营销管理[M]. 上海：上海人民出版社，2004.

[3] 汤少梁，陈丹丹 . 医药市场营销[M]. 南京：南京大学出版社，2015.

[4] 吴健安，郭国庆 . 医药市场营销学[M]. 北京：高等教育出版社，2004.

[5] 方明 . 100 个成功的营销案例[M]. 北京：机械工业出版社，2004.

[6] 霍金斯 . 消费者行为学[M]. 北京：机械工业出版社，2000.

[7] 符华平，杨金凤 . 医药市场营销与实务[M]. 北京：人民卫生出版社，2010.

[8] 甘湘宁，杨元娟 . 医药市场营销实务[M]. 2 版 . 北京：中国医药科技出版社，2013.

[9] 高环成 . 药品市场营销原理与实务[M]. 2 版，西安：第四军医大学出版社，2015.

[10] 袁静 . 医药市场营销技术[M]. 北京：科学出版社，2015.

[11] 易正伟，张洪满 . 市场营销[M]. 4 版 . 大连：大连理工大学出版社，2014.

[12] 姜岩 . 市场营销策划：理论与实务[M]. 4 版 . 大连：大连理工大学出版社，2015. 10.

[13] 钟明炼 . 药品市场营销案例[M]. 北京：人民卫生出版社，2010.

[14] 侯胜田 . 医药营销案例[M]. 北京：中国医药科技出版社，2009.

[15] 申俊龙，汤少梁 . 药品知识营销[M]. 北京：化学工业出版社，2015.

[16] 周光理 . 医药市场营销案例与实训[M]. 北京：化学工业出版社，2012.

[17] 刘徽 . 医药市场营销技术[M]. 西安：西安交通大学出版社，2016.

[18] 刘先云 . 医药市场营销技术[M]. 武汉：华中科技大学出版社，2016.

[19] 刘黎红 . 药品市场营销技术[M]. 北京：化学工业出版社，2016.

[20] 王顺庆 . 医药市场营销技术[M]. 北京：人民卫生出版社，2015.

[21] 李伟 . 医药市场营销[M]. 北京：科学出版社，2017.

[22] 宋跃晋 . 医药市场营销学[M]. 北京：中国医药科技出版社，2019.

[23] 付晓娟 . 医药市场营销[M]. 北京：高等教育出版社，2020.

《医药市场营销学》同步检测答案

第一章：

单选题：1-6. DCDBBD

多选题：1. ACD 2. ABCD 3. ABCD

第二章：

单选题：1-3. CCA

多选题：1. ABCD 2. ABCD

第三章：

单选题：1-6. DABAC

多选题：1. ABCDE 2. ABCDE 3. BCD

第四章：

单选题：1-6. CBCAAB

多选题：1. ABC 2. BCD 3. ABCDE 4. ABCDE

第五章：

单选题：1-10. BDCBB DCCCA

多选题：1. ACDE 2. ABDE 3. ABE 4. ABCDE 5. ABCDE

第六章：

单选题：1-7. CDABABA

多选题：1. ABCDE 2. ABCDE 3. ABCD 4. ABC

第七章：

单选题：1-5. AACDA

多选题：1. ABCDE 2. ABCDE 3. ABCDE 4. ABC 5. BCDE

第八章：

单选题：1-4. BAAC

多选题：1. AB 2. ABCD 3. ABCDE 4. ABC